中咨研究系列丛书

U0827797

中国工程咨询专业指南

第十卷

重大工程社会稳定风险分析和评估咨询专业指南

主编 李开孟

副主编 彭振武 施国庆

中国电力出版社
CHINA ELECTRIC POWER PRESS

内 容 提 要

本书系统阐述了重大工程社会稳定风险分析和评估的基本特征、理论基础和实践应用，提出了社会稳定风险分析和评估的主要内容、分析框架及方法工具，对重大工程社会稳定风险的识别、分析、评价、应对等重点内容进行了深入阐释，并分别针对社会稳定风险分析和评估进行案例分析。

本书可供各工程咨询机构、发展改革及住建部门、项目业主单位、投融资机构、社会稳定风险分析及评估机构相关领域人员开展专业学习使用，也可作为相关专业继续教育用书和高等院校相关专业教材或参考用书。

图书在版编目（CIP）数据

中国工程咨询专业指南．第十卷，重大工程社会稳定风险分析和评估咨询专业指南/李开孟主编．—北京：中国电力出版社，2024.2

（中咨研究系列丛书）

ISBN 978-7-5198-8464-2

Ⅰ.①中…　Ⅱ.①李…　Ⅲ.①投资-咨询服务-中国-指南②重大建设项目-风险分析-中国-指南③重大建设项目-咨询服务-中国-指南　Ⅳ.①F832.48-62②F282-62

中国国家版本馆 CIP 数据核字（2023）第 252241 号

出版发行：中国电力出版社
地　　址：北京市东城区北京站西街 19 号（邮政编码 100005）
网　　址：http：//www.cepp.sgcc.com.cn
责任编辑：娄雪芳（010－63412375）　马玲科
责任校对：黄　蓓　王小鹏
装帧设计：赵丽媛
责任印制：吴　迪

印　　刷：三河市百盛印装有限公司
版　　次：2024 年 2 月第一版
印　　次：2024 年 2 月北京第一次印刷
开　　本：710 毫米×100 毫米　16 开本
印　　张：22
字　　数：332 千字
定　　价：98.00 元

本 书 编 委 会

主　　编　李开孟

副 主 编　彭振武　施国庆

参编人员　（按姓氏拼音排序）

曹　峰　陈　琛　顾立坤　纪兴华

贾　桢　李　燕　刘会聪　刘义成

牛耘诗　宋永华　孙中良　尚　凯

陶思吉　唐淮安　王　成　徐成彬

邢智慧　杨凯越　赵　婕　赵元科

张虎彪　张　蓉　张晓晨

总　序

现代咨询机构怎样才能不断提高核心竞争力？我们认为，关键在于不断提高研究水平。咨询就是参谋，如果没有对事物的深入研究、深层剖析和深刻见解，就当不好参谋，做不好咨询。

我国的工程咨询业起步较晚。以 1982 年中国国际工程咨询公司（简称中咨公司）的成立为标志，我国的工程咨询业从无到有，已经发展成具有较大影响的行业，见证了改革开放的历史进程，并且通过自我学习、国际合作、兼容并蓄、博采众长，为国家的社会经济高质量发展作出了重要贡献，同时也促进了自身的成长与发展壮大。

但应该清醒地看到，我国工程咨询业与发达国家相比还有不小差距。西方工程咨询业已经有一百多年的发展历史，其咨询理念、理论方法、工具手段，以及咨询机构的管理等各方面已经成熟，特别是在专业研究方面有着深厚基础。而我国的工程咨询业尚处于成长期，尤其在基础研究方面显得薄弱，因而总体上国际竞争力还不强。当前，我国正处于社会经济发生深刻变革的关键时期，不断出现各种新情况、新问题，很多都是我国特定的发展阶段和转轨时期所特有的，在国外没有现成的经验可供借鉴，需要我们进行艰辛的理论探索。立足新发展阶段，完整、准确、全面贯彻新发展理念，构建新发展格局，对标世界一流专业咨询机构，建设中国特色新型高端智库，促进高质量发展，对工程咨询提出了新的更高要求，同时也指明了发展方向，提供了巨大发展空间。这更需要我们研究经济建设特别是投资建设领域的各种难点和热点问题，创新咨询理论方法，以指导和推动咨询工作，提高咨询业整体素质，造就一支既熟悉国际规则，又了解国情的专家型人才队伍。

中咨公司历来非常重视知识资产的创造和积累，每年都投入相当的资金和人力开展研究工作，向有关机构提供各类咨询研究报告，很多都具有一定的学术价值和应用价值。

《中咨研究系列丛书》的出版，就是为了充分发挥这些宝贵的智力财富应有的效益，同时向社会展示我们的研究实力，为提高我国工程咨询业的核心竞争力和促进高质量发展作出贡献。

立言，诚如司马迁所讲“成一家之言”“藏诸名山，传之其人”。一个人如此，一个机构也是如此。既要努力在社会上树立良好形象，争取为社会作出更大贡献，同时还应当让社会倾听其声音，了解其理念，分享其思想精华。中咨公司会向着这个方向不断努力，不断将自己的研究成果献诸社会。我们更希望把《中咨研究系列丛书》这项名山事业坚持下去，让中咨的贡献持久恒长。

《中咨研究系列丛书》编委会

2022 年 9 月

前 言

中咨公司是顺应我国投资体制改革，贯彻投资决策科学化、民主化而成立的国内规模最大、涉及行业最多的综合性工程咨询机构，在我国工程咨询理论方法研究领域一直发挥着行业引领作用。公司自 1982 年成立以来，一直接受国家发展改革委等有关部门的委托，并结合自开课题研究等形式，对工程咨询理论方法进行持续创新研究，取得了非常丰富的研究成果。部分成果以国家有关部委文件的方式在全国印发实施，部分成果以学术专著、论文、研究报告等方式在社会上进行推广应用，大部分成果则是以中咨公司内部咨询业务作业指导书、业务管理制度及业务操作规范等形式，用于规范和指导公司各部门及所属企业承担的各类工程咨询业务。中咨公司开展的各类咨询理论方法研究工作，为促进我国工程咨询行业健康发展发挥着重要作用。

自 1982 年成立以来，中咨公司为中央政府在国家重大建设项目的决策和实施中发挥了重要参谋作用，并为地方政府、企业、银行等各类客户提供大量咨询服务。参与了西气东输、西电东送、南水北调、退耕还林、青藏铁路、京沪高铁、港珠澳大桥、首钢搬迁、奥运场馆、百万吨级乙烯、千万吨级炼油、百万千瓦级超超临界电站、大飞机工程、载人航天、探月工程以及京津冀协同发展、长江经济带、粤港澳大湾区建设、海南自贸区、“一带一路”、生态文明建设、战略性新兴产业、西部大开发、东北振兴、新疆和藏区发展、三峡工程后续工作、汶川和玉树地震灾后重建规划等一大批关系国计民生、体现综合国力的建设项目和发展规划，积累了工程咨询业务实施的丰富经验，具有重要的总结提炼和推广应用价值。

中咨公司作为我国规模最大的综合性工程咨询机构，在推动我国工程咨询理论方法研究方面一直发挥着引领带动作用，始终坚持通过理论方法的研究创新，促进公司各项咨询业务的创新开展。工程咨询理论方法体系建设及创新研究是中咨公司立足新发展阶段，完整、准确、全面贯彻新发展理念，构建新发展格局，对标世界一流专业咨询机构，建设中国特色新型高端智库，促进高质量发展的重要举措，在中咨公司发展战略布局中占有重要地位。

创新是引领发展的第一动力，创新驱动是经济增长动力由资源、投资等要素向知识、创新、人力资本等要素转换的动力源泉。新时代高质量发展对工程咨询理论方法创新提出更高要求，需要在把握投资建设客观规律、服务高质量发展总体目标、体现新发展理念的原则要求、强调可行性研究的核心地位、推动全过程工程咨询服务健康发展、融入“一带一路”建设的国际合作体系、扎实推进工程咨询行业标准规范体系建设、加强培育理论方法创新研究应用人才队伍等方面进行深入研究和实践探索。

工程咨询是一项专业性要求很强的工作，工程咨询业务受到多种不确定性因素的影响，需要对特定领域的咨询对象进行全面系统的分析论证，往往难度很大。这就需要综合运用现代工程学、经济学、管理学等多学科理论知识，借助先进的科技手段、调查预测方法、信息处理技术，在掌握大量信息资料的基础上对未来可能发生的情况进行分析论证，因此对工程咨询从业人员的基本素质、知识积累，尤其是对其所采用的分析评价专业方法提出了很高的要求。

研究工程咨询专业分析评价关键技术方法，要在继承的基础上，通过方法创新，建立一套与国际接轨，并符合我国国情的工程咨询创新研究专业指南，力求在项目评价及工程管理的关键路径和方法层面进行创新。所提出的关键技术方法路径，应能满足工程咨询业务操作的实际需要，体现工程咨询理念创新的鲜明特征，与国际工程咨询所采用的业务导则接轨，并能对各领域不同环节开展工程咨询实践活动起到规范引导的作用。

本次结集出版的《中国工程咨询专业指南》，是《中咨研究系列丛书》中的一个系列，是针对工程咨询业务实施及高端智库研究方法的创新研究专业成果。中咨公司出版《中咨研究系列丛书》的目的，一是与国内外工程咨询业界同行交流中咨公司在工程咨询及高端智库理论方法研究方面取得的成果，搭建学术交流的平台；二是推动工程咨询及高端智库理论方法的创新研究，探索构建我国专业咨询及高端智库研究知识体系的基础架构；三是针对我国专业咨询及高端智库发展的新趋势及新经验，出版公司重大课题研究成果，为推动我国专业咨询及高端智库创新发展作出中咨公司的特殊贡献。

丛书的编写出版工作，由中咨公司研究中心具体负责。研究中心是中咨公司专门从事工程咨询基础性、专业性理论方法及行业标准制定相关研究工作的内设机构。其中，开展专业咨询及高端智库理论方法研究，编写出版《中咨研究系列丛书》，是中咨公司研究中心的一项核心任务。

发展是人类社会面临的永恒主题，创新是人类社会进步的不懈追求。我国工程咨询理论方法体系，从新中国成立以来学习借鉴苏联、东欧经验阶段，到改革开放以来学习借鉴西方市场经济国家及相关国际组织经验阶段，目前已经进入按照高质量发展的要求进行全面创新的新时代。工程咨询行业的高质量发展，呼唤着咨询理念及理论方法体系进行全面创新，并具体指导各类专业咨询实践活动。我们希望，《中国工程咨询专业指南》的出版，能够对推动我国咨询业务实施及专业方法创新，推动我国专业咨询及高端智库研究事业健康发展，推动中国特色新型高端智库及世界一流专业咨询机构建设发挥积极的引领和带动作用。

作者

2022 年 9 月

目录

第一章

社会稳定风险分析和评估的基本特征及理论基础

第一节　社会稳定风险分析和评估的基本特征

一、风险社会及社会稳定风险分析和评估

（一）风险社会和社会稳定风险

1. 风险社会及其产生背景

新中国成立以来，特别是改革开放40多年来，我国工业化、城市化进程持续发展，经济社会不断发展进步，基础设施建设成绩斐然、人民群众生活水平显著改善，现代化建设成就举世瞩目。20世纪80年代以来，伴随着经济现代化进程，在经济发展水平不断提升的同时，环境和社会问题也开始凸显。这是经济社会发展的历史阶段所决定的。纵观西方发达国家工业化的发展历程，都曾经历过类似阶段，而且在一些国家的表现更为严峻和激烈。许多西方学者认为，进入现代化的一定阶段后，必然伴随社会稳定风险的增长[1]。

20世纪后半期，风险社会的概念逐渐被社会学界所关注，西方许多著名社会学家如贝克、吉登斯、卢曼等都对风险社会进行过深入研究，形成了有关风险的社会学理论。其基本假设是：我们正从一个现代化的社会进入一个新型的风险社会。现代化的科学技术发展和工业化推动，使人类进入一个其过去所

---

[1] 世界银行《东亚经济发展报告（2006）》提出了“中等收入陷阱”（Middle Income Trap）的概念，指发展中国家工业化进程中追求GDP增长方式，经过一段时间的经济高速增长使人均收入达到中等收入水平时，产业升级乏力，经济长期停滞不前，同时社会上出现贫富分化、道德沦丧、法治崩溃、腐败盛行，甚至是社会动荡等现象。

陌生的世界；现代化逻辑本身所产生的新的社会稳定风险，完全不同于传统的社会问题、社会矛盾和社会冲突。过去的生活经验、技术手段和组织制度，已不足以使我们防止、规避和应对新的社会稳定风险的威胁。进入风险社会，是社会发展的现代化水平达到一定阶段的产物。贝克认为，当前现代性正从古典工业社会的轮廓中脱颖而出，正在形成一种崭新的形式——工业化时代的“风险社会”。吉登斯认为，风险概念标识了现代社会与前现代社会的根本差异。在自然和传统消亡后生存的世界，其特点是从“外部风险”逐渐向“人造风险”转移。

在我国经济发展和社会转型发展过程中，面临着许多现实问题。一方面，西方工业化国家共同存在的传统社会稳定风险问题，包括贫困、性别平等、非自愿移民、少数族群等相对弱势的特殊群体权益保护问题；另一方面，面临着地区差异、行业差异、社会阶层差异、城镇化、环境污染、生物多样性保护、文化遗产保护、劳工和工作条件改善等引发的社会冲突。

2. 社会稳定风险及其产生背景

伴随着人类社会的发展，人们对有关风险社会问题的认识不断发生新的变化。相对于传统社会，现代社会的风险在成因、表现形式、结果等方面都不断演化，社会稳定风险演化成导致社会波动、震荡、失序、破坏的社会稳定风险状态及其成因也不断变化。

社会安全是防范、消除、控制直接威胁社会公共秩序和人民群众生命财产安全的治安、刑事、暴力恐怖事件及规模较大的群体性事件等，涉及打击犯罪、维护稳定、社会治理、公共服务等各个方面，与人民群众利益息息相关。随着经济社会的发展变化，治安、刑事、暴力恐怖事件等传统的社会安全问题虽然也有新变化，但是现代社会出现了一些新型的社会稳定风险导致局部社会失稳的事件不断增多，这些风险事件广泛存在于工程建设、金融活动、新型传染病、恐怖袭击、网络病毒、生态环境等不同领域，也可能由于重大的政策、活动、事项等决策引发，并通过互联网、新媒体等传播而不断放大影响。这些新型的社会稳定风险与传统的社会安全问题相比具有扩散性、不确定性等特点，解决起来也比传统风险更为复杂。

从社会稳定风险影响社会结构和社会运行的角度出发，可以对“社会稳定风险”作如下分析。

（1）社会现代化进程的快速发展、社会的日益复杂化以及社会能量的空前积累，特别是信息化和全球化过程的不断发展，给人类社会带来了很多的不确定性，这种不确定性是前所未有和不断扩散的。现代化进程的加快为人们提供了很多的机会，但也带来各类社会稳定风险。

（2）社会稳定风险来自各个方面，包括社会结构的畸形化和各个阶层之间的利益冲突所带来的社会矛盾、各阶层之间贫富差距的不断扩大、政治体制的不合理和不完备、经济的畸形增长和利益分配失衡、技术的片面发展、人才流失和断层现象、文化滑坡和文化传统流失、生态系统损害和环境污染等。

（3）社会运转过程中存在的稳定风险一旦发生并演化为突发性事件，其影响就可能以前所未有的速度和空前的规模扩散到整个国家社会，甚至有可能会扩散至国际社会。

（4）在治理上，因为需要有一套新的制度、体系、思路和方法对现代风险通过调查、识别、分析、预测、缓解、控制，从而进行有效的治理，并实现社会治理体系和治理能力的现代化。基于以上描述，可以认为，社会稳定风险在广义上是指一种导致社会冲突、危及社会稳定和社会秩序的可能性因素，其具有基础性、深层次、结构性的潜在危害，会对社会的安全运行和健康发展构成严重的威胁。一旦这种可能性变成现实性，社会稳定风险就会转变成公共危机。

社会稳定风险是一个抽象的概念，涵盖了生态环境、自然资源利用、政治、经济、社会和文化等不同领域的各种风险因素，如自然灾害、生物多样性破坏、环境污染、重大决策失当、经济利益受损或分配严重不均、社会结构失衡、失业人口大幅度增加、社会矛盾、宗教文化冲突、群体或族群纠纷、社会阶层对立等。

社会稳定风险与社会秩序危机的关系表现在：社会稳定风险是因，社会秩序危机是果；社会稳定风险是量变前提，社会秩序危机是质变结果。社会稳定风险是公共危机处于萌芽阶段的潜在状态，公共危机是社会稳定风险发展到一定阶段的必然表现。当社会某一个或某几个领域的风险不断积累，并超出社会稳定与安全的临界值时，社会稳定风险就会转化成社会秩序危机，使潜伏着的威胁演变为现实中的破坏。社会稳定风险与公共危机的区别在于：社会稳定风险随时随地都存在于整个社会当中，并有可能随时因为某些原因而诱发成为风险事件，而危及社会的稳定与安全，只是由于时期不同、地域不同、环境不同，其风险水平、产生影响和后果也有所不同。当下的世界并不存在无风险的社会。只有采取适当的措施对社会稳定风险加以治理，才能将风险水平限制在社会稳定与安全的临界阈值之内，保持社会的良性运行与和谐发展。社会秩序危机则是一种已有的破坏社会现行秩序的既定事实，具有极大的危害性，会给社会运行、人民生活、地区乃至国家安全造成灾难性的影响，甚至引发社会动乱或暴乱。

（二）社会稳定风险分析和评估及其意义

1. 社会稳定风险分析和评估的内涵

社会稳定风险分析和评估是指与人民群众利益密切相关的政策、工程、事项在决策前，评估责任主体或其委托的第三方评估机构，科学分析重大决策可能产生的社会影响及其时间和空间范围，识别社会稳定风险因素，深入实地开展调查，充分听取不同利益相关群体的意见和建议，分析利益相关方对重大决策的适宜性和可接受性，科学预测和研判各类风险发生的概率、影响程度和风险程度，综合评估社会稳定风险等级，针对各类社会稳定风险研究提出防范、化解措施，作出风险评估结论和建议。社会稳定风险分析和评估是从源头上有效预防、规避或控制决策可能存在的社会稳定风险的决策咨询活动。社会稳定风险分析和评估是在重大决策实施前通过对决策的合法性、合理性、可行性、可控性的科学论证和判断，提出社会稳定风险分析和评估结论，供决策者参考。社会稳定风险分析和评估简称“稳评”，是防范社会稳定风险的制度性措施，以增强决策的科学化与民主化，为化解社会矛盾与纠纷、提升社会和谐与稳定程度发挥作用。社会稳定风险分析和评估机制实质上是以“维稳”为主轴，推动政府、企业、社会与公民互动，最终实现经济社会的有序良性发展。

重大工程社会稳定风险分析和评估，主要指的是借助现代科学分析技术对重大工程项目规划、可研、设计、建设和运行管理等工程项目全生命周期不同阶段项目实施可能发生的社会影响及其产生的社会稳定风险进行科学、合理的调查、分析和预测，分析和评估不同社会稳定风险发生的可能性、影响程度，对不同的影响社会稳定的风险进行规避和缓解，制定防控和应对风险的策略与措施等应急预案，综合评估拟建重大工程项目决策的社会稳定风险等级，从而更好地预防、规避、控制和应对可能发生的社会稳定风险。社会稳定风险分析和评估机构在其分析的基础上将其评估结果提供给政府和业主单位，为其在项目决策、项目实施、项目管理、项目监督等方面作出决策提供依据，以采取切实可行的措施减少社会稳定风险事件的发生。重大工程社会稳定风险分析和评估主要是在项目建设决策之前从源头上识别影响工程建设的各类直接、间接的社会稳定风险及产生重要社会稳定问题的风险，提出各类适用的防范和化解社会稳定风险的对策和措施，供决策者参考和采用。稳评制度的科学、有效实施，可以极大程度地保障重大工程项目受征地拆迁、环境污染、社会经济利益受损等不利影响群体的利益，增强重大工程的社会适应性、社会可接受性和社会友好性，保证工程项目的顺利开展，避免资金、资源和时间的浪费，促进重大工程社会经济目标的实现。

重大工程社会稳定风险分析和评估，是重大决策社会稳定风险分析和评估的重要组成部分。重大工程的社会稳定风险由两方面组成：一方面是重大工程建设和运行活动对社会产生不利影响导致的社会稳定风险，如工程建设征地补偿安置不合理等原因，导致当地受农村集体土地征收影响移民的直接利益受损，引发社会稳定风险问题；另一方面是重大工程建设和运行等活动产生的环境、生态、经济、安全、市场、政治等影响间接诱发不利的社会影响进而导致社会稳定风险发生，如工程施工建设产生水土流失、环境污染，致使农田受损、农产品减产、饮用水源被破坏、空气和噪声污染等，导致工程建设所在地区的居民生产生活受到不利影响，产生社会矛盾甚至社会冲突，诱发了社会稳定风险事件的发生。在现实中，这两方面的风险并不是孤立存在，会呈现出相互作用和相互影响，产生风险叠加效应。

2. 开展重大项目社会稳定风险分析和评估的意义

社会稳定风险分析和评估是当前中国社会转型时期开展工程项目建设进行

社会评价的重要组成部分，主要是基于对影响项目建设的内外因素，运用现代化的科学方法进行风险调查、识别、分析、评估和提出应对措施的系统性工程。社会稳定风险分析和评估是我国当前处于结构转型和体制转轨时期在社会管理领域的一个重要举措。重大工程项目建设对一个地区的经济、政治、文化、自然资源、生态环境等有着重要的影响，且此类项目具有规模大、周期长、投资巨大、波及范围广、影响深远、问题复杂等特征，同时也可能对建设区域人民群众利益造成损害，因此，开展重大工程项目建设进行社会稳定风险分析和评估，可以在项目前期识别阻碍项目建设的社会稳定风险因素，减少工程实施过程中的不良影响，对促进社会和谐稳定具有重要作用。

（1）预防和化解社会矛盾。重大工程社会稳定风险是因重大工程项目的建设和运营而直接或间接影响（或潜在影响）利益相关方的合法权益，从而产生社会矛盾和不稳定因素，引发群体性事件或个体极端事件，影响社会稳定的风险。开展重大工程社会稳定风险分析和评估，旨在推动社会治理重心向基层下移，加强和创新社会治理，构建共建共治共享的社会治理新格局。

（2）促进利益相关群体有效参与。重大工程涉及人民群众利益，如果缺乏有效的项目信息沟通和公众参与机制，公众不能有效参与项目决策和建设，很可能酿成影响社会稳定的事件，甚至是群体性事件。随着经济社会的发展，传统的“政法维稳”手段难以解决深层次的社会问题。重大工程社会稳定风险管控不仅要重视“政法维稳”，而且要从以人民为中心、建设和谐社会的战略高度，重视以经济手段实现维稳（经济维稳），注重“源头治理”。重大工程社会稳定风险分析和评估是“经济维稳”和“源头治理”的重要支撑手段，旨在加强公众参与，促进协商对话，强调达成广泛共识，以防止片面追求经济效益，避免项目建设和运营的社会稳定风险，为提高投资效益提供可靠的社会环境条件。

（3）制定社会稳定风险问题解决方案。在广泛社会调查的基础上，社会稳定风险识别应以“发现问题”为主线，重视利益相关方分析和建构基层公众参与机制，全面、准确地收集项目社会稳定风险相关信息；风险分析和评价应以“分析问题”为主线，通过定性分析和定量分析相结合，通过风险概率一影响矩阵分析，确定风险程度（等级）；风险应对应以“解决问题”为主线，坚持区别对待的应对原则，通过循序渐进地提出风险应对措施解决方案，并且通过这些措施的实施，减缓社会稳定风险发生的可能性及影响程度，以优化项目设计和实施方案，增强项目的社会可行性。

二、重大工程社会稳定风险分析和评估的基本特征

（一）重大工程的基本范畴

重大工程也叫重大工程项目、重大建设项目、重大工程建设项目、重大投资项目或重大固定资产投资项目，均是关系到国家和地方国计民生、对社会经济发展、民生改善具有重大意义的工程建设项目，包括政府投资项目和企业投资项目，以及政府和社会资本合作项目。

重大工程是一类建设规模大、复杂性高的系统工程，大多是对政治、经济、社会、科技发展、环境保护、公众健康与国家安全具有重要影响的大型的公共工程。一般来讲，重大工程投资体量大、涉及领域广，对经济社会发展有很强的直接或间接带动作用，可有效助力发展，改善民生。重大工程主要是兼顾“国家大事”和“关键小事”，有三个方面重要领域：一是引领未来发展的关键性重大攻关项目，包括量子信息、星际探测，以及涉及能源安全、粮食安全和产业链、供应链安全的“卡脖子”重大攻关项目；二是基础设施领域具有重要影响的标志性工程，包括已经开工的川藏铁路，正在谋划推进建设的沿江沿海铁路以及重大水电开发项目；三是直接关系民生的系列重大项目，包括城镇老旧小区改造、公共服务设施建设，以及养老、托幼等直接关系民生的项目。

重大工程通常分[1]国家级、地方级重大工程。国家级重大工程指列入国家重点投资计划且投资额巨大、建设周期长、影响深远且广泛，中央政府全部投资或参与投资的工程，如三峡工程、南水北调工程。地方工程项目指地方政府或民间投资建设的铁路、公路、港口、机场、地铁、市政公用等有利于地方经济社会发展的重大工程投资项目，也包括利用自然资源、对公共利益可能产生

[1] 中国新闻网，何立峰谈“十四五”重大工程项目：兼顾“国家大事”和“关键小事”。

重要影响的矿山、油气田等企业投资项目。

（二）工程项目社会稳定风险分析和评估的发展历程

稳评的建立健全是一个“多层级循序渐进变革”的动态过程，它采取了“做中学”的方法，大体上遵循了我国政府管理理念创新与扩散的基本模式，即“地方创新—中央认可—全国推广—进一步完善推广”的循序渐进过程。稳评制度的创新、实施和完善过程，在识别和防范重大工程项目和重大决策引发的社会稳定风险，源头阻断群体性事件发生，进而提升其可接受程度方面发挥了极其重要的作用。通过稳评制度的演化过程，可以更深入地理解国家和地方社会治理创新的空间、动力和限制等问题。

我国重大决策社会稳定风险分析和评估制度的建设过程大体上经历了以下阶段：

1. 初步探索阶段：2004—2006 年

四川省遂宁市等尝试围绕决策受众基本意愿建立重大工程建设项目稳评风险预测评估制度，2006 年淮安在遂宁模式的基础上探索重大事项稳评机制，并在评估流程、技术、参与主体等方面加以改进。

2. 发展改进阶段：2007—2011 年

中央维稳办在全国推广遂宁模式，2011 年全面推进社会稳定风险分析和评估工作，提出重大工程项目和重大决策在决策前应进行经济和社会稳定风险双评估，全国有 20 多个省市下发开展稳评工作的指导意见。

3. 建章立制阶段：2012—2019 年

我国先后出台《关于建立健全重大决策社会稳定风险评估机制的指导意见（试行）》（2012 年）、《重大固定资产投资项目社会稳定风险评估暂行办法》（2013 年）、《中共中央关于全面深化改革若干重大问题的决定》（2013 年）、《重大行政决策程序暂行条例》（2019 年）。《中华人民共和国土地管理法》（2019 年）强调要建立拟征收土地社会稳定风险分析和评估制度。一系列政策法规和文件的出台，标志着我国社会稳定风险分析和评估逐步迈入更为制度化、规范化和法治化的新发展阶段。

4. 全面推广阶段：2020 年至今

中央出台了《关于加强新形势下重大决策社会稳定风险评估机制建设的意

见》（2020 年 3 月）。重大决策社会稳定风险分析和评估制度不断完善，领导机构、组织机构不断加强，运行机制不断完善，稳评已经进入全面推广和高质量发展的新阶段。

（三）工程项目社会稳定风险分析和评估的基本要求

1. 全程性

社会稳定风险及其防范措施的研究应贯穿于项目实施的全过程并应尽早开始，在识别项目整个周期内不同阶段的各种社会稳定风险因素的基础上，根据风险发生的可能性及其影响程度，优先从项目选址、方案设计优化、规范审核批准流程、施工组织上采取规避、减缓、预防、化解风险的措施，同时从保障相关者利益、化解利益相关方矛盾、组织保障措施和应急预案等角度提出风险防范措施。社会稳定风险分析和评估应与社会评价和可行性研究同步开展，以影响效果评估为基础识别项目周期内影响社会稳定的各种风险因素，在可行性研究过程中根据评估结果完善项目设计和施工运营方案以实现在源头上避免和尽可能减少不稳定风险因素。

2. 针对性

结合项目特点，针对项目主要的或关键的风险因素提出相应的措施，包括工程性防范措施（即预防或减轻项目的不利影响）和社会性防范措施（即缓解社会对项目的抵制程度），以预防和化解项目实施可能引发的社会稳定风险事件。

3. 可行性

风险防范措施研究应立足现实，提出的风险防范措施应在技术、财力、人力和物力上可行，明确承担者和协助者以及可达到的直接效果和最终效果。

4. 经济性

投资项目应将规避、缓解、预防、化解社会稳定风险的措施所付出的代价与该风险可能造成的危害进行权衡，旨在寻求以最少的费用获取最大的效益。

5. 协同性

风险防范措施研究是项目有关各方的共同任务。项目发起人和投资者应积极组织、参与和协助进行风险防范措施研究，并真正重视社会稳定风险防范措施研究的结果。风险规避、缓解、预防、化解和处置等管理措施应当明确责任主体、职责分工以及时间进度安排，合理安排活动所需费用来源，以利于任务分解落实。

6. 多元性

重大工程建设和运营过程也是实现其社会、经济、环境、生态、政治效益的过程，其利益相关群体也多呈现多层次、多元化的状态，所以要从横向、纵向多个角度考虑不同利益相关方的利益诉求。重大工程社会稳定风险分析和评估工作所涉及的参与主体往往都是多元化的，无论是国家、地方政府、业主单位、承包商、企业、社区，还是个体、家庭等都可以参与到社会稳定风险分析当中，表达自己的看法和意见，出谋划策并承担相应的责任。

7. 动态适应性

风险因素并非一成不变，项目不同阶段的风险因素不同，并且社会稳定风险会随着项目周边社会经济特征、自然和社会环境、政策法规、利益关系动态变化以及特定诱发因素而动态变化。社会稳定风险分析和评估应关注项目周期内风险的动态变化、不同利益相关方诉求进行动态调整。可行性研究阶段，应根据利益相关方沟通和评估的结果对方案进行优化，制定社会管理计划和应急预案，建立利益相关方磋商参与机制，以达到总体低风险目标；项目施工和运营阶段，应跟踪评价风险防范措施落实效果，关注利益相关方反应，并结合新的不稳定风险因素动态调整建设运营方案和完善风险防范措施。

（四）工程项目社会稳定风险分析和评估的基本特征

1. 分析评估聚焦于人的行为

重大工程项目的社会稳定风险分析和评估必须要首先考虑群众的态度。民众可能因为项目建设而失去房屋，搬离原居住地，失去原有的社会关系，或者会丧失赖以生存的土地；在项目施工过程中也会扰乱项目建设地区周边居民的正常生产生活。项目区受影响群众处于多变的社会环境和自然环境中，会面临如前述提及的各种不确定因素，这些因素往往不利于社会的稳定。除此之外，在项目的实施中，若补偿标准过低，信息不透明，群众参与度不高，再加上一些媒体可能存在哗众取宠的报道来夸大事实，就会导致受影响群众这个利益共同体的不满情绪得以爆发，可能会发生上访事件甚至是群体性事件。因此，社会稳定风险分析和评估应该坚持以人为本的发展理念，加强重大行政决策程序中的公众参与，切实保障人民群众的知情权、参与权、监督权，最大限度地兼顾不同群体的利益诉求，维护人民群众最现实、最直接的利益，从源头上防范群体性事件的发生，保证重大工程项目的顺利实施，促进社会的和谐稳定。

2. 分析评估诉求应具有多样性

重大工程项目的社会稳定风险分析和评估的诉求具有多样性和复杂性。公共项目一般是国家为了公共利益，利用财政投资和公共资源，通过工程项目建设，为社会和人民群众提供公共产品和公共服务，中央或地方政府统筹考虑项目的投入产出，兼顾宏观经济效益、财务效益、社会效益、生态效益、环境效益等多个目标诉求，但是工程建设本身需要通过市场机制实现，市场主体以追求利润为目标诉求，广大受益群体及工程受影响群体则往往以个人利益为目标诉求。因此，对工程项目需要在前期阶段进行技术、经济、财务、生态、环境、社会的可行性分析论证，评估项目成本、效益、风险，综合评估项目可行性。在决策后进入建设过程中，需要协调好各方面利益，还需要为公共项目建成投入运行后的顺利运行和发挥效益建立完善机制。工程项目建设的多目标诉求，决定了社会稳定风险分析和评估需要综合考察项目产生的各种影响及其对社会运行的直接和间接影响，必须分析多维社会发展目标、多项社会政策、多种社会影响和多样的人文环境因素，进行多目标综合分析，为应对社会稳定风险问题寻求综合性解决方案。

3. 分析评估时空应体现广泛性

从工程建设项目涉及地理空间而言，既包括主体工程和配套工程施工建设区及周边其他地区，也包括受工程建设直接或间接影响的地区。从工程建设全生命周期的时间维度看，既包括总体规划、项目选址、项目建议书、可行性研究等决策前期准备工作阶段，还包括设计、工程招标、建设征地移民安置、施工建设、试运行、工程移交等建设实施阶段，也包括运行维护、还本付息、更新维修等运行及闭场退役阶段。

4. 分析评估对象应具有多元性

工程项目是一个涉及多元利益主体的复杂系统，既包括以公共利益为目标的国家和地方政府及相关部门，又包括以追求利润为目标的项目建设、投资、运行等各类市场主体，也包括项目区受益和受损的社区、家庭、居民和各类社会经济组织。工程项目的社会稳定风险需要从国家、地方、社区等不同层次进行分析，以多元利益主体在工程项目中的角色和损益关系为基础展开，识别和分析不同利益主体可能受到的影响、对项目影响的反馈、可接受性和诉求。

5. 分析评估因素应具有多样性

凡项目涉及利益相关方切身利益、容易引发社会稳定风险的因素，都应纳入调查范围。由于现代社会稳定风险因素的复杂性，那些可能造成社会稳定风险的不确定性因素存在的领域非常多样，既包括对居民个体、家庭、社区、社会组织、企业、政府等社会主体的直接或间接社会影响，也包括经济、政治、文化、生态、环境、资源等领域导致的社会影响。因此，重大工程社会稳定风险分析和评估范围，首先应该考虑关乎群众切身利益的问题是否合法合理，是否符合国家相关政策规定，实施中可预见性的社会治安问题是否能够依法按照政策程序办事。其次，确定好利益相关方之后，需要采用多元化的方式进行民意调查，比如发放问卷、面对面座谈、召开专家会议等形式，做到问政于民，问计于民，充分体现民主性，保证确定社会稳定风险分析和评估范围的全面性。

6. 分析评估标准应呈现差异性

由于工程项目地区、行业不同，涉及的社会文化环境多种多样，影响因素比较复杂，社会目标多元化和社会影响效果本身的多样性，使得社会稳定风险分析和评估难以建立一套定量的评价指标，使用统一的量纲、指标和标准来计算和比较社会稳定风险影响效果，因而在不同行业和不同地区项目的社会稳定风险分析和评估中的评估标准差异明显。同时，重大工程项目的社会稳定风险分析和评估的各个影响因素，有的可以定量计算，如就业、收入分配等，但大量的影响因素是难以定量计算的，如项目对当地文化的影响、当地居民对项目的支持程度等。这些难以量化的影响因素，通常使用定性分析的方法加以研究。

第二节　社会稳定风险分析和评估的理论基础

工程项目社会稳定风险分析和评估为防范社会稳定风险采取措施和行动而提供基础性依据和专业支撑，其对于工程项目在决策之前对项目实施后可能危及社会稳定的诸多风险因素进行识别和分析，评估发生危及社会稳定的风险发生的可能性及其影响程度，提出采取防范、降低、消除危害社会稳定风险的切实可行的措施和应对风险预案。社会稳定风险分析和评估离不开相应的理论指导。

一、社会管理相关理论

（一）社会控制理论

1. 控制论和社会控制理论

控制论的概念最早由法国物理学家安培在 1834 年提出，其研究思路得到各领域科学研究者的青睐，并使得很多科学家投入到这一领域的研究之中，极大地推动了控制论的学科发展。1948 年维纳出版的《控制论：或关于在动物和机器中控制和通信的科学》一书，被看作是控制论的奠基性著作。20 世纪 60 年代以后，控制论逐步与其他学科进行交叉渗透，如把控制论应用到社会学领域则产生社会控制论；把控制论引入经济领域则产生经济控制论等。

美国社会学家罗斯在 1901 年出版《社会控制》，认为人生来具有同情心、正义感和互助性，这些人性自身特征能够自行调节人们的行为，从而使得社会生活呈现自然有序的状态，这就是罗斯最早提出“社会控制”的基本内涵。随着社会的发展，人们对社会控制机制的研究不断深化。进入 20 世纪，随着工业化和城市化进程的加快，西方国家大量居民向大中型城市聚集，从而出现边远地区空间很大、环境和生态等资源优越，而居住人口却很少；大城市不但拥挤而且环境污染严重，并引发各种社会矛盾，迫切需要建立一种新型的社会控制机制来维持社会秩序。罗斯的社会控制理论重点强调社会成员之间的心理互动，强调从社会心理学的角度进行有效干预，通过实施意志、判断和情感三个方面的控制，实现有目的、有意识的社会治理。罗斯指出，社会控制的手段很多，但这些措施的采用，必须有利于社会稳定与和谐，不能加剧社会对抗，这些措施包括支持人们在面对挫折和困难时能够继续坚持下去的力量、宗教文化因素、个人对未来的渴望和追求、文化艺术方面的造诣、对人们的行为能够起到约束作用的政治因素，如法律和舆论等。

不同利益群体之间关系失调会导致社会运行失去原有的正常秩序，而社会控制的产生就是为了预防和解决这些社会问题。从不同的角度考察，社会控制有不同的表现形式，包括政治、经济、思想等方面。其目的在于维持政治稳定、提供稳定发展的社会环境、保持经济生活和公众情绪的稳定，达到社会基本价值观念的认同。

2. 社会控制的实现路径

从控制手段上，社会控制分为采用强制手段实现的控制和依靠伦理道德等手段实现的控制，前者强调采用政权、法律、纪律等具有约束性质的手段；后者强调采用社会风俗，伦理道德等手段来实现社会控制。按照不同的层次，社会控制被分为对个体的控制和对群体或组织的控制。从人们对控制所持的态度角度，社会控制分为积极性和消极性控制等基本类型。积极性的社会控制强调运用各种途径实现对人们行为的正确引导；消极性社会控制是指运用法律等强制手段对人们的违法行为进行惩治。从不同社会层次和等级角度，社会控制分为宏观控制和微观控制。宏观控制是指从整个国家的层面来对整个社会群体进行控制，运用的控制手段有纪律、条令、政策等；微观控制是指在某个组织中对组织成员所进行的控制，依靠组织内部的各类规章制度来实现。

在社会局势急剧变动的当今社会，充满了各种矛盾和冲突，社会稳定风险加剧，从社会控制论的角度，必须在社会控制主体、控制手段上加以变革，对各种偏离社会规范的社会行为加以制止、引导和分化，以保持社会稳定。在社会控制的众多手段中，最基础的手段是政权控制，这是所有控制手段中最有制约性的手段；法律控制是采用强制性的手段来迫使违法者受到应有的惩罚，也是最严厉、最权威的手段；道德控制则是对以上两种手段起辅助作用的手段，是达到社会秩序稳定的重要手段之一。法治手段和道德手段相互补充而发挥作用，法律控制依靠强制力，道德则不具有强制性。宗教具有稳定和控制社会的作用，是采用神圣的或超自然的力量对人们进行的控制，是实现道德控制的重要手段。

（二）公共危机管理理论

1. 危机分类

公共危机管理理论在西方国家于 20 世纪 60 年代形成。在安伯恩（Ajren Boin）的研究中，把危机分为“急性危机”（instant crisis）和“慢性危机”（creeping crisis），乌里尔·罗森塔尔（Uriel Rosenthal）和亚历山大·柯兹敏（Alexande Kouzmin）提出可以从危机所带来的结果及对周围产生影响的角度进行分类，也可以从危机所涉及的人群角度进行划分和归类。对于危机的生命周期，斯蒂文·芬克（Steven Fink）采用医学术语来比拟社会危机的四个阶段，分别是危机发生之前人们通过预料所能看到的时期即“征兆期”（prodromal），危机来临时的“爆发期”（breakout or acute），危机发生之后有可能继续发展的时期即“延续期”（chronie），以及危机发生之后到最后解决的时期即“痊愈期”（resolution）。

2. 危机管理策略

关于危机管理，在罗伯特·希斯（Robert Heath）的研究中，提出四个阶段的危机管理策略，即危机来临前的准备阶段（readiness），危机发生之后的反应阶段（response），危机导致自然资源或财产等减少的阶段（reduction），以及危机得到缓解或解决之后的恢复阶段（recovery）。伊凡·米托夫（Ian Mitroff）将危机管理分为危机发生之前的信息发现和预防阶段、发生危机所造成的损失、危机之后如何修复危机带来损失的阶段、对各种危机情形进行反思五个阶段。对于危机决策，亚历山大·柯兹敏提出了“守门员”（gatekeeper）、“政策创新者”（policy innovator）、“专家顾问”（guru）和“保护人”（guardian）四种危机管理决策流程。

关于危机传播的研究，库姆斯（W. Coombs）认为应分为对危机的预防、危机发生之前的准备过程、危机发生之后人们对危机影响后果的考核量化以及对危机进行识别和认识等过程。美国学者罗伯特·希斯（Robert Heath）则对危机自被预测到之后发展再到消亡所经历的过程、对危机的管理如何进行有效分类、危机发生之后的相关群体的关联影响，以及如何应对和估计危机的可能趋势等危机传播过程的相关机理进行了深入研究，对创新社会危机管理模式具有重要指导意义。

（三）社会预警理论

伴随着现代社会的进一步发展，在20世纪后半叶，西方社会学者开始研究社会稳定风险预警相关问题。美国社会学家罗蒙德·鲍尔（Raymond Bauer）于20世纪60年代出版的《社会指标》一书，构建了社会预警指标体系，并引发运用指标从事社会预警研究的热潮。1961年，埃·蒂里阿基安进一步对社会稳定风险影响因素进行了系统研究，提出如中小城市向大型城市的进一步发展，非制度化、合法化宗教的快速增长以及对其进行社会控制的能力，都会影响社会稳定，并提出相应的警戒指标值，作为预测社会稳定风险的"晴雨表"而加以应用。

1. 社会稳定风险的衡量

社会学家Estes和Morgan主张应从下列角度来衡量社会稳定风险：

（1）一些已经存在的人们对社会的期望，希望达到的一种生活发展前景及在社会生活中所感悟到的伦理道德等内容，这些内容是构成社会政治的重要部分，且大多是政府政策的重要声明或者是国家宪法的组成部分，以政府文件等方式体现出来。

（2）组成社会的最小单位是各个家庭，一些因素如社会动乱、战争、自然灾害等会对家庭稳定构成威胁，有些因素如家庭成员因意外事故而去世或受到重伤等，会对家庭造成不确定性影响，并进而影响社会稳定。

（3）一些对社会文化产生影响的因素，如随着社会发展以及对外开放的推进，改变了人们的观念，这就可能引起对历史上有些遗留下来的文化的冲击，使人们对一些已经存在了很多世纪的风俗习惯或生活习俗的改变，都有可能影响到社会稳定。

（4）国家在特殊时期的政治稳定程度。

（5）随着经济迅速发展及人们生活水平的提高，可能不再满足以往的生活模式，而是对社会有了更高的要求，如需要政府能改变小区的绿化、希望社会能提供更好的福利等，这些对社会需求的改变会成为影响社会稳定的因素。

（6）人们对社会生活要求不断提高，然而社会能提供的公共服务受到空间、自然、生态等方面的限制，从而产生人们诉求难以满足的社会稳定风险。

2. 社会不稳定的标志

1984 年，理查德·爱茨提出社会不稳定的六个标志：

（1）政治上不稳定。

（2）家庭结构处在崩溃状态。

（3）可利用的社会资源减少。

（4）社会组织中的杰出人物专权。

（5）人类需求得不到满足的情况严重。

（6）社会受到对外开放浪潮的很大冲击，一些国外文化或思维模式已慢慢渗透到人们的思想之中，使得本国长久积淀下来的文化力量有可能随着对外开放的浪潮而逐渐消失，造成社会不稳定。

3. 社会预测模型和方法

以齐舒姆为代表的英国社会学家于 20 世纪 80 年代形成区域社会研究学派，在其《区域预测》一书中，总结了人口、城市、资源、生态环境和经济相互作用的经验数据，提出了社会预测的模型和方法。著名的未来学派则努力建立综合社会预警模型，在社会生活涉及的 12 个因素之间建立一个相互影响的网络系统，内容包括一些社会基本因素如人口、社会所能提供的原材料、自然资源如石油等能源、水质、与日常生活有关的社区公共卫生、人们生存的环境、人们所拥有的食品的质量、文化教育、大学生就业、市民居住条件、经济发展状况、生活环境等，研究人们对这些因素的心理感受与人们日常行事方式的关系等，在此基础上对影响社会危机的各种因素相互牵制及交互作用的复杂过程进行情景模拟研究。社会系统学派则以 AGENT 系统模型（一种能够自主理解、规划和执行复杂任务的系统模型）的研制而受到广泛关注，其研究最早来自于美国学者内布拉斯加对美国 6 个州的区域社会管理的调查发现，这一方法已成为美国联邦政府进行社会决策的重要依据。通过 AGENT 系统模型，在预警的基础上，对社会管理决策进行全面的系统优化和调控。

（四）公共治理理论

1. 公共管理和公共治理

20世纪80年代之后兴起的新公共管理运动和公共治理理论，是社会公共管理实践和理论研究领域的重要成果。在过去很长时间里，公共管理领域用于表达各方面的流行话语虽然一直在变，但这些流行话语的背后有一些核心要素始终没有改变，那就是公共管理理论与实践。这些流行话语的变化从公共行政到新公共行政，再到公共管理，又到公共治理，从中可以看出该领域的演变轨迹，即实践上治理结构实现网络化（从传统的科层制结构到组织结构的平面化和网络化转型）、治理主体实现多中心化（从政府到政府、市场/企业、社会）、治理方式实现多元化（从单一行政方式到规制、民间、合作）、治理理念实现"去政治"化（从政府统治到公共管理再到公共服务）、治理绩效评估实现全面化和全方位化（从单一的GDP指标到综合多元的评价体系）、治理过程实现开放化（从封闭的政府管制和专家决策系统到更大限度允许社会监督和允许民众对公共事务的参与）。

2. 公共治理理论的进展

公共管理领域相关理论进展的最主要内容是相应理论自身的发展、理论的应用及政策研究。公共治理领域相关理论和实践的进展，主要体现在以下方面：

（1）对新公共管理运动中出现的各种情况的反思和批判。

（2）对地方的有效治理。

（3）网络化/网络状的治理。

（4）全球性的治理。

（5）新制度主义与博弈理论在公共治理领域中的运用和结合。

（6）新公共管理运动与治理理论的实证研究。

二、社会发展相关理论

（一）参与式发展理论

参与（participatory）不仅意味着参与某项活动，也反映着参加某项活动的权利（have right to take part in or become involved in an activity）。事实上，

发展的核心是人以及他们所处的环境。而在传统的发展理论中，发展中国家的社会和个人往往遭到忽视，尤其是那些来自弱者、边缘人群和贫困人口的意愿和声音。

参与式发展理论对传统的自上而下发展方式进行了反思和否定，从以人为本的角度出发，将项目受众视为发展的主体，强调以尊重差异、平等协商、合理赋权为基础，在“外来者”的协助下，通过社区成员积极、主动的广泛参与，实现社区的可持续的、有效益的发展，使社区成员能够共享发展的成果。将社区的发展与项目受众的能力建设相结合，保证了项目建设的延续性和社区发展的可持续性（sustainability），为发展实践的成功提供了一种很好的思路。参与式发展产生于社区发展而又区别于社区发展。参与式发展的途径是指目标群体（多数情况下包括并关注受项目不利影响的人群，尤其是贫困人口、妇女、老人、残疾人和少数民族群体）全面地参与到发展项目和发展活动的规划、实施和监测与评价过程中去。参与式发展途径的一个重要基础在于对目标群体公正、公平的认识，对于受影响群体所处环境进行全面综合的判断分析，充分考虑目标群体的观点与看法。

参与式发展的核心本质是赋权（empowerment），而赋权的核心则是对参与和决策发展项目活动的全过程的权利的再分配，简而言之，即增加社区特别是贫困人口、妇女等弱势群体在发展项目活动中的发言权和决策权。参与式发展途径的过程就是赋权的具体实现过程，参与式活动建立在“平等协商”基础上的过程特点和对社区以及对传统的社会弱势群体亦即目标群体的参与发展干预过程的赋权，使社区及目标群体自觉地参与发展，实现发展干预的可持续性。

参与式发展理论的发展可以划分为几个阶段：

一是强调社区发展战略的萌芽阶段，20 世纪 50～60 年代，一些西方国家在第三世界进行发展援助时采取“社区发展战略”，这些社区发展活动一方面帮助其修建基础设施，另一方面运用当地人的知识和技能，使其加入到基础设施建设上来。

二是由社区发展战略到参与式发展方式的过渡阶段。20 世纪 60 年代末到

20世纪70年代，参与式发展方式开始成为国际发展领域中创新性领域，并在实践方面有所突破。

三是参与式发展全面兴起的阶段。到20世纪90年代初期，世界银行等援助机构开始将援助重心和发展重点向促进参与式发展方面进行全面转移。

迄今为止，参与式发展已成为国际发展实践的主流理念，并形成了包括参与式发展理论、参与式发展研究和实践框架、参与式发展研究与实践方法以及参与式发展研究与实践工具等一整套完整的结构体系。参与式发展研究与实践方法以具有行动含义的社会动员为手段，通过启动研究对象的知识系统、解决问题的能力及将研究过程与研究行动变成研究对象自己的活动，从而建立起所谓的“拥有意识”，并在这样一个过程中来获得信息数据，进行分析、对比。目前参与式发展研究与实践方法主要包括参与式社区发展、目标群体分析、参与式监测与评价、参与式行动培训等。参与式研究方法的主要贡献在于将被研究对象的利益与研究工作相互联系形成所谓的参与式赋权的学习过程，使得被研究对象觉得自己没有被研究，而是研究中的一个组成部分。

重大基础设施建设的目的是通过建成投产后为人民群众提供更好的公共产品或公共服务，促进社会经济发展。因此，根据参与式发展理论，遵循广大人民群众特别是利益相关群体参与工程建设和运行全过程的参与式发展理念，建构政府、企业、社区、群众共同合作的参与式发展运行机制，实现“共商、共建、共享、共赢”的目标，对于促进社会稳定及和谐发展十分重要。

（二）包容性发展理论

包容性发展（inclusive development）最早在2007年由亚洲开发银行所提出，强调以惠及于弱势群体和欠发达国家为主，是指以人为中心的，人与人、人与社会、人与自然的和谐发展，是包括GDP增长指数、人类发展指数、社会发展指数、社会福利指数、幸福指数在内的全面发展。强调发展主体的人人有责、发展内容的全面协调、发展过程的机会均等、发展成果的利益共享，是一种更加全面、更趋公平、更具人文关怀、更具可持续性的新发展理论。

社会稳定风险分析和评估关注弱势群体的基本需求和核心关切，并提供恰当的措施确保弱势群体可以享受项目发展权益，并保证不会被边缘化。在包容性发展理论视角下，强调要消除社会阶层、社会群体之间的隔阂和裂隙，让每个参与重大工程建设项目与决策、影响与被影响的个体融入经济发展的潮流之中，以便确保重大事项顺利实施，切实解决发展中出现的社会问题。

社会稳定风险分析和评估的目标与包容性发展理论的本质要求不谋而合，即秉持以人为本、公平和效益的原则，提升民众的满意度，通过采用识别和分析社会稳定风险的利益相关方的系统性方法，促进有意义和包容性的参与方式，使受影响各方能够充分参与讨论项目可能产生的影响，并在项目设计和实施中考虑利益相关主体的意见，以此降低重大事项的社会稳定风险，促进对社会的稳定与和谐。

（三）社会脆弱性理论

社会脆弱性（social vulnerability）最早起源于自然灾害领域，在 20 世纪 70 年代以后，脆弱性研究开始延伸至生态系统、社会科学、地学与可持续科学等领域，形成了丰富的社会脆弱性理论体系。社会脆弱性理论是指以人和社会为中心，注重人和社会在脆弱性的形成以及降低脆弱性中的作用，是涉及自然、经济、社会、环境等要素的多维复杂系统理论。

社会脆弱性理论主要包括以下维度：

（1）自然灾害的社会脆弱性，即个人或群体在灾害事件中潜在的损失、应对灾害的抵抗和恢复过程中社会群体易受危害的脆弱性评价与测度。

（2）气候变化的社会脆弱性，即因受极端气候改变或气候政策、工程影响下的个人或群体受其压力影响的评价与测度。

（3）地方区域的社会脆弱性，即社会群体受不同因素引起的风险影响或损害状态，以及恢复的能力。

（4）土地利用变化的社会脆弱性，即环境土地利用变化以及土地—人口—环境承载力变化对社会系统产生的负面影响与恢复适应能力。

（5）环境污染的社会脆弱性，即因重大工程项目、经济建设等引起的个体或群体对压力的应对和响应处理能力评价和测度。

社会脆弱性理论在社会稳定风险分析和评估中，强调与关注重大项目实施使利益相关方遭受来自项目产生的风险诱发因素或衍生及叠加当地风险的打击与恢复程度，特别是残疾人、贫困人口、少数民族人口、老年人、儿童、女户主家庭等弱势群体。全面地了解目标人群和项目潜在影响人群的风险及其脆弱性，并针对风险和脆弱性制定相应策略，以此降低社会稳定风险，提高生计与抵抗风险的韧性。

（四）利益相关方理论

利益相关方（stakeholder）概念最早于1963年提出，美国斯坦福研究中心的研究人员使用利益相关方概念以拓宽公司管理人员关注的对象，克服公司管理中的弊端，由原来仅仅关注股东需要的“股东（stockholder）至上”，转向关注和满足所有利益相关方（包括股东、顾客、雇员、供应商、债权人和社团）的需要。利益相关方最初被定义为“没有它们的支持组织就不再存在的群体”。随后，利益相关方理论被广泛运用到公司规划、组织理论和战略管理等领域。战略管理专家弗里曼将利益相关方定义为任何能够影响公司目标的实现或受公司目标是否实现影响的群体。利益相关方理论在组织发展应对复杂多变环境背景中的管理困境问题上具有独到的分析优势，当前已被国内外学者广泛运用于风险管理、应急管理领域，以及风险评估和风险决策之中。

重大项目中的利益相关方是那些任何能够影响重大项目目标的实现或受重大项目目标是否实现影响的群体及个人。通过强调在重大项目评估中应以利益相关方为中心和导向，基于利益相关方的利益诉求、期望、心理及其行为表现进行有针对性分析，对利益相关方之间、利益相关方与组织之间存在矛盾冲突的可能性进行估算和权衡，拟定相应的解决矛盾冲突的方案，从而将社会稳定风险控制在可接受的范围内。同时，在整个项目周期中始终关注、发现并尽力满足重大项目利益相关方的不同需求（包括物质的需求和心理的需求），并寻求通过协商、参与、合作等机制化解不同利益相关方之间、利益相关方与重大项目之间存在的利益冲突和风险争论。

结合利益相关方可能引致的社会稳定风险。对于利益相关方的分析应当包括对利益相关方的利益诉求的合法合理性的分析，对不同利益相关方之间的关联网络、社会网络、社会资本的分析，以及利益相关方之间、利益相关方与项目之间在利益、价值观和心理感受等方面存在的矛盾冲突等内容的分析和评估。

1. 利益诉求分析

项目风险评估者通过焦点小组、半结构访谈、滚雪球法等方法收集信息以界定重大项目利益相关方及其利益诉求，绘制重大项目利益相关方及其影响权重图谱，并相应绘制出各利益相关方不同的利益诉求、期望和心理及其行为反映的分析图表，然后采用小组座谈会方式邀请专家学者、律师、政府官员、各利益相关方群体的代表一起讨论分析图表中的利益诉求的合法性和合理性，综合形成关于各利益相关方利益诉求的总体评价结论，供风险管理者做决策时参考。

2. 关联网络分析

利益相关方群体之间、利益相关方群体内部存在着多个无形的关联网络。各种正式的和非正式的制度规则规范着这些不同的网络。重大项目的规划和实施可能会对这些网络造成破坏和冲击。反之，这些无形的关联网络可能阻碍项目的规划和实施。社会稳定风险分析和评估人员在进行分析时，应分析研究社会资本、社会网络等因素对工程项目设计和实施的影响与作用，并列出能够帮助动员利益相关方实现发展目标的现有当地机构。一些非正式的地方规则，如那些影响社会群体的行为和态度的道德规范、价值观念和信仰体系可能会影响工程项目的实施安排。

3. 矛盾冲突分析

对利益相关方之间、利益相关方与项目之间在利益、价值观和心理感受等方面存在的矛盾冲突的分析，是重大项目社会稳定风险分析和评估者的重要职责，也是风险评估的重要内容之一。通过利益诉求分析和关联网络分析，可以初步判断出利益相关方在利益、价值观和心理感受方面的差异及矛盾所在。风险评估者需要将各种矛盾详细地勾画出来，同时结合利益相关方的行为表现和反应，判断矛盾的大小和出现冲突的可能性，并以此为基础进行风险等级划分。重大项目风险评估者和风险决策者根据风险等级拟定相应的应对方案和措施。

（五）利益共享理论

人类社会是利益关系的集合体，不同社会呈现出不同的利益关系。利益共享是指在政府、市场和社会的合力作用下，以达到全体社会成员共同享有经济社会发展成果的局面。利益共享是共建基础上的共享、合理差别的共享、循序渐进的共享。在价值意义上，利益共享包含了自由、公正、平等和共同富裕四个评判尺度。利益共享的立论依据，一是马克思、恩格斯关于利益的相关论述；二是中国共产党人的利益共享思想。马克思、恩格斯以唯物史观为分析工具，揭示了生产力的充分发展是利益共享的前提；指出利益共享是一个不断实现的过程，是实现人自由全面发展理想社会的根本要求。中国共产党人在革命、建设和改革开放的实践过程中，运用和发展了马克思、恩格斯的利益共享思想，对如何实现全社会利益共享进行了卓有成效的探索，提出了共同富裕、公平公正享有社会发展成果、维护并实现最大多数人的利益等思想观点。

利益共享的现实意义在于维护社会安定，为社会发展提供有序的环境，体现公平正义的价值追求，彰显社会主义优越性。利益共享的实现是一个过程，从社会体制机制的角度来看，健全利益表达机制、利益决策机制、利益协调机制和利益约束机制，是实现利益共享的重要途径。当前，我国社会因利益分配不公而引发的冲突事件时有发生，利益分化、利益固化现象明显，潜在的社会稳定风险不断加大。实现利益共享，让发展成果更多、更加公平地惠及全体人民，成为凝聚改革正能量，化解社会稳定风险，促进社会和谐的重要途径。

三、风险管理相关理论

（一）工程风险管理理论

风险管理一般是企业对其面临的风险，事前运用各种风险管理策略和技术所做的一切处理过程。风险管理起源于20世纪50年代的美国，以保险行业最具有代表性。随着经济社会和科学技术的快速发展，人们需要应对种类繁多、后果莫测的风险。比如1979年美国三哩岛核电站爆炸事故、1984年印度联合碳化物公司农药厂毒气外泄事故等重大科技灾难，对于风险管理在全球的推动及发展，起到催化作用。

工程项目风险管理理论是管理学、经济学以及项目管理理论的重要研究领域。随着系统工程理论、金融工程理论、工程项目行为理论、信息经济学、博弈论等的发展而迅速发展起来，自20世纪90年代以来取得了长足发展。工程风险管理范式可以归结为三类：财务风险管理、商务风险管理和集成风险管理。

1. 财务风险管理

聚焦于财务、保险及业务部门。以 Miller、Modigliani、Pratt 和 Borch 等的研究为代表，工程项目往往将风险管理视为管理其产品的生产和交易中所产生的某种财务风险暴露，或者是进行适当的内部控制。这种范式较为狭隘地关注于特定财务或公害风险，忽视了工程项目层面上各种风险相互抵消带来的收益。

2. 商务风险管理

Anderson 和 Diamond 等人研究了商务风险管理范式下风险和机遇的联系，并将范围扩展至负有责任的、按不同风险分担责任的业务经理。强调风险管理存在于每个人工作之中，要促使财务、保险部门和生产线经理之间实现知识共享。一体化的商务风险管理范式促使工程项目开发出更加负责的手段和过程，以解决各类风险。

3. 集成风险管理

集成风险管理范式将风险管理视为工程项目寻求机遇过程中的一个合理有序的过程。通过引入一套风险管理的共同语言，便于工程项目内部及对外沟通，以提供用于集成风险测度结果和相关信息的统一报告体系，并通过对风险进行严格排序，促进资源优化配置，利用风险的抵消和合并减少风险转移成本，从而创立一种结构化的决策分析过程体系。

对项目工程的风险评估是项目管理的起点和基础，因此项目管理者需要通过各种方法和手段，尽可能多地找出潜在影响项目的风险因素，及时展开调查和分析。分析的方法主要是根据事物本身的规律和个人经验对风险进行分解，调查方法主要是以专家调查法为主，专家是索取信息的主要对象，专家需要利用其领域的专业知识和实践来对潜在风险和后果及时作出分析和评价。专家调查的方法有很多，包括个人判断法、头脑风暴法和德尔菲法等，专家需要利用各种手段来提高风险管理能力，以保证项目能够得以顺利实施。风险评估就是根据项目可能面临的各种风险，综合衡量其对项目实施的影响程度，并且要考虑到整体项目对风险的承受能力。管理者需要对各类风险进行评价，仔细分析这些因素对项目目标的影响程度，认清风险之间的因果关系，这样才能准确地采取措施来面对风险和规避风险。

（二）风险感知理论

风险感知属于心理学和社会心理学范畴。在风险感知理论中，风险是一种主观建构，风险感知是人们面对客观风险时在内心世界的主观反映，也是人们对客观风险可接受程度的一个表征因素。不同主体在风险感知上的立场差异将会导致其在面对同一风险来源时形成迥异的风险感知水平，进而得出截然不同的结论。此外，不同区域的人们面临的风险事实和类型存在的差异也导致人们对风险感知强度与烈度的差异。

民众的“风险感知”是决策者不容忽视的重要因素。风险感知理论强调个体由直观判断和主观感受获得的经验对认知的影响。人们对于客观事物的感知继而影响到大众对待客观事物的态度。正是人们对风险感知存在的差异和态度促使了风险评估事业的兴起。涉及大众的项目投资决策，需要争取大众的理解和支持。民众的态度是进行决策的重要依据。存在风险的问题往往是大众的敏感话题。要通过采用问卷调查、访谈、专家座谈等一系列的方法对人们的风险感知进行辨别、评估、筛选，为项目的社会稳定风险分析和评估提供重要依据。

公众的风险感知和对风险治理信任度是影响社会公众风险接受程度的重要因素。在现代化和城市化进程中，工程项目风险引发的邻避效应是项目决策面临的重要挑战。公众对风险技术的态度受风险感知因素的影响，大多在风险技术应用于公众周围时发生作用。部分公共设施项目（如垃圾处理、火葬殡仪、核电建设、化学工业等项目），在服务于地区广大民众的同时，可能对所在地生活环境质量、居民健康等造成负面影响，以至于所在地社区民众普遍采取嫌恶或排斥的态度，不愿与其毗邻，拒绝项目选址在他们居住地附近，有时会产生高度情绪化的集体反对，甚至抗争行为，于是产生了邻避（not in my back yard，NIMBY）效应。

由于公益性项目的发起与实施单位主要是公共部门，解决公益性项目的邻避效应，关键是由政府采取适当的补偿措施。传统的补偿理论倾向于强调物质性补偿，即根据居民经济条件受影响的程度，相应安排补偿方案。更进一步看，在导致邻避效应的因素中，除了经济性成本与损失外，心理与认知的因素也在直接发挥作用，使得政府有必要重视对邻避效应的社会心理补偿。Kraft 和 Clary 提出了导致邻避效应的 5 方面心理与认知因素：

（1）不信任政府和项目发起人。当存在对政府的一般性信任缺失，或者受影响社区在与政府的交往经验中存在失败或负面的经历时，则在决策过程缺乏透明度的情况下，居民易于产生不安全感与不公平的感受。

（2）知识与信息欠缺。当利益相关方缺乏对公益性邻避设施的近期与远期后果的充分了解时，容易接受一些不准确或错误的概念，在主观上缩小邻避设施的正面效应，夸大其负面后果。

（3）对问题、风险和成本的狭隘和局部的观点。“只要不建在我的后院就行”“凭什么由我们来承担应该整个社会承担的后果”，这些都是在缺乏社会责任感时可能出现的狭隘观点。在基层社会政治中，这些观点易于获得群众支持，并可能被一些基层政治人物所操纵。

（4）对邻避设施的情绪化评价。一方面，邻避设施的选址和补偿决策等，往往会被社区认为是强加的，导致情绪化反应；另一方面，对抗性情绪和行为会加剧社区对设施的可能威胁的主观预期，形成恶性循环。

（5）一般的和特别的风险规避倾向。对具有风险规避倾向的居民，更倾向于注意到邻避设施带来的负面效应。这些因素越强烈，则居民的邻避意识越强，对经济性补偿方案的各方面要求也就会越高。经济性补偿和社会心理性补偿之间的互动关系逐渐显现，对相关问题的处置不当，除了可能延误项目建设进程、加大建设成本外，还会引发社会稳定风险。

（三）压力—状态—响应理论

压力—状态—响应（pressure-state-response，PSR）是加拿大统计学家 David J. Rapport 和 Anthony Marcus Friend（1979）提出，后由经济合作与发展组织（OECD）和联合国环境规划署（UNEP）于 20 世纪 80 年代共同发展起来的用于研究环境问题的框架体系。PSR 理论通过“原因—效应—响应”

这一思维，认为人类与环境之间存在相互作用关系，在人类进行各种社会活动过程中，在从自然环境中获取所需资源的同时，又向自然社会环境中排放废弃物，改变了自然资源存储量与环境质量，影响个体及群体的经济活动和社会福利，进而社会通过环境、经济、部门机构政策，以及通过意识和行为的变化而对这些改变作出反映，如此反复，构成了人类与环境之间的压力—状态—响应关系。

压力—状态—响应理论区分了三类指标，即压力指标、状态指标和响应指标。具体包括：

(1) 压力指标。即表征人类的经济和社会活动对环境的各种作用，如各种项目运作实施过程中所产生的物质排放等对环境造成的破坏和扰动。

(2) 状态指标。即表征特定时间阶段的环境变化状态，包括生态系统与自然环境、人类生活健康质量等。

(3) 响应指标。即社会和个人如何通过行动来减少、预防和恢复人类活动对环境的负面影响，围绕“发生了什么、为什么发生、如何去做”三个可持续发展的基本问题进行评价与研究。

在社会稳定风险分析和评估中，压力—状态—响应理论运用较为广泛。从压力指标来看，节能减排压力、工业发展压力、房地产建设压力、征地征海补偿压力、核电运行海水影响压力等风险，都会伴随着人类的经济活动与自然社会环境之间的关联。从状态指标来看，各种因项目建设引起的环境压力，使得在人口安置、征地补偿、海水养殖、滩涂淤积、环境污染、劳资纠纷、核电运营等方面产生不同阶段的变化。从响应指标来看，通过风险分析与评估，分析如何制定一系列预防与恢复措施，构成社会—环境—个体三者相互稳定且和谐发展的系统，是 PSR 理论在社会稳定风险分析和评估中最为重要的体现。

(四) 社会燃烧理论

自然界中的燃烧现象，需要同时具备燃烧材料、助燃剂和点火温度三个条件才能发生燃烧。

1. 社会燃烧理论的分析框架

社会物理学家应用该项原理，将燃烧现象和无序、动乱及失稳的社会现象进行类比，提出“社会燃烧理论”，认为：

(1) 在社会生活中，“人与自然”关系的不协调和“人与人”关系的不和谐几乎随时可见且不可避免，这些现象可以看成是“燃烧物质”，并可能引发社会不稳定，是引起社会无序的基本动因。

(2) 作为燃烧“助燃剂”的物资，则是引起社会动乱的特定事件或现象，如社会敌对势力的恶意攻击、媒体舆论的误导和对事实的过分夸大或歪曲、小道消息的广泛散布、不从大局出发刻意追求片面利益、非理性的推断和猜测、无中生有地产生事端、谣言的不断传播、社会心理作用的随意放大等。

(3) “点火温度”则是一些具有一定规模和影响的突发性事件，是引发社会不稳定事件的导火线。

“社会燃烧理论”指出，只要发生任何背离“人与人”之间的和谐与“人与自然”之间的平衡，都会给社会稳定带来不同程度的“负贡献”(即所谓“燃烧物质”的存在)。随着此类“负贡献”的量与质的不断积累，当达到一定程度，并在错误舆论导向(即“助燃剂”)的煽动作用下，如果再出现突发事件作为导火线(即“点火温度”)的激励作用，且三个条件同时具备，就会发生引发社会不稳定的风险事件。

2. 社会燃烧理论的应用

“社会燃烧理论”可用于指导重大项目社会稳定风险分析和评估工作。将社会稳定风险看作是自变量，将公共危机看作是因变量，那么公共危机是由社会稳定风险、社会舆论以及突发事件共同作用的结果。社会系统自身存在一个稳定与安全的临界阈值，当社会稳定风险、社会舆论与突发事件组成的自变量集不断积累和相互作用，并超过社会系统所能承受的最大临界值时，社会稳定风险就会转化为公共危机，引起社会动乱的社会失序、造成社会不稳的社会失衡或导致社会暴乱的社会失控，直到最后造成社会的彻底崩溃。

社会燃烧理论揭示了社会稳定风险的产生机理和应对途径。基于社会燃烧理论框架下的重大项目社会稳定风险管理，要求在制定重大项目社会稳定风险管理行动计划中，应在风险调查、风险识别和风险估计的基础上，从减少燃烧物质、屏蔽助燃剂和阻滞点火温度等不同角度，规避社会稳定风险事件的发生，为拟建项目的顺利实施营造一个稳定健康的社会环境。

（五）风险控制论

1. 控制论和风险控制论

控制论由美国数学家诺伯特·维纳于1948年提出。所谓控制，是为了达到系统的稳定性这一目的而对系统本身的调节。控制的基础是信息，一切信息传递都是为了控制，而任何控制又都有赖于信息反馈来实现。信息反馈是控制论的一个极其重要的概念。通俗来讲，信息反馈就是指由控制系统把信息输送出去，又把其作用结果返送回来，并对信息的再输出发生影响，从而起到控制的作用，以达到预定的目的。

工程建设涉及面广、过程复杂、建设周期长、受自然条件影响大等特点使得项目建设过程具有很多事先不能确定的内部和外部的干扰因素。控制论关于一切控制系统都具有信息的交换和反馈过程的基本观点以及包含的关于动态系统控制的调节机理和一般规律，使控制论在工程项目风险的认识、分析和控制中有重要应用。

2. 工程风险控制方法

根据风险控制信息的来源及作用不同，工程项目风险控制方法可分为：

（1）前馈控制，也称“开环控制”。其控制过程不用受控风险系统输出的结果，只用外来控制信息起控制作用。前馈控制是期望防止问题的发生而不是当出现问题时再补救，采用前馈控制的关键是要在实际问题发生之前就采取控制行动。这种控制需要及时和准确的信息，即组织相关人员运用各种方法尽可能全面地找出影响项目目标实现的风险事件，并依其对项目目标影响程度和潜在损失的大小进行分类、排序等，列出详细的风险事件清单。风险识别是风险管理中最重要、也是最困难的任务。列出详细的风险事件清单后通过风险分析和评价制定出风险的各种处理方法。

（2）过程控制。过程控制是在风险管理过程中，风险管理人员收集反馈信息，对已掌握的风险管理效果进行积极讨论并调整具体的风险控制措施。过程控制强调的是事中的积极讨论和调整。过程控制的必要性由三个方面的因素决定：一是工程项目外部环境的变化；二是风险前馈控制的效果；三是风险管理人员水平的差异。这些因素要求风险管理人员要依据不断发生的环境变化以及风险控制范围的大小、执行风险管理工作能力强弱等情况适时、适度、客观、弹性地进行过程控制，以利于将项目风险控制在可接受范围内。

（3）反馈控制，又称为“闭环控制”。即用受控风险系统输出量的反馈信息来产生控制力，构成一个闭环回路。无论是对自然风险还是设计风险、施工风险、合同风险、财务风险等，对于检查到的实际情况与计划的偏差，即风险控制超出可接受范围，诸如此类的信息反馈到风险管理系统之中，风险管理系统就可以改进这些方面的缺陷，使偏差减小。这种控制起到所谓的负反馈效应，从而实现对项目风险进行有效控制。

第二章

社会稳定风险分析评估的国际经验和中国实践

第一节　社会稳定风险分析评估的国际经验

一、国际多边机构的风险管理

（一）世界银行的项目风险管理

世界银行《环境和社会框架》（ESF）于2018年10月1日生效，适用于此日期之后启动的所有投资政策融资（IPF）项目。ESF在劳工、不歧视、气候变化缓解和适应、生物多样性、社区健康与安全、利益相关方参与等领域有重大进步，包括扩大了公众参与和申诉机制的作用。ESF的十项《环境和社会标准》（ESS）支持借款国管理环境和社会（E&S）风险，加强了世界银行对可持续发展的承诺。ESF采用基于风险的方法，对复杂项目加强监督，增加资源支持力度；针对条件发生变化的项目，通过适应性风险管理和利益相关方参与，提高应变能力。

世界银行的安全保障政策主要包括如下业务手册（operating policy，OP）：

（1）环境政策：OP4.01环境评价、OP4.04自然栖息地、OP4.09病虫害管理、OP4.11文化遗产、OP4.36林业、OP4.37大坝安全。

（2）社会政策：OP4.10少数民族、OP4.12非自愿移民。

（3）相关法律政策：OP7.50国际水道项目、OP7.60争议地区项目。

（4）其他政策：BP17.50信息公开政策。其中，OP4.01环境评价、OP4.10少数民族和OP4.12非自愿移民是我国利用世界银行贷款项目最常运用的政策。

世界银行操作手册OP4.01针对环境风险提出：评价项目潜在的环境风险

和影响、广度、深度及分析类型的过程取决于拟定的项目的性质、规模和潜在的环境影响。环境评价同时检查替代项目，并通过预防、最大限度减少、减轻或补偿消极环境影响以及加强积极影响，包括在项目执行过程中减轻及管理消极环境影响，以确定改善项目遴选、选址、规划、设计及实施的方法。

世界银行操作手册 OP4.10 针对少数民族风险提出：避免对少数民族社区带来潜在的负面影响；如不可避免，应最大限度降低、缓解这些影响，或对这些影响给予补偿。同时，世行资助项目还要致力于实现确保少数民族得到与其文化相适应的，并具有性别和代际包容性的社会和经济利益。

世界银行操作手册 OP4.12 针对非自愿移民风险提出：只要有可能，都要尽量避免或减少非志愿性移民，寻求所有可行的项目设计的替代方案；在非志愿性移民不可避免的情况下，移民活动应当作为可持续发展计划予以考虑并实施，应提供充分的投资资源，使那些被迁移的居民得以从工程效益中获益。被迁移的居民应有机会参与移民计划的编制和实施；应当帮助被迁移的居民努力改善他们的生计和生活水准或至少在实际上恢复到搬迁前的水平，或恢复到项目开始实施时的相应水平，就高不就低。

（二）商业银行的赤道原则

在实际的金融投资活动中，私营部门同样在社会稳定风险分析和评估上提出了相应的管理原则，以赤道原则为例：

赤道原则（equator principles，EPs）是财务金融领域使用的一套非强制性准则，用以决定、衡量以及管理社会及环境风险，以进行项目融资（project finance）或信用紧缩的管理。赤道原则是一套非官方规定的，由世界主要金融机构根据国际金融公司的环境和社会政策和指南制定的，旨在用于确定、评估和管理项目融资过程中所涉及环境和社会稳定风险的一套自愿性原则。赤道原则的产生根源在于金融机构履行企业社会责任的压力。当银行向一些大型项目融资后，由于项目产生的负面环境影响和引发社会问题而备受争议，并给银行声誉带来损失，包括政府、多边贷款机构以及非政府组织和社区民众在内的利益相关方认为，银行有责任对项目融资中的环境和社会问题进行审慎性调查并督促项目发起人或借款人采取有效措施来消除或减缓所带来的负面影响。

赤道原则出现于 2003 年 6 月，参与制定的银行有花旗集团、荷兰银行、巴克莱银行、西德意志银行（WestLB AG）等。他们借鉴世界银行的环境保护标准与国际金融公司的社会责任准则，最终形成了这套原则。来自全球 37 个国家的 92 家金融机构采纳了赤道原则。其主要内容如下：

赤道原则的内容和结构比较简单，包括序言、适用范围、原则声明和免责声明四部分。其中，序言部分对赤道原则出台的动因、目的和采用赤道原则的意义作了简要说明；适用范围部分规定赤道原则适用于全球各行业项目资金总成本超过 1000 万美元的所有新项目融资和因扩充、改建对环境或社会造成重大影响的原有项目。原则声明是赤道原则的核心部分，列举了采用赤道原则的金融机构（EPFIs，即赤道银行）作出投资决策时需依据的 10 条特别条款和原则，赤道银行承诺仅会为符合条件的项目提供贷款。

第一条规定了项目分类标准，即基于国际金融公司的环境和社会筛选准则，根据项目潜在影响和风险程度将项目分为 A 类、B 类或 C 类（即分别具有高、中、低级别的环境或社会风险）；

第二条规定对 A 类和 B 类项目要进行社会和环境评估并给出评估报告应包含的主要内容；

第三条规定了适用的社会和环境标准，对位于非 OECD（经济合作与发展组织）国家或非高收入 OECD 国家的项目，除遵守所在国的法律外，必须满足国际金融公司《绩效标准》和按行业细分的《环境、健康和安全指引》；

第四条规定针对分类时发现的环境和社会问题借款人要制定以减轻和监控环境社会风险为内容的行动计划和环境管理方案；

第五条和第六条规定了借款人应当建立公开征询意见和信息披露制度，并建立投诉机制征求当地受影响的利益相关方的意见；

第七条规定对 A 类项目和 B 类项目（如适用）有关的环境评估报告等文件，应由独立的社会和环境专家审查；

第八条规定借款人必须在融资文件中承诺的事项，包括承诺遵守东道国社会和环境方面的所有法律法规、在项目建设和运作周期内遵守行动计划要求以及定期向贷款银行提交项目报告等；

第九条规定了独立监测和报告制度，即贷款期间赤道银行应聘请或要求借款人聘请独立的社会和环境专家来核实项目监测信息；

第十条规定了赤道银行报告制度，应至少每年向公众披露其实施赤道原则的过程和经验。最后，免责声明部分规定了赤道原则的法律效力，即赤道银行自愿独立采用和实施赤道原则。

（三）欧盟的社会稳定风险管理

为了更好应对自然与人为灾害、健康威胁、传染病、工业危机、核危机、农业危机等挑战和威胁，有效降低其对欧盟经济社会发展的影响，欧盟实施了推进区域风险管理一体化的战略，在2010年12月发布了《灾害管理中的风险评估与风险图编制指引》，力图建立和完善最大限度防止灾害发生及其影响的反馈机制，推进成员国开展国家战略风险评估，力求把上述风险降到最低，以确保欧盟经济社会的持续安全繁荣。2011年初，欧盟委员会发布了《关于“欧盟内部安全战略行动：迈向一个更安全的欧洲的五个步骤”的通报》，进一步明确了把推进区域风险管理一体化作为欧盟的一项基本战略。自20世纪末以来，欧洲多个国家已相继独立开展了国家风险评估，其中英国、荷兰、德国、瑞典、法国的成效最为显著。欧盟一些地区也在进行跨境风险评估的探索，比如由荷兰、爱沙尼亚、希腊、意大利、葡萄牙和保加利亚六个国家共同合作参与的《欧盟区域发展和减灾计划》，该项目旨在对相关空间减灾方面的信息和典型经验进行交流与交换，其中包括森林火灾、洪水、滑坡以及工业灾害的风险评估；欧盟在对波罗的海与多瑙河地区的两个宏观区域的战略规划设计中，把区域风险评估放在重要位置，该项目中包含了对区域内现有风险源的分析、跨境应急合作等内容。

欧盟还致力于增进成员国在国家层面上对国家风险评估的一致性，以提高各成员国风险评估结果的可比性，促进区域整体风险评估工作的深入扎实开展。2010年欧盟制定了《关于国家风险评估与风险图编制的指引》，把现有的欧盟法律和规范都考虑在内，既包括欧洲洪水风险指令、欧洲关键基础设施的保护指令、重大意外灾害的控制指令（Seveso）等法令，也包括一系列的欧洲规范，例如地震危害性的标准、欧盟理事会关于欧盟内部防范森林火灾的决议等内容。21 世纪初，欧盟组织开发了 E-Risk 系统，该系统以卫星宽带传输技术为基础，可以协助成员国开展涉及洪水、海啸、地震、火灾、核泄漏、恐怖事件等各类风险的监测和信息分析。目前，欧盟正在因地制宜地协助各国开发风险评估工具，以确保所有的国家都能够统一推进风险评估工作。在国家风险评估工具的开发中，欧盟充分考虑了成员国之间风险评估的不同发展水平，要求各成员国的国家风险识别需要至少考虑所有百年一遇或更久的重大灾害（所有年平均发生率为 1%或更大）或考虑因此造成重大潜在影响的后果，如受灾人数大于 50 人，经济及环境损失大于 1 亿欧元或造成重大政治、社会影响。当可能的影响超过 0.6%的国民总收入（GNI）时，即使是发生概率很小的风险情景，各成员国也必须重视（如火山爆发、海啸等）。当会产生影响的灾害的发生概率大于其 10 年中发生的概率时，国家风险评估中必须至少进行包含高、中、低三种不同程度的风险情景分析。

二、典型发达国家社会稳定风险管理

（一）美国的社会稳定风险分析和评估

美国在 1969 年发布的国家环境政策法令中，提出对投资项目应进行社会影响评价（social impact assessment，SIA），并被逐渐推广应用到各类建设项目，如公共设施建设，水、石油、煤炭等资源开发利用项目，对外援助项目，土地资源整治项目等，要求从社会经济、社会福利、生态环境、社会文化、政治环境等不同角度对项目方案进行论证。在对上述社会环境进行深入细致的调查研究中，需要选择下列变量进行定量分析。

1. 社区资源

针对这一变量，应进行相关的数据收集，并要充分考虑原住居民和宗教亚文化的变化所带来的可能影响。社区资源可以指社区所拥有的各种自然资源，如土地面积、水资源质量、环境清新程度、住房面积大小等，也可以指一些人为因素，如公共社区服务、治安和消防能力、医疗保健体系是否健全、土地使用模式及资源供应的充足性。其中，历史和文化资源是衡量人文环境持续发展的关键性指标。

2. 社区和制度结构

这一变量用来衡量各类组织的变化特征及其与地区及国家组织之间的关系，受拟建项目影响的社区是通过正式的政府体系安排还是非正式的自愿结合或者以特定利益群体为纽带而组织在一起的，各个组织是否因为种族或地域等其他原因而存在经济、社会或文化上的不平等现象，这些组织是否因为地区规划的制定或调整而受到某种程度的影响，各类组织成员的职业特征及经济状况，以及这些因素在有替代方案存在的情况下是否会发生变化。

3. 人口特征

包括受到社会稳定风险影响的人群当前的组织形式和结构是否稳定，在这些组织形式和结构中是否存在着种族、社会组织和经济等方面的差异，人们的从业方式、失业人数和失业人员的类型和曾经从事过的职业类型，这些人群中贫富、职业和收入水平等是如何分布的，这些人口特征是否存在着季节性的变化，以及各备选项目方案对这些因素的影响情况。

4. 个人和家庭因素

该变量用于评价不同组织中的人是否满意当前的生活方式，人们在日常生活中与朋友、熟人之间的关系模式特征，社区成员的日常生活是否受到一些潜在风险因素的影响，社区居民的居住模式是否会发生改变，是否能够改善人们的生活水平，这种模式是否稳定，不同组织中的人对当前的生活方式是否满意，是否很有兴趣改善目前的生活状况，他们如何看待环境的价值，他们以什么样的态度来看待像风险、健康、安全和特定项目替代方案这些话题，当外界因素对目前的生活方式产生影响时社区居民的关心程度，当一些居住条件或政策发生变化时他们对政府和社会制度是否有充分的信任，如果拟建项目某项方案要求搬迁，他们是否愿意响应政府号召积极配合政府的搬迁工作。

5. 行政和社会资源

这一变量主要考虑哪些是拟建项目的利益相关方，他们是如何组织的，以及拥有什么样的利益；对于替代方案他们是否愿意作出反应以及作出什么样的反应；社区中的权力机构是正式的还是非正式的，以及这些权力机构是如何分布的；当拟建项目对其现有利益格局造成影响时，他们能否动用足够的行政或社会资源予以抵制。

（二）英国的风险评估

英国建立了相对完善的国家安全风险评估和城市安全风险评估机制，能够对国家层面和城市中可能发生的危害国家和社会安全的风险进行有效的防范与控制。英国建立了《国家安全风险评估》《国家安全任务与指导原则》等风险评估与风险应对的防范政策体系。国家安全委员会在广泛了解和分析潜在的国家安全风险的基础上，根据相关的可能性及其影响，促进和协助政府联合其他部门共同面对和化解风险。以英国伦敦为例，其“一案三制”（风险应急预案，应急管理体制、应急运行机制和应急法治）意义上的城市风险管理体系比较健全，堪称城市风险管理的典范，可以为区域内重大事件决策的风险防范提供参考。通常情况下，风险管理分为风险评估与防范、风险控制、风险处置与恢复等环节。伦敦城市风险评估的基本经验主要体现在以下三个方面：

一是依法确立风险评估主体。英国 2005 年 4 月正式实施的《国内应急法》明确规定各级政府是风险评估的责任主体，在风险评估与应急规划中担负重要责任。

二是建立风险评估的协调机构。美国 9·11 恐怖袭击事件发生以后，伦敦出于对危机事件有效防范的考量，着手建立跨区域、跨部门的风险评估协调机构。伦敦区域应急论坛下设伦敦应急团队，每个论坛的主要职责是对区域内的风险进行识别与评估，使伦敦能有效应对危机事件。

三是完善风险评估的基本流程系统。伦敦的城市风险评估工作流程主要分为选择风险事项、挑选评估者、风险分析、风险评价、风险应对、监控与审查六大步骤。

（三）澳大利亚—新西兰风险管理标准

从 20 世纪 70 年代起，风险管理的概念、原理和实践开始从美国传播到加拿大、澳洲、欧洲和日本等国家和地区。在世界范围内影响较大，且被国际标准化组织（ISO）认可的国家级风险管理标准有澳大利亚/新西兰风险管理标准（AS/NZS-4360，简称澳洲风险管理标准）、加拿大《决策者指南：加拿大国家风险管理指南》（CAN/CSA-Q850-97）、英国《项目管理第三篇：与商业相关的项目风险管理指南》(BS-6079-3：2000）和日本风险管理标准（JISQ 2001：2001)。其中制定最早并且影响最大的当属澳洲风险管理标准，是澳大利亚和新西兰联合颁布的标准，于1995年首次发布，目的是制定一个统一的国家标准，以期帮助澳大利亚和新西兰上市公司及私有企业加强风险管理。AS/NZS-4360已经被澳大利亚政府和众多企业所采用，许多澳大利亚和新西兰行业协会还根据AS/NZS-4360和各自行业特点编制出供本行业使用的风险管理标准。该标准与我国的风险分析国家标准《风险管理 指南》(GB/T 24353—2022/ISO 3100：2018）一致。

AS/NZS-4360把风险管理看作一个过程，将其分解为沟通和咨询、框架设计、风险识别、风险分析、风险评价、风险处置和风险跟踪监控七个步骤。

1. 概念界定

(1）后果。指由于忽视质量问题或数量没有达到预期目标的情况。风险事件最终会有很多可能的结果，后果就是用于描述这些结果的各种可能情形的集合。

(2）可能性。是用于对风险事件发生次数和概率进行记录和分析的衡量指标。

(3）风险。在各种可能发生的风险事件中，对项目目标可能产生实质性影响的风险事件发生的可能性。通常采用风险事件的后果和可能性作为度量指标。

(4）剩余风险。指风险事件发生时，在已经采取有效防范措施后，仍有可能存在的风险。

(5）接受风险。指对特定风险的后果和可能性采取接受的态度，而不管这种特定风险的后果和可能性的实际情况如何。

(6）风险识别。用于分析风险事件发生的过程，包括分析发生了什么样的风险事件，怎样发生以及发生的原因。

(7）风险分析。指利用现有的可用信息，对特定风险事件发生的概率和产生的后果所进行的系统分析。

(8）风险评价。根据风险等级判断标准及其他准则，分析判断拟建项目的风险等级，以便对不同风险采取相应管理措施。

(9) 风险控制。采用风险应对的策略、程序、措施等方法，来消除或降低项目潜在风险。

(10) 降低风险。为降低风险发生的可能性或后果而采取的风险管理技术或措施。

(11) 风险处置。选取适当方法对可能出现的风险进行有效处理。

2. 风险管理步骤

(1) 沟通与咨询。沟通和咨询在项目周期各阶段的风险管理中都具有重要作用。有效的对内对外沟通和咨询对保证风险管理的顺利实施至关重要。应尽早制定沟通计划，以便对风险的分析和管理过程给予有效指导。

(2) 风险评估框架设计。风险评估的框架设计对于风险管理非常重要。主要包括以下任务：①界定受项目影响的群体，包括企业员工，消费者、环保组织、新闻媒体、企业商业伙伴等；②确定风险管理的责任主体，风险管理的目标、策略、范围及职责等；③制定风险评价准则，包括需要考虑的经济、法律、技术、社会等风险影响因素。风险评价准则可以在风险识别和风险分析方法选定之后进行进一步的研究和提炼；④界定风险识别的关键因素。从逻辑结构上将影响项目风险的因素进行分解，得到一系列风险影响因素，以便对各因素进行具体深入分析。

(3) 风险识别。在上述风险分析框架设计的基础上，对分解得到的各种风险因素进行全方面的核对和证实，以识别出可能发生何种风险事件及其发生的原因。风险识别可以采用核对表或根据专家经验来进行判断，以及通过小组讨论、系统分析、调查问卷等多种方法或各种方法的组合来进行分析。核对表法的优点是易于使用，缺点是只能检查出表中所列的风险，并且需要经常更新核对表；小组讨论可以最大限度地调动团队成员的创造力和主观能动性来发现新的问题，产生 1 加 1 大于 2 的合力来达到识别项目风险的目的。

(4) 风险分析。对于识别得到的主要风险因素，应分析其发生的可能性、影响程度及风险程度。风险分析最常采用的是定性分析方法。一般将风险因素发生的可能性分为五种情况：几乎肯定发生（almost certain）、很可能发生（likely）、可能发生（possible）、不太可能发生（unlikely）和很难发生（rare），用以表示风险事件发生的概率。将风险因素产生的后果从性能、进度或代价等角度，分为灾难（catastrophic）、大（major）、中等（moderate）、小（minor）、可忽略（insignificant）五种。对应的风险程度分为四个等级：H—高风险（需要详细研究并制定周全的风险管理行动计划）；S—大风险（需要高度重视对其进行风险应对管理）；M—中风险（需予以关注并加强日常监测）；L—低风险（依据例行程序进行一般性管理）。

（5）风险评价。风险评价是根据第二步制定的风险评价准则和第四步进行风险分析的结果，判断拟建项目的风险程度是否可以被接受，以及是否需要采取风险规避的对策措施。如果拟建项目目前的风险程度是难以接受的，就需要研究如何采取相应的风险处置措施来降低或转嫁风险；如果是低风险等级或风险程度是可以接受的，则可以弱化风险应对措施的研究制定，但仍然需要对这些风险进行监控及定期检查，以保证项目风险处于可接受的状态。

（6）风险处置。风险处置是为了确定对识别出来的风险采取什么样的措施来预防不良后果的发生，以及确定由谁来负责进行处理。应根据风险管理的目标、可行性、代价等因素来寻求最实际、最恰当的风险处置方法，从而把风险降低到通常情况下可以忍受的程度。在风险处置方案的研究制定中，需要对各种措施进行系统研究和比选论证，制定风险处置应对计划，分析风险可能发生的时间阶段，对处置结果作出期望和估计，对可能的花费作出合理估算，对不同事件该由谁来承担责任进行明确界定等。

（7）风险跟踪监测。上述步骤所进行的风险评估，随着时间的推移、周围环境的变化以及新技术的出现和投入应用，以前的评估结果和分析方法可能会不再适应新情况的要求，需要对风险管理计划的执行情况进行定期跟踪监测，根据新情况对风险处置计划进行及时调整，以确保风险管理目标得以实现。对风险跟踪监测的一个有效和重要工具，就是建立风险管理数据库，对拟建项目的各种潜在风险点可能出现的时间段、发生的可能性及影响程度、风险应对措施等进行跟踪记录，并根据新变化的情况定期进行更新，及时删除掉过时的风险，添加进去新出现的风险，并对各个风险应对计划的责任人、相关的风险处置计划进行动态更新和跟踪监测。

三、国际项目社会影响分析评估的发展演进

社会影响评估（social impact assessment）是目前国际上主流的风险评估理论之一。根据国际接受度最广的定义，法兰克·范克莱（Frank Vanclay）将社会影响评估定义为“分析、监测、治理由于外界干扰（政策、规划、项目、工程）所导致的社会后果及社会变化过程，包括故意的、非故意的，正面的、负面的社会影响。”可以看出，广义的社会影响评估不仅是对工程项目风险的评估，也包含对各类决策风险的治理。之所以使用“影响”（impact）而非“风险”（risk），一是因为社会影响评估原本是环境影响评估（environmental impact assessment）理论的分支，因而延续了“影响”评估的命名传统；二是“影响”为中性词汇，既包含负面的“影响”，如各类“风险”，又包含正面的“影响”，如项目促进居民就业，隐含着对发展和稳定的平衡思考；三是“影响”评估主要从公众的实际感知入手，探讨他们如何被决策“影响”，而“风险”则更多考虑管理层面的问题，即防控公众因受负面“影响”而产生社会稳定“风险”。因此，社会影响评估可以被理解为侧重公共治理过程的风险评估理论。社会影响评估随着风险治理需求的不断变化而遵循以下变迁脉络：争议型项目的社会稳定风险防控阶段（1969—2001 年）；大型项目的社会投资与利益分配阶段（2002—2017 年）；社会友好型项目承担社会责任阶段（2018 至今）。

（一）争议型项目的社会稳定风险防控阶段（1969—2001 年）

20 世纪 60 年代末，全球矿业的快速发展带来了严峻的环境和社会问题。基于防控社会稳定风险、遏制资本无序扩张的强烈诉求，美国于 1969 年颁布国家环境政策法案（NEPA），用于规范政府批准项目的环境和社会稳定风险治理。随后，澳大利亚、加拿大等国颁布法案将评估范围从公共项目扩大到了私营项目。该时期的主要评估对象为矿井、油田、水坝等容易造成恶劣环境效应的争议型项目，并在环境影响评估的基础上逐渐形成了侧重社会视角的社会影响评估。德国社会学家乌尔里希·贝克于 1986 年发起关于“风险社会”的讨论，促进了社会影响评估对风险生成路径的深入研究。从学科基础来看，社

会影响评估在1969年前主要是人类学和社会学的研究志趣，之后作为环境法案的分支，对环境影响评估的部分概念进行了吸收。如影响历史（impact history）分析，指通过对受影响社区的历史和背景进行详细梳理，分析其如何影响公众对政府和项目的信任，以及对后续项目的初始印象。再如间接影响（indirect impact）的概念，指除直接的社会稳定风险外，也将由环境风险、经济风险、工程风险等可能间接引发的社会稳定风险考虑在内，将社会稳定风险与其他类别的风险进行了因果链接和逻辑梳理。此外，法学也是社会影响评估的重要学科基底。一方面，美国、德国等国在环境法、建筑法、移民法等专业领域纳入社会影响评估的范畴；另一方面，联合国、世界银行、国际金融组织等国际机构在相应的规章制度中也开始注重规范成员国在国际投资中的社会负面影响和风险防控，如世界银行1989年制定的《环境评估操作规范》，1990年和2001年《非自愿移民操作手册》的出台与修正。在这一时期，对争议型项目进行科学的评估与治理、构建量化评价指标是学界主要的关注点。

（二）大型项目的社会投资与利益分配阶段（2002—2017年）

由于欠发达地区对依靠大型项目带动地区发展的需求日益增加，学者们逐渐对发展和稳定的二元问题有了新的认知，开始强调大型工程项目不仅要防控社会稳定风险，还应进行社会影响力投资（social impact investment），将发展红利反哺给当地居民。国际社会影响评价协会于2003年发布《社会影响评估国际准则》，标志着对社会稳定风险的研究转型为从社区角度出发，聚焦受项目影响的居民的担忧和期望，联合国人权理事会于2011年发布《联合国工商业与人权指导原则》，对社会影响力投资的理念进行了全球范围的推广。

许多少数族裔聚集地区对大型项目的引领作用有着复杂的情感：一方面，希望通过项目发展改变贫困现状；另一方面，担心潜在的经济、环境、文化、种族冲突等问题。油田、矿井的开发，跨国天然气管道的建设等项目，因会严重破坏环境、生态和原住民的生活状态（如亚马孙丛林、瓦登海等自然保护区），激发了当地剧烈的社会冲突。在冲突-协商的反复循环中，社会影响评估中的人权（human rights）概念得到了细化，并逐渐形成了对FPIC（free, prior and informed consent，即自由、事先和知情的同意）原则的研究志趣。

壳牌石油公司（Shell）因多年前的石油泄漏污染土地，造成农民减产，在多年后的追溯诉讼中，于 2015 年被判补偿给尼日利亚 Bodo 社区 5500 万美元。类似事件的严重后果让各国政府、跨国企业等对社会影响评估的重要性有了新的认识，也为“社会影响管理计划”（social impact management plans）、《影响和利益协议》（*Impacts & Benefits Agreement*）等协议的制定提供了支持：事先的共识和协议能够对后续的社会稳定风险控制和紧急情况的处理提供重要支撑。

大型项目的风险防控不仅在本国范围内有需求，在海外投资、跨国项目中的重要性也日益凸显。为保障海外投资项目能够顺利推进，以社会影响力投资和利益分配的手段获取多元利益主体的支持，社会影响评估引入了部分经济学和管理学概念，如经济迁移（economic displacement）是相对于物理迁移（physical displacement）的概念。物理迁移主要指项目建设中的征地拆迁导致居民发生了物理空间的迁移；而对于一些居民而言，他们不仅发生了物理空间的迁移，同时也失去了相应的谋生手段（如农民失地），遭受了经济意义上的迁移。更有甚者，许多没有发生物理迁移的居民，实则也遭受了经济迁移（如依赖社区的物流公司从业者会因居民搬迁而丧失谋生手段）。这种只有经济迁移而没有物理迁移的现象易被忽视，然而其具备社会稳定风险诱因，受到了国际风险研究者的广泛关注。同时，由于教育、医疗、文化、宗教等社会基础设施和公共服务体系、社区瓦解导致的社会迁移（social displacement）及其社会重建过程中的社会排斥、社会融入和社会整合问题也受到广泛关注。在这一时期，社会稳定风险治理的民主化呼声渐高，社会影响力投资与利益分配的理念呼吁超越了对评估科学化、指标化的重视。

（三）社会友好型项目承担社会责任阶段（2018 年至今）

近年来，对标争议型项目，在联合国 2030 议程关于可持续发展的 17 项目标的引导下，学校、医院等社会友好型项目逐渐进入学者视野，他们强调大型企业、非营利组织等自身应该对其社会稳定风险有合理的评估和控制，社会责任的概念在社会稳定风险治理层面得到了拓展。许多研究表明，承担社会责任不仅是项目迎合监管机构和获取正面声望的方法，也是能切实减少决策和投资风险的管理模式。

总体来讲，后工业化时期的西方国家在本国的基础设施工程建设基本完成，因此，社会影响评估除了应用于本国的社会稳定风险（如大规模抗议、种族冲突等）防控外，主要用于海外投资、海外援助等项目的社会稳定风险管理。随着世界银行、亚洲开发银行、国际金融公司、商业银行赤道原则、联合国等对私营部门和公共部门的投资和开发引导，国际水电协会、国际矿业协会等机构都在加强将环境与社会因素嵌入行业可持续发展战略，将环境与社会的影响、风险及其治理统一纳入政策框架体系并成为主流，社会影响评估在全球获得了知识的扩散，也包括中国对社会评价知识的引入，并成为中国社会稳定风险分析和评估与治理在初期发展阶段的重要理论基础。在这一时期，民主化成为主流的发展导向，西方对科学主义、技治主义（technocracy）和实证主义的反思，形成了以建构主义、协商主义和后实证主义为代表的社会稳定风险治理潮流。

从国际经验看，国际投资项目已经普遍重视社会稳定风险分析和评估工作。总体而言，国际投资项目社会稳定风险分析和评估体系随着时间推移逐渐细化，内容不断丰富，基本经验就是在风险识别和风险评估过程中，必须尽可能地识别出所有明显的或潜在的社会稳定风险，并且精确评估出社会稳定风险可能对国际投资项目造成的影响。事实上，由于不同的被投资区域的社会情境存在必然的差异，不同社会稳定风险可能造成的影响种类和程度都是不同的，因此科学的、系统的社会稳定风险分析和评估可以有效识别对国际投资项目造成负面影响的社会稳定风险，并通过方案设计和科学决策加以避免。国际投资项目社会评价的另一经验在于通过程序设计实现对项目的动态监督管理，具体表现为信息公开的强制要求，以及强化第三方监督在项目规划、项目实施和项目运营周期内的重要性，从而保证未被识别或不可避免的社会稳定风险能够尽快在后续的监督体系中被识别出来，从而在最大限度上降低部分社会稳定风险对国际投资项目有序开展的影响。

值得注意的是，大部分国际投资项目社会评价体系中的指标和政策要求都不是一开始就完成了设计的，而是在实际投资建设发生后，因为未能识别某项社会稳定风险从而造成对项目的重大影响后，才作为一种新的社会评价方向或领域，并在之后的投资项目中被使用。因此，社会评价体系必然会随着社会整体的发展而相应地作出调整和逐步完善，从而在未来的国际项目投资中更好地识别并控制社会稳定风险。

第二节 社会稳定风险分析和评估的中国实践

一、发展状况和治理特征对比

（一）我国社会评价和社会稳定风险分析评估发展状况

新时代我国对社会稳定风险问题的高度重视，本质上是国家长期社会治理政策的展延，体现了科学化与民主化的治理需求。随着对西方社会影响评估的引入、借鉴、修正与完善，在大量实践探索的基础上，归纳出中国社会稳定风险分析和评估的发展经历四个阶段。

1. 社会评价知识引入阶段（1982—2001 年）

20 世纪 80 年代，改革开放伊始，大量外资涌入，工业化、现代化和基础设施建设全面加快，我国开始引进国际组织和发达国家关于投资项目评估和管理制度的先进经验。建设项目环境影响评价自 1985 年开始纳入项目评价体系，人文和社会环境影响纳入环境影响评价范畴；征地移民 1986 年开始建立法规；社会影响评价制度自 1990 年在英国国际开发署等援助下开始进行研究；国家计委投资研究所和建设部标准定额研究所等出版了多本投资项目社会评价方面的著作；世界银行等在贷款项目中实行非自愿移民政策，要求编制移民安置计划，考虑少数民族发展、性别平等和减缓贫困等社会事项，进行社会评价的实践经验被引入中国，在百色水利枢纽等项目中开始试点，对中国在工程项目中完善征地移民法规、创新移民后期扶持政策、引入移民监测评估机制产生了重要影响，科学化与民主化的思维在项目开发与建设中得到了更多的重视，但是社会稳定风险分析和评估制度尚未建立。

2. 社会评估制度试行阶段（2002—2011 年）

2002 年，亚洲开发银行技术援助项目“中国投资项目社会评价能力建设”

历时两年完成，一系列的研讨和实践，加强了政府和社会各界对社会评价制度建设重要性的认识。2004年，世界银行、亚洲开发银行和中国国际工程咨询公司等共同完成的《中国投资项目社会评价指南》正式出版，关注贫困、性别平等、少数民族、非自愿移民等领域，为之后国内“全周期治理”“公众参与”等理念的引入提供了参考，如2005年四川遂宁推行的重点工程项目社会稳定风险分析和评估体系，即受到了其影响。国家发展改革委和住建部于2011年组织编写了《市政公用设施建设项目社会评价导则》，首次建构了“社会分析+社会管理计划（含公众参与计划）+社会监测评估”的社会事项评估和治理体系。其后，在世界银行技术援助项目的支持下，住建部标准定额研究所和河海大学编制出版了《市政公用设施建设项目社会评价指南》，建构了社会评价的主要内容体系，社会评价的科学化指标得到了初步建立。

3. 社会稳定风险分析和评估制度建设阶段（2012—2018年）

党的十八大以来，党中央更加强调坚持以人民为中心，高度重视决策的科学化和民主化，要求完整、准确、全面贯彻新发展理念。2012年以来，为贯彻落实国家关于建立健全重大决策社会稳定风险分析和评估机制的指导意见，国家发展改革委先后发布了《重大固定资产投资项目社会稳定风险评估暂行办法》（发改投资〔2012〕2492号）和《国家发展改革委办公厅关于印发重大固定资产投资项目社会稳定风险分析篇章和评估报告编制大纲（试行）的通知》（发改办投资〔2013〕428号）等一系列文件。地方政府响应中央号召，相继参照出台具体制度，在重大投资项目审批和重大政策制定等决策过程中，探索社会稳定风险分析和评估的制度化和法治化路径，逐渐形成了中国特色的社会稳定风险分析和评估体系，社会治理的科学性得到了进一步提升。

2013年“一带一路”倡议的提出，极大促进了中国在海外投资项目的发展。然而，中国企业在海外的港口、铁路、电站、桥梁等工程项目，多为可能造成环境和社会影响的争议型项目，在国际社会影响和风险评估领域具有极高的敏感性。若对社会稳定风险的认知、预判、评估和治理不足，则有可能导致项目被迫中止、前期投资浪费、国家整体战略受到影响。如中国工商银行在肯尼亚拉穆火电站项目因环境和社会影响评估报告不合格而被迫撤资；缅甸密松水电站建设因政治、环境和社会影响而被迫中止。社会稳定风险分析和评估与治理制度的建设，不仅要满足国内稳定发展的实际需求，也是中国进行国际战略投资、参与全球治理的重要保障。

4. 风险评估和治理法治化阶段（2019 年至今）

《政府投资条例》（国务院 2019 年第 712 号令）发布施行以来，要求对经济社会发展、社会公众利益有重大影响或者投资规模较大的政府投资项目，投资主管部门或者其他有关部门应当在中介服务机构评估、公众参与、专家评议、风险评估的基础上作出是否批准的决定。《重大行政决策程序暂行条例》（国务院 2019 年第 713 号令）专章明确要开展风险评估，对风险评估提出了刚性、可操作性的依据。《中华人民共和国土地管理法》修订版于 2020 年发布施行，要求县级以上地方人民政府拟申请征收土地时，应当开展拟征收土地社会稳定风险分析和评估，这是社会稳定风险分析和评估第一次成为法定程序。国家层面对社会稳定风险分析和评估制度化的建设，也促进了行业市场的快速发展。

甬安研究院发布的《2021 年社会稳定风险评估行业发展报告》显示，2020 年全国稳评公开招标项目数量共计 7650 项，其中中标项目数量为 2771 项，比上年增长 210.65%，增幅为历年来最大。2015—2020 年稳评中标项目数量统计如图 2-1 所示。

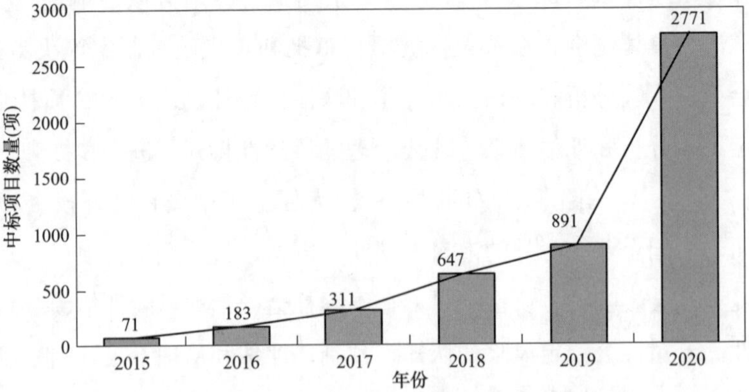

图 2-1 2015—2020 年稳评中标项目数量统计

按区域划分，华东地区中标稳评项目数量位列首位，共976项，比上年增长125.83%。西部地区和东北地区则相对较少，表明经济发达地区更重视社会稳定风险分析和评估工作。2020年稳评中标项目区域分布情况如图2-2所示。

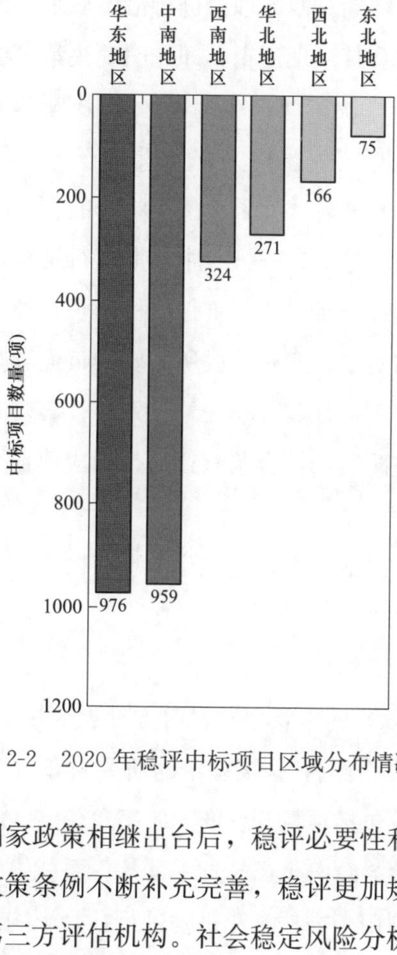

图2-2　2020年稳评中标项目区域分布情况

这一方面是因为国家政策相继出台后，稳评必要性和重要性更加凸显；另一方面是随着各方面政策条例不断补充完善，稳评更加规范，更多项目实施方倾向于公开招标选择第三方评估机构。社会稳定风险分析评估与治理作为应急管理的前端，进入快速持续发展的新阶段。

社会稳定风险分析和评估的发展历程与改革进展，不仅为中国未来发展设定了方向指引，同时也蕴含着党的执政思维的重大转变。以人民为中心的宗旨体现了党的执政转型理念，即从风险管理到多元主体治理的民主化转变，探索科学、民主和法治的发展改革路径。社会稳定风险分析和评估的法治化、体系化发展趋势，体现为法治中国、平安中国建设不断取得新成就；共建共治共享的内在逻辑，为向多元主体治理的转型提供了内在支持；全过程人民民主、全生命周期治理等理念的提出，对治理路径的多样化发展提出了全新的要求。

（二）社会稳定风险治理特征对比

研究表明，在发展初期对西方理论进行借鉴后，中国逐步建构出了独具特色的重大事项社会影响及其治理逻辑，即先明确决策事项和界定其空间、时间范围，然后进一步分析“决策将产生何种社会影响?”（社会影响分析）——“谁受影响和受何种影响”（利益相关方分析）——“受影响群体是否接受决策?”（社会适应性分析）——“如果不接受将可能在实施期间产生何种社会稳定风险?”（社会稳定风险分析）——“中远期运行维护及闭场阶段可能产生何种风险?”（社会可持续性分析）——责任机构是否有能力规避和控制风险——进一步研究制定决策前对项目实施阶段所需要的负面影响减缓计划、正面影响加强计划、公众参与计划、征收补偿安置计划、社会监测评估计划等构成的社会管理计划，加上实施阶段的社会监测评估，构成项目全生命周期不同阶段的社会稳定风险管控治理体系。

作为本土性政策话语的社会稳定风险治理与西方的社会影响评估相比，至少有四个明显的区分之处。

1. 治理理念不同

从“影响”（impact）的本意来看，西方社会影响评估主要聚焦在公众及其如何受到重大决策的“影响”。该理论的研究对象分为项目方和委托方。项目方为开发运营主体，包括项目开发商、施工单位、大型企业等，当出台涉及重大民生的政策时，地方政府也属于这一群体；委托方针对项目开发运营涉及公共利益和公共资源利用，委托专业机构进行社会影响评估，除了项目方自身的委托外，也可以是社区居民，以及其他利益相关群体（如公益性社会团体、环境保护协会等），以及影响力较低的地方政府等。我国社会稳定风险分析和评估所称的“风险”（risk），是政府和企业从维持社会稳定发展的角度而对某些社会变化的定义，对一些公众而言这些“风险”可能只是自身对决策负面“影响”的反馈和利益的维护。因此，社会稳定风险分析评估与治理的研究群体主要为决策的制定者（地方政府等决策机构）和参与者（企事业单位）、决策的受众（特定的利益群体和公众）以及评估者（第三方机构等），包括不同利益主体权利、责任和话语权的分配与平衡。

2. 治理体系不同

西方的社会影响评估局限于项目委托模式，治理流程未能制度化，只能作为国家环境政策法案（美国）、公民身份法（印度）、海外援助项目指南（联合国开发计划署）、投资项目规范（国际金融组织）等体系的一部分，缺少真正的宏观层面的体系化建设。对比而言，我国的社会稳定风险分析评估与治理实现了从项目委托出发，超越项目委托的外溢效应。《重大行政决策程序暂行条例》（国务院 2019 年第 713 号令）中明确了国家和地方的制度化安排，要求县级以上地方人民政府的各类重大行政决策的出台和调整，均应进行风险评估，包括重大公共政策和措施、重要规划、重大建设项目、重大事项等，真正实现了制度层面对社会重大事项的全面治理，对西方的理论源头实现了超越。

3. 治理主体不同

西方的社会影响评估中，主要责任方为执行工程、政策、规划、项目的企业和开发商，其承担着化解社会矛盾、推进决策顺利实施的职能；公众作为受影响方和重要参与方，在决策论证参与、企业行为监督、第三方机构的选择中具有较大的话语权；而地方政府、第三方机构主要扮演企业和居民之间协调方的角色。中国目前的一些实践中，地方政府同时承担决策方和委托方的角色，在决策的实施中占有决定性地位；第三方机构除出具报告外，也承担着建言献策的职能；项目单位、企业作为主要实施方，主要负责政策落地和项目开发；公众作为可能引发社会稳定风险的重要源头，是社会调研的关键目标群体。

4. 治理方法不同

社会影响评估在实践应用中，对专家咨询、社区参与等质性研究方法进行了深度挖掘，形成了许多行之有效的治理方法。如在主动的社会影响力投资中，政府和居民协商制定“影响和利益协议”，通过提供工作岗位、开展就业培训、完善基础设施建设等措施，将项目建设和发展的利益通过直接或间接的渠道分配给受影响的居民，从本质上来看，这是利益分配概念在居民层面的延伸。再如，对社区参与（community engagement）的内涵进行深度挖掘，在风险评估机制的建立中，强调地方组织、社区居民等的协同合作，行业协会和地方组织的功能得到了拓展。对比而言，我国在社会稳定风险分析评估与治理的定量化、数据化、智能化的应用较多。

中国对维持社会稳定的重视，从治理理念上对社会稳定风险分析和评估进行规范，将社会稳定风险分析和评估认知为重要的治理方略，因而选择进行体系建设而非像西方国家那样视为一种过程性工具。在面向新时代转型发展的背景，中央提出的“全过程人民民主”“共建共治共享”“社会治理共同体”等理念，体现了治理思想的更新与进步，也为中国社会稳定风险分析评估与治理的未来发展指明了方向。社会稳定风险治理差异对比如图 2-3 所示。

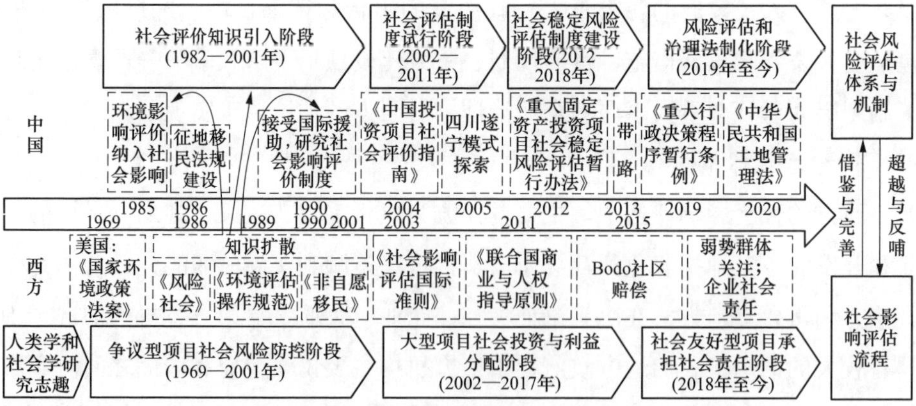

图 2-3 社会稳定风险治理差异对比

二、我国开展重大决策社会稳定风险分析和评估的实践探索

（一）我国开展工程项目社会稳定风险分析和评估的背景

我国因重大工程项目建设所导致的社会稳定风险问题时有发生，引起社会各界强烈关注。新中国 1949 年 10 月成立以后，我国建设了 93 000 多座水库，产生了 2300 多万移民。其中，1949—1985 年期间的 1000 多万水库移民，产生了比较严重的遗留问题，表现为移民搬迁安置后处于“吃水难、用电难、行路难、就医难、上学难、住房差、收入低、土地少”等境地。改革开放之后，特别是在 1984 年前后出现了大规模的上访事件，影响了社会稳定，使得国家

在1986年出台处理遗留问题的水库移民后期扶持政策，并持续实施，才大幅度改善了水库移民生产生活条件，初步实现了社会稳定。

2004年10月，因移民问题处理不善，西南地区某县数万民众自发组织，前往位于长江上游支流中游正在建设中的某个大型水电站，阻止大坝截流。当地民众与水电站建设方发生械斗事件，致使多人受伤，从而引发全县范围的学校停课、企业停业，政府部门受到严重影响。事件发生后，党中央、国务院高度重视，要求在绝大多数人的利益诉求没有解决之前，该水电站不能复工。由此，重大项目的社会稳定风险问题开始进入人们的视野。

2005年6月，华北地区某县发生持械围攻村民造成6名村民死亡、140多人受伤事件，震惊全国。事件起因是由于火电厂灰场建设，承包方与当地部分村民因征地而产生纠纷。该电厂是国家"十五"重点建设项目，建设需要征收当地村民承包土地，因部分村民对征地补偿不满，从2004年初开始双方纠纷不断，部分村民反对施工，问题一直没有得到解决，于是发生电厂灰场工程承包人李某及其丈夫郑某策划组织300余人持械袭击村民的恶性事件。

2005年6月，广东省某开发区东村部分村民，因对建设中的火力发电厂征地补偿不满，采取封堵省道厂道、阻挠电厂施工、扣押车辆人质、攻击政府机关办公场所和工作人员等过激甚至违法行为，时间长达数月之久，事件范围逐步扩展到离东村8km外的史村。12月6日，当地数百民众对于坐落在史村的风力发电厂实施打、砸、烧严重违法行为，设置路障封堵道路，向现场执法民警大量投掷鱼炮、汽油燃烧瓶等，从而酿成严重违法事件。

2006年8月25日，历经三年多调研和选址论证的广州市某区垃圾焚烧项目取得广州市规划局的项目选址批准。2009年2月，广州市政府发出通告，决定在某区江村与钟村交界处建立生活垃圾焚烧发电厂，计划于2010年建成并投入运营。2009年9月，一则媒体通报的消息："由某集团投资两亿元的广州市某区生活垃圾焚烧发电厂即将进行环评，环评通过后立即破土动工，预计明年建成"，于是"惊醒"周边30万居民，开始了历经三个月的"保卫自己家园"行动。10月25日下午，该区数百名业主发起签名反对建设垃圾焚烧发电厂的抗议活动。11月4日，广东省省情调研中心发布的民调数据显示，对于不赞成垃圾焚烧厂的原因，94.4%受访者选择了“因垃圾发电厂建设与民生息息相关，政府有关部门在决策过程中未能广泛征求民意”这一项——从2004年确定选址、2006年通过选址审批，5年来对于公众没有情况通报、没有听证、没有征求意见。11月23日，近千名市民手举“反对垃圾焚烧”等标语在广州市政府前要求停建该垃圾焚烧发电厂。12月10日，该区表示暂缓“垃圾发电厂”项目选址及建设工作，启动选址全民讨论，并最终导致该项目停止建设。

2007年以来，在厦门、成都、大连、宁波、昆明、茂名、上海等城市相继发生的针对PX，即对二甲苯化工项目的反对和抵制活动。由于担心化工厂建成后危及民众健康，这些项目遭到市民集体抵制。各地民众打出“反对PX，保卫厦门”“我们要生存，我们要环境，还我大连”“PX项目滚出茂名”“以自然为本，保护昆明碧水蓝天”等标语口号，这些事件都引起了媒体和民众的强烈关注。

（二）我国项目决策理念发生的重大转变

经过四十多年的改革开放，我国中等收入阶层逐步壮大，公民意识明显增强，国民对参与社会治理的要求越来越高。人们在关注经济问题的同时，也越来越关注各种社会问题，如贫困、贫富差距、就业、福利、社会保障、环境、生物多样性、腐败、健康、犯罪、劳工权益等问题。与此同时，一系列以价值观变化为主导的新型社会运动也涌现出来，如消费者权益保护、绿色革命、基层治理民主化、动物保护运动等。在这些因素的综合作用下，一些传统的思维模式和认知观念被打破，传统的伦理道德与行为规范的意义被重新定义，人们的价值观念和价值取向出现新变化。基于此，我国项目决策分析与评价的理念也在发生相应变化。

2002年11月，党的十六大首次提出建设和谐社会的构想。2003年10月，党的十六届三中全会进一步提出以人为本、全面、协调、可持续发展的科学发展观。2004年9月，党的十六届四中全会提出将构建社会主义和谐社会作为党的执政目标。2006年，党的十六届六中全会发布《关于构建社会主义和谐社会若干重大问题的决定》，强调“积极预防和妥善处置人民内部矛盾引发的群体性事件，维护群众利益和社会稳定。”2009 年 9 月，党的十七届四中全会首次在中央层面提出建立健全重大事项社会稳定风险分析和评估机制，强调要加强源头治理，坚持科学民主依法决策，通过评估机制的建设，形成制度化的规避社会稳定风险的对策措施。党的十七届五中全会强调要推动建立重大工程项目建设和重大政策制定的社会稳定风险分析和评估机制，从源头上预防和减少社会矛盾的发生。国家“十二五”规划纲要提出要建立重大工程项目建设和重大政策制定的社会稳定风险分析和评估机制，使其成为加强和创新社会管理的一项重要制度措施。

党的十八大进一步提出要建立健全重大决策社会稳定风险分析和评估机制，强调这是加强和创新社会管理的重大举措，是党和政府主导的维护群众权益机制的重要内容，是一项对维护社会稳定、促进社会和谐有重大作用的制度建设，对于促进科学决策、民主决策、依法决策，从源头上预防和化解社会矛盾意义重大。2013 年 11 月，党的十八届三中全会审议通过的《中共中央关于全面深化改革若干重大问题的决定》指出，要创新有效预防和化解社会矛盾体制，健全重大决策社会稳定风险分析和评估机制，并建立畅通有序的诉求表达、心理干预、矛盾调处、权益保障机制，使群众问题能反映、矛盾能化解、权益有保障。2014 年 10 月，党的十八届四中全会审议通过《中共中央关于全面推进依法治国若干重大问题的决定》，提出要健全依法决策机制，把公众参与、专家论证、风险评估、合法性审查、集体讨论决定确定为重大行政决策法定程序。2017 年 10 月，习近平总书记在党的十九大报告中号召全党“要坚决打好防范化解重大风险、精准脱贫、污染防治的攻坚战”“提高保障和改善民生水平，加强和创新社会治理”。2019 年 10 月，党的十九届四中全会审议通过了《中共中央关于坚持和完善中国特色社会主义制度、推进国家治理体系和治理能力现代化若干重大问题的决定》，指出加强重大决策风险评估是“健全提高党的执政能力和领导水平”的一项重要制度，应从坚持和完善中国特色社会主义制度、推进国家治理体系和治理能力现代化的层面，认识这项制度的重要性，探索其所面临的问题与制度建设路径。开展重大决策、重大工程项目、重大活动的风险评估，既能够发挥社会主义制度优势，又能够防范社会稳定风险。把风险评估作为防范化解重大风险的有效途径，在发挥社会主义决策效力优势基础上，最大程度上防控重大决策可能带来的社会稳定风险，建立和完善重大项目社会稳定风险分析和评估制度。

（三）四川“遂宁模式”的主要内容

基于对2004年四川省大渡河瀑布沟水电站工程大规模群体性事件的反思，从2005年开始，四川省遂宁市探索推行社会稳定风险分析和评估机制，出台《重大工程建设项目稳定风险预测评估制度》，2006年2月出台《遂宁市重大事项社会稳定风险评估化解制度》。2007年4月，中央维稳办赴四川遂宁调研，对“遂宁经验”进行系统总结认为，遂宁市科学决策、民主决策、从源头上预防不和谐不稳定问题发生的经验，值得推广。2007年5月，中央维稳办发文在全国推广“遂宁经验”。遂宁模式的主要做法概括如下。

1. 明确评估内容

（1）涉及群众切身利益的相关问题。

（2）可能出现的群众诉求和诉求的合法性、合理性、政策性等问题。

（3）重大环保问题，可能产生环境污染、生态环境破坏的事项。

（4）社会治安问题，实施过程中可能会引发的治安问题。

（5）出台实施的时机是否成熟，是否依法按政策按程序办事。

2. 确定评估方式

（1）业主评估。项目单位在项目申报前要进行初评估，即在对项目的经济效益和社会效益论证的基础上，将影响稳定的因素纳入可行性研究报告的重要内容，并作为可行性研究报告报批的附件材料。

（2）专家评估。在可研阶段，须经实地考察、调研，请专家对影响社会稳定的因素作出评估，并提出防范建议。

（3）决策层评估。由项目审批部门商请业主、项目行政主管部门、专家小组及项目所在地行政部门进行综合论证，尤其是对关系群众切身利益的重大问题要反复分析研判，制定和落实具体处置措施，最大限度地避免对社会可能造成的危害，防范化解不稳定因素。

3. 规范评估程序

遂宁市规定了稳评工作的“五步工作法”。

（1）制定评估方案。项目业主单位作为评估实施主体，应根据重大项目的性质、特点和内容，制定社会稳定风险分析和评估方案，明确评估任务、范围、步骤、方法和时限。

（2）广泛征求意见。在重大项目实施之前，评估实施主体要向项目所涉群众公示相关的法律和政策依据、政策建议方案、反映意见的具体途径和期限等内容。所涉群众面较大的，要通过互联网和广播、电视、报纸等媒体进行广泛宣传，切实保障人民群众的知情权、参与权和监督权。

（3）全面预测风险。采取定量和定性相结合的方式，对重大事项的合法性、合理性、安全性、可行性作出全面评估，对被评估事项的显性风险、潜在风险和可能诱发风险的因素进行综合研判，识别风险点，分析风险源，评估风险概率，预见风险后果，确定风险等级。

（4）编制评估报告。评估实施主体根据分析论证情况，对各种风险进行综合评估，编制评估报告，并作出无风险、有较小风险、有较大风险和有重大风险的评估结论，提出可实施、可部分实施、暂缓实施、不实施的建议。

（5）审查评估报告。评估实施主体采取集体讨论或组织相关部门、社会各方代表、专家学者共同研究的方式，对评估工作小组提出的社会稳定风险分析和评估报告草案进行全面审查和修改完善。评估报告审查通过后，评估实施主体将决策建议方案和评估报告报送决策机关或行政许可机关审查、决策。

4. 建立重大项目稳评制度

以制度规范化建设为抓手，着力增强稳评工作的科学性、规范性。

（1）建立评估报告制度。发展改革部门将社会稳定风险分析和评估报告作为重大项目可行性研究报告批复的必备要件，严格审查受理。

（2）建立分级审查制度。凡报送各级发改部门审批、核准、备案的重大项目，社会稳定风险评估报告都必须经同级维稳办审查。

三、社会稳定风险分析和评估实践的困境和挑战

（一）工程项目风险评估的一般性困境

工程项目的社会稳定风险分析和评估，在其发展中仍然存在一些问题有待解决。这些问题在国内外工程项目风险评估中均会面对，是普遍存在的困境，

具体表现在以下方面。

1. 评估目标测度标准的模糊性

若要判断一个工程项目是否成功，便需要对其目标和结果进行比较。但显而易见的是，这一比较在风险评估实践中确存在着一定困难。首先，工程具有目标多元性、因素多样性、指标多维性特点，测度困难。其次，伴随着工程项目实施过程，自然条件、社会、经济、政策、市场环境不断地发生变化，未曾预料的事件不断地发生，工程功能目标以及实现目标的进度、质量、所需资金在实际实施过程中也在不断进行调整，目标的测度也需要不断调整。另外，决策者的风险认知及其选择偏好并不相同。这就给评估测度标准的选择不断带来混乱，造成衡量和评估重大项目风险控制目标实现程度的困难。对于项目风险很难有始终如一的判定标准，评估者站在不同的立场往往会得出不同的结论。由于评估人员的个人偏好，不同评估人员的认知能力差异等都会对评估结果产生很大的影响。

2. 评估方法存在局限性

在社会稳定风险分析和评估实践中，虽然可以采取很多评估方法，但这些方法存在着实施上的困难或者方法自身具有局限性。有些方法（如访谈、听证、问卷调查、焦点小组讨论、座谈会、统计抽样等）存在着调查对象代表性等问题；一些分析方法（如费用效果分析、逻辑框架分析等）则存在着对社会稳定风险影响程度难以界定的问题。由于重大工程的复杂性和多面性，运用这些方法的主要障碍是如何准确地识别、描述、评估工程项目及其潜在的社会稳定风险。另外，有些评估方法对社会稳定风险分析和评估人员的知识能力和结构要求比较高，既要懂得数理分析，又要会应用逻辑推理，增加了评估难度，一些方法的使用需要投入大量物力、财力和人力，一些方法需要被调查者予以充分的配合，评估方法如果不能够很好地选择和认真地执行，可能使社会稳定风险分析和评估工作流于形式，并最终导致评估失败。

3. 评估人员的认知能力不够

重大项目社会稳定风险分析和评估是一项综合运用理论分析与实证研究的工作，严格要求评估主体有较强的素质和能力，需要评估主体不仅需要具有工程学、社会学、经济学、公共管理学、环境科学、资源科学、统计学等方面专业知识的人员，也需要有对工程全生命周期不同阶段的工程社会有深入认知的工程社会学专家。然而，在实际工作中，评估机构由于行业专业化、人员同质化、业务兼业化等限制，工程规划设计和咨询机构往往缺少社会科学专业人才，法律、会计、审计等事务所往往缺少工程专业和社会学人才，高等学校往往缺少实务工作经验。有些评估人员现场调查经验丰富但综合分析问题能力欠缺；有些评估人员具有工程专业知识但是缺少社会调查和分析能力；有些评估人员实务知识较多而理论基础相对薄弱。这些现象的发生是因为很多风险评估人员的专业素质、工作能力和知识结构与开展社会稳定风险分析和评估所需要达到的要求之间存在很大差异。

（二）我国重大项目社会稳定风险分析和评估的特殊制约因素

1. 思想认识偏差

（1）在对社会稳定风险分析和评估认识上的误区。一些政府部门领导及工作人员对社会稳定风险分析和评估并不熟悉，他们认为稳评“不管评估结果如何，最终还是要听我的”“无非就是走过场”，有的还认为稳评是“让他们难堪”“找错误”“挑毛病”，这些都是对稳评的误解。有些部门甚至拒绝提供真实资料以阻碍稳评工作的进行，甚至为了自身利益力图掩盖事实真相，提供虚假信息，用尽各种方法对稳评工作进行阻挠，主要是因为个别决策者担心稳评结果会对其工作造成影响。

（2）强调经济效果，忽视其他方面的评估。一些地区一味追求经济发展，忽视生态环境保护、征收合理补偿、发展利益共享，使得社会可持续发展受到损害。

2. 社会稳定风险分析和评估机制不健全

（1）进行补救式评估。有些政府部门对没有落实重大决策社会稳定风险分析和评估制度，在重大工程决策前没有进行稳评，即当重大工程项目实施后引发社会强烈反对时，才采取补救程序进行稳评，失去了稳评是重大决策风险源头治理的功能。

（2）评估走形式。有些政府部门主体意识强，自认权威，主观判断重大项目积极效果大、社会稳定风险小，评不评估无所谓，即使评估也是走过场，在评估形式、评估机构选择、评估经费安排、评估成果审查、评估结果运用方面走过场。

(3) 采用自我评估方式。有些评估采用自主评估的办法，政府部门内部评估，评估者很可能根据决策者的意愿或偏好进行评估，选择性调查、选择性分析，导致评估基础信息失真，评估过程缺乏客观、公正性，评估结果失去决策参考价值。

(4) 缺乏独立评估。在实际评估过程中，评估主体受到多种因素制约导致其独立性被弱化，风险评估工作的独立性被大打折扣。首先是评估经费制约，稳评工作经费来源于决策主体，评估机构受决策主体委托进行稳评，评估结果若不符合决策主体意向可能不能获得全部经费，评估工作容易受到决策主体对结果偏好的影响。其次，有些评估机构是决策主体的下属机构或利益关联机构，往往无法坚持独立性。

(5) 经费不足。风险评估的过程中需要投入大量的物力、财力、人力和时间，需要充足的经费保障，然而在现实中，相关制度不够健全，稳评费用可能没有列入工程费用概算或财政预算，致使评估工作费用来源缺乏保障、资金投入不足、缺乏认真的实地调查研究和分析论证。

3. 法律法规比较欠缺

我国投资领域的立法进程总体处于落后状态，关于重大项目社会稳定风险分析和评估的立法缺失。虽然有关部门以行政规章提出了对重大项目进行社会稳定风险分析和评估的要求，但对如何开展具体的社会稳定风险分析和评估既没有相应的法律、行政法规的制度建构，又缺少行政规章、技术标准，更缺少具有可操作性的评价准则、评价指标体系、评价标准、评价方法等指导性文件，并缺少监督机制。

(三) 我国重大项目稳评机制运行中存在的主要问题

我国建立项目稳评机制以来，特别是国家发展改革委《重大固定资产投资项目社会稳定风险分析篇章和评估报告编制大纲（试行)》(发改办投资〔2013〕428号文)（简称《编制大纲》）发布以来，有力地推动了投资项目社会稳定风险分析和评估工作的顺利开展。但在实践中也存在以下问题，应引起高度重视。

1. 存在被动稳评和流于形式的现象

项目业主单位及地方政府开展投资项目社会稳定风险分析和评估的积极性、主动性和自觉性还有待进一步提高。项目单位和地方政府开展项目稳评工作，只是迫于申报项目的要求而不得不为之。在这种心态影响下，容易将项目稳评文件编写成一个应付项目审批、核准的可批性报告，不愿意投入更多的时间和精力开展系统、专业、深入、优质的项目稳评论证工作。

从实际情况看，各地方、各部门上报的拟建项目社会稳定风险分析报告及评估报告内容，往往缺乏对项目风险水平及预防化解措施的深入分析，研究结论缺乏说服力。这种流于形式的以满足项目可批性要求的报告，对于预防和化解拟建项目可能引发的群体性事件，其实质性作用十分有限。

2. 项目稳评实际操作缺乏依据

判断拟建项目能否满足预防和化解社会稳定风险的要求，需要按照严谨的分析思路、科学的分析方法、规范的指标体系，对拟建项目各种潜在社会稳定风险进行分析评价，并根据合理可靠的风险评价判别依据得出判断结论。国家发展改革委制定的《稳评办法》和《编制大纲》，对投资项目社会稳定风险分析和评估的内容提出了一般性的原则要求，但需要行业部门和地方政府根据自身特点制定具有操作性的技术规范或业务指南。作为国家投资主管部门，国家发展改革委客观上难以发布在全国层面能够通用的，并且具有可操作性的项目稳评具体分析框架、分析方法和评判标准，因此只能寄希望于各行业、各地区、各部门，根据国家发展改革委提出的原则性要求，研究制定适合本地区、本行业特点的项目稳评操作规范标准。但是，这方面的工作在全国各地启动迟缓。

3. 地方政府贯彻落实项目稳评制度缺乏力度

我国实际执行的项目稳评机制，实质上是要求地方政府承担起应对工程项目涉稳风险的主要责任，并要求地方政府按照国家投资主管部门对评估主体、评估程序、评估内容等方面的规定，开展本地区的拟建项目社会稳定风险分析和评估工作。从责任主体看，地方政府有的由当地政法委负责，有的由当地发展改革委负责，有的由投资行业主管部门负责，有的甚至将应该由地方政府或其有关部门指定的评估主体开展的项目稳评工作，作为一般的商业性工程咨询业务，直接交给第三方专业机构负责。各地方党委、政府相关职能部门，如发展改革、自然资源、生态环境、信访、公安、行业主管部门（住建、交通、水利、能源、农业、工信等）等部门如何加入到项目稳评机制中，如何确保项目稳评工作的质量，如何让地方政府认识到高质量的投资项目社会稳定风险分析和评估工作对当地项目正常推进的重要性，还没有形成一套有效的保障机制。

4. 对项目稳评的目的认识仍不到位

由于社会稳定涉及众多部门，情况复杂，从事基层工作的同志普遍认为，仅靠编写一该项目社会稳定风险分析或评估报告，对当地维稳工作不会产生实际效果。一些项目开始并没有出现群体性事件，但按照投资主管部门的要求开展了稳评工作，由于信息公开和公众参与，使得拟建项目的利益相关方了解到更多的项目信息，于是产生了次生涉稳风险事件。甚至有人认为，项目稳评不但没有解决当地维稳的实际问题，而且还引发了新的群体性事件。各地方政府或其有关部门指定的项目稳评主体也普遍认为，开展项目稳评的核心目的是要满足项目审查的需要，并不是要真正地为预防当地因工程项目所引发的群体性事件服务。由此，项目稳评无用论的错误认识开始滋生，将项目稳评咨询业务仅视为工程咨询机构或其他有关部门的一项新业务，或新的利润增长点而已。

第三章

社会稳定风险分析评估框架和体制机制

第一节　稳评主要内容和分析框架

一、重大工程社会稳定风险分析和评估的主要内容

重大项目应针对拟建项目直接关系人民群众切身利益且涉及面广、容易引发的社会稳定问题，从合法性、合理性、可行性和可控性等角度出发，在社会稳定风险调查、风险识别、风险分析、风险评价、风险防范和化解措施五个主要方面开展研究工作。此外，项目社会影响、利益相关方、社会互适性、社会可持续性、社会稳定风险分析等是做好项目社会稳定风险分析评估的重要基础性分析工作。

（一）社会稳定风险调查

社会稳定风险因素调查分析，包括界定调查范围、选择调查对象、确定调查方式和方法。在客观、科学、系统、全面等原则指导下，根据拟建项目的实际情况，围绕拟建项目的合法性、合理性、可行性和可控性，结合建设方案，运用适当的方法，深入开展风险调查。调查内容主要包括拟建项目所在地周边的自然环境现状和社会环境状况，以及项目实施可能对当地经济社会的影响；利益相关方对拟建项目建设实施的意见和诉求；拟建项目所在地政府及其有关部门、基层政府和基层组织、社会团体的态度；媒体对拟建项目建设实施的态度；同类项目曾引发的社会稳定风险等。风险调查收集资料的具体方法包括问卷法、访谈法、实地观察法、文献法等。社会稳定风险调查的目的是掌握与项目相关的必要信息，为社会稳定风险识别提供基础。

（二）社会稳定风险识别

从拟建项目各阶段可能对项目外部产生的负面影响，项目与当地经济社会

的相互适应性等方面，全面识别拟建项目建设和运行可能诱发的社会矛盾和社会稳定风险事件，识别影响项目总体目标顺利实现的社会稳定风险因素。社会稳定风险识别是通过公众参与、利益相关方分析等，查找并列出风险点。应在风险调查的基础上，运用各种相关的知识和方法，全面、系统、持续地认识所面临的各种风险因素以及分析风险事件发生的潜在原因、可能性以及可控程度等。应针对群众不理解、不认同、不满意、不支持的事项，或在以后可能引发不稳定事件的情形，全面、全程查找可能引发社会稳定风险的各种风险因素。社会稳定风险识别的成果是根据各项风险因素的成因、影响程度、发生可能性的初步判断，对风险因素进行分类梳理筛选，确定主要的风险因素，形成一个主要风险因素列表。

风险识别可采用核对表法、专家调查法以及访谈法、实地观察法、案例参照法等。风险识别不能简单地罗列各类风险因素，而需要充分体现行业、地域和项目特点，防止遗漏主要风险。

（三）社会稳定风险分析

社会稳定风险分析主要是在风险识别的基础上，通过采用定性与定量相结合的方法，对每个主要风险因素的风险程度进行分析、预测和估计，层层剖析引发风险的直接和间接原因，预测和估计可能引发的风险事件，分析其引发风险事件的可能性，估计发生的概率，分析影响程度（后果），判断其风险程度。主要分析工具有风险概率——影响矩阵方法。估计风险事件发生的可能性高低和影响程度大小，主要依靠专家的主观判断。

（四）社会稳定风险评价

社会稳定风险评价是按照预先设定各方都能接受的社会稳定风险评价基准（判定准则），对标查找需要采取化解或减缓的应对措施的社会稳定风险，当项目的社会稳定风险都处于“低风险且可控”状态，项目才能满足稳评角度“项目可行”的要求。“低风险”是指当地政府和项目单位可接受的最大风险程度，可从风险因素导致风险形成和发生后可能产生的影响（风险事件的行为表现、参加人数、影响范围、持续时间等），以及为化解风险而不得不付出的代价来反映。“可控”是指当社会稳定风险实际发生时，通过实施维稳应急预案能够将风险影响控制在可接受的水平。如果风险评价所得的风险程度高于可接受的最大风险程度，则必须研究风险应对措施，有针对性地提出风险防范化解方案。

（五）社会稳定风险应对

社会稳定风险应对主要是研究提出风险防范措施建议，制定应急处置预案，从源头上防范、减少和控制项目实施可能引发的社会稳定风险，为项目决策提供依据。通过优化项目建设方案，提出项目技术性防范措施，明确风险化解的目标，落实措施实施主体和防范责任、风险控制的节点。风险应对应符合下列要求：

（1）全程性。风险防范措施的研究应贯穿于项目实施的全过程。

（2）针对性。应结合项目特点，针对项目主要的或关键的风险因素提出相应措施。

（3）可行性。风险防范措施应在技术、财力、人力和物力上可行，明确承担单位和协助单位以及可达到的直接效果和最终效果。

（4）经济性。应将预防、化解风险的措施所付出的代价与该风险可能造成的危害进行权衡，旨在寻求以最少的费用获取最大的效益。

（5）协同性。风险防范措施研究是项目有关各方的共同任务。

二、“以问题解决为导向”的项目稳评分析框架

（一）“以问题解决为导向”的社会稳定风险分析和评估逻辑框架

根据重大工程社会稳定风险分析和评估所涉及的主要内容，这里提出“以问题解决为导向”的项目稳评框架，并对此稳评框架涉及的项目社会稳定风险调查、风险识别、风险分析、风险评价和风险应对措施等主要环节的核心内容进行研究，以期指导项目稳评实际工作。

以问题解决为导向的项目稳评框架，是“以解决问题”为主要研究目标，也就是以预防或减轻项目负面影响、缓解社会对项目的抵制程度为目标，以项目所有社会稳定风险均处于“低风险且可控”状态为项目评判准则，以预防和化解影响社会稳定的各项主要风险为主线，遵循发现问题—分析问题—解决问题的研究思路，在对可能引发社会不稳定后果的各种风险因素进行调查、识别

和分析的基础上，评价各风险是否均处于低风险状态，且可采取有效措施来确保引发社会稳定风险的后果能够得到有效控制。社会稳定风险防范和化解是一个反复递进的过程，对于仍然存在不属于“低风险且可控”状态的风险，应进一步研究提出化解措施，直至所有风险（包括剩余风险）均处于“低风险且可控”状态，或者进一步采取风险应对措施的代价超出预期或承受能力而得出项目不可行的结论为止。

“以问题解决为导向”的项目稳评框架体系如图3-1所示。

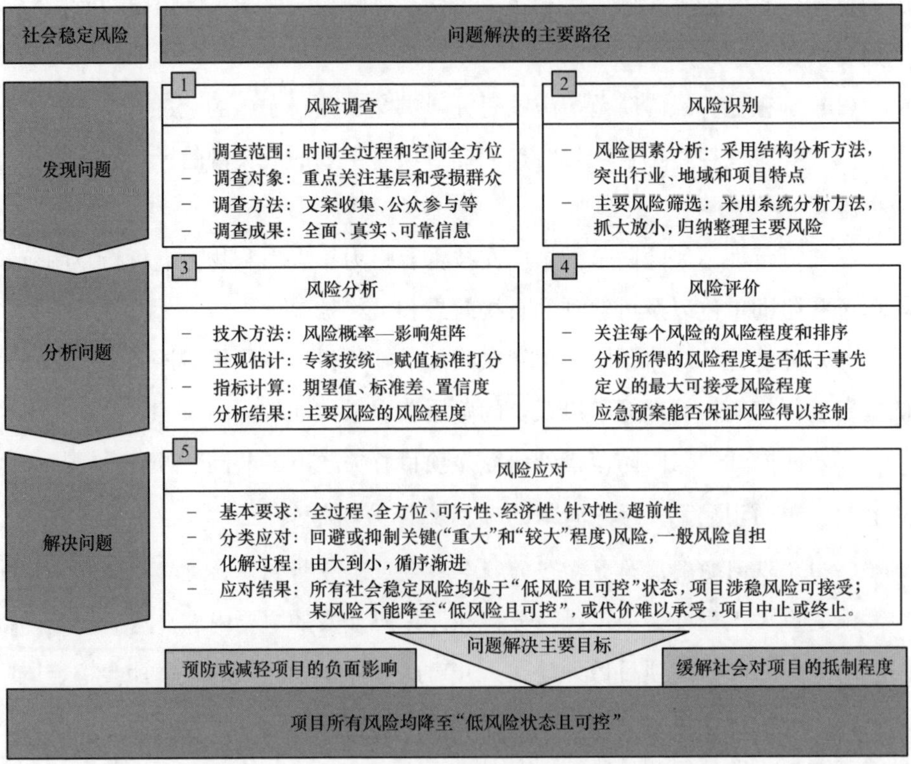

图3-1 “以问题解决为导向”的项目稳评框架体系

（二）“以问题解决为导向”的项目稳评分析框架主要特征

1. 研究目标

框架是“以解决问题”为主要研究目标，也就是以预防或减轻项目负面影响、缓解社会对项目的抵制程度为目标。框架以项目所有风险均处于“低风险状态且可控”为判断项目社会稳定角度是否可行的标准，虽然根据需要也会评价和确定项目各风险的风险程度或等级，但这仅是为制定风险应对措施提供依据的中间过程，而非风险分析评价的最终目的。

2. 稳评内容

框架在稳评工作内容上包括：①风险调查；②风险识别；③风险分析；④风险评价；⑤风险应对措施研究。研究制定风险应对措施方案（防范预案）是核心任务，并强调风险防范和化解措施与风险调查、风险评估是一个递进反复的过程。

3. 问题导向

框架围绕“问题解决”展开，一是在风险调查和识别上，以“发现问题”为主线，重视基层公众参与和利益相关方分析，通过结构分析等方法，全面确定特定项目的风险因素，突出行业、地域和项目特点；在此基础上，采用系统集成分析等方法，进行归纳整理，筛选确定影响拟建项目社会稳定的主要风险。二是在风险分析和评价上，以“分析问题”为主线，遵循风险概率—影响矩阵原理，由专家根据预先定义的风险变量尺度或标准，对自身熟悉的专业领域进行定性或定量判断，从而分析项目各种涉稳风险出现的可能性和影响程度。三是在风险应对上，以“解决问题”为主线，坚持区别对待的应对原则，对于不可接受的关键风险，提出循序渐进的风险化解方案，提出拟建项目社会稳定风险化解及管控行动计划，提出风险应急预案。

4. 判别准则

框架以所有风险为“低风险且可控”作为“可行”的判别准则。开展项目稳评的目的，是要通过对投资项目社会稳定风险应对措施的研究，使得所有的项目涉稳风险均降低到处于“低风险且可控”状态。低风险是指当地政府和项目单位可接受的最大程度风险，可从风险因素导致风险形成和发生后可能产生的影响，以及为化解风险而不得不付出的代价来反映。“可控”是指当社会稳定风险实际发生时，通过实施维稳应急预案能够将风险影响控制在可接受的水平，这就是评价标准。对于不属于低风险的项目风险，应通过实施风险防范和化解措施降低风险。如果还有不可接受的剩余风险，或者要使剩余风险变得可以接受而实施其风险应对措施所付出的成本不可接受，即不满足所有风险均“处于低风险状态且可控”的判断标准，则从规避项目社会稳定风险的角度判断项目不可行。

5. 分析方法

框架分析方法坚持定性风险与定量分析相结合，定性为主、定量为辅。一方面，项目稳评主要针对拟建项目可能引发的社会稳定风险，采用风险分析和管理的技术方法，调查和识别风险来源，分析评价风险大小，采取风险应对措施，以期实现规避和化解因项目建设所引发的社会稳定风险事件。另一方面，项目稳评需要反映多元利益主体的各种利益诉求。各利益相关主体所面临的社会环境条件不同，且受到当地经济发展水平、社会人文状况等诸多因素影响。在复杂多变的社会环境条件下，完全依赖某个简单的定量指标准确衡量拟建项目的社会稳定风险水平亦不可取。项目稳评应主要采用定性分析方法，定量指标仅用于社会稳定风险分析过程中的计算指标，不是用于对项目最终结果进行判断的评价指标。

（三）“以问题解决为导向”的项目稳评核心要点

1. 风险评价准则贯穿稳评的始终

项目风险是危险事件发生的可能性与其对项目目标影响程度的组合。确定风险评价准则，就是确定如何判断风险发生的可能性，如何度量项目风险的影响程度和风险程度，如何判断风险程度是否可以被接受。因此，风险准则是风险识别、风险分析、风险评价和风险应对的工作准则，是贯穿于风险评估全过程的一条主线，在项目风险评估框架体系中的地位非常重要。

构建一个符合基本逻辑的投资项目社会稳定风险评价标准，必须首先符合国家投资主管部门建立重大固定资产投资项目社会稳定风险分析和评估机制的目的，符合项目稳评相关管理规定的原则性要求，并能促进和引导项目稳评实际工作的健康发展。

2. 项目社会稳定风险分析评估的逻辑过程

（1）在对可能引发社会不稳定后果的各种风险进行调查的基础上，进行风险识别、风险分析和风险评价，根据风险评估结果，判断其是否属于低风险且可控状态。

（2）对于不属于“低风险”的项目风险，应提出风险应对处理方案。通过实施风险防范和化解措施，会引起项目风险评价结果的改变，风险应对措施的制定和风险评估是一个反复递进的过程。对于风险应对措施，应评价其剩余风险是否可被接受，如果还有不可接受的剩余风险，即不满足所有风险均“处于低风险状态且可控”的判断标准，则应继续调整或制定新的应对措施，并评估采取新措施后的风险程度。

（3）风险应对处理完成之后，如果已经没有不可接受的风险，并且再识别不出新的风险。在此种情形下，从规避社会稳定风险的角度可以判断项目可行，整个风险分析评估过程结束。

（4）如果剩余风险不可接受，或者要使剩余风险变得可以接受而实施其风险应对措施所付出的代价不可接受，在此种情形下，可从规避投资项目社会稳定风险的角度判断项目不可行，整个风险分析和评估过程结束。

3. 全面深入调查发现项目社会稳定风险因素

风险调查内容围绕合法性、合理性、可行性和可控性展开，社会稳定风险调查范围坚持全过程、全方位、全覆盖的原则，公众参与应避免选择性或倾向性参与，现场调查应避免“走过场”的形式主义。除了这些正式的现场公众参与，稳评还要广泛采集网上舆论信息和媒体呼声等，这些非正式的参与形式时常更能充分地反映社情民意，有助于全面客观地预判重大项目的社会稳定风险。

4. 风险识别需聚焦主要涉稳问题

（1）风险因素分析不能简单照搬“风险因素对照表”。风险因素分析可以采用结构分析方法，即依据社会稳定风险调查所获得的信息资料，借鉴类似项目的历史经验，从项目周期的角度分析不同阶段的社会稳定风险因素及其动态变化情况，从行为主体的角度分析当地政府部门、项目建设单位、新闻媒体等主体行为可能引发的风险因素及其特点，从总体到局部，从宏观到微观，层层分解风险，寻找可能引发社会不稳定的风险因素，以充分揭示项目社会稳定风险的来源、发生的条件和具体原因。

实践中，很多稳评报告编制单位机械地照搬《固定资产投资项目社会稳定风险分析篇章和评估报告编制大纲（征求意见稿）》（发改办投资〔2012〕2873号）列示的“风险因素对照表”，在其中列示的八类（政策、规划和审批程序，土地房屋征收及补偿，技术经济，环境影响，项目管理，安全和治安，当地经济社会影响和媒体舆情等）49个风险因素中，挑选项目风险因素，并将其等同于项目风险。事实上，并非所有的项目都具备或局限于上述八类共49个风险因素，而且其中某些风险因素（如“技术经济”）仅诱发项目工程技术方案等风险，对社会公共利益或他人利益不产生直接负面影响，一般不应纳入社会稳定风险识别范畴。正因如此，在国家发展改革委正式印发的《重大固定资产投资项目社会稳定风险分析篇章和评估报告编制大纲（试行）》（发改办投资〔2012〕428号）中，删除了上述“风险因素对照表”。

（2）系统分析方法筛选主要风险，特别关注重点风险。在全面分析确定项目风险因素后，应根据风险因素的类型、成因、表现、发生阶段和持续时间等特征，采用系统分析方法，进行归纳整理，即按照分类、分项、分目及细目，建立投资项目社会稳定风险的结构体系，确定影响社会稳定的主要风险及其影响因素。

主要风险筛选应坚持“抓大放小”原则，筛除那些“风险水平低、对稳评目标足以忽略”的风险，着力找出项目的主要风险。在风险属性上，最终筛选确定的主要风险相互之间应相对独立。

对于涉及大规模的征地拆迁和移民工程、严重的环境污染等社会敏感度高的投资项目，地方政府应提前建立重大、特殊风险筛选制度。在社会稳定风险识别阶段，通过筛选主要风险，有针对性地制定特殊政策，从源头上控制和防范风险。

5. 基于概率—影响矩阵的项目风险分析

项目风险分析需要采用定性分析与定量分析相结合的方法，通过专家主观判断，对筛选出的主要风险分别预测发生概率和影响程度，借鉴风险概率—影响矩阵（也称风险评价矩阵）分析框架确定主要风险的风险程度，并据此判定各风险是否需要提出化解的应对方案。

6. 分类制定切实可行的风险应对措施

(1) 制定风险应对措施的总体要求。风险防范和化解措施应是全过程、全方位的。针对不属于“低风险”的项目风险，从工程性防范措施（预防或减轻项目的负面影响）和社会性防范措施（缓解社会对项目的抵制程度）角度，提出社会稳定风险应对处理方案。风险应对措施不仅要具有技术可行性，还要研究风险措施的经济性，将预防、化解风险的代价与该风险可能造成的危害进行权衡，寻求以最少的费用获取最佳效果。

风险防范和化解措施要有针对性和适当超前性。稳评提出的风险应对措施要具备操作和实施的条件，不能脱离项目实际、空泛而谈。由于项目实施过程中可能出现前期未识别的风险，或者某风险对社会稳定的影响超过预期，因此风险应对措施还应适当超前，留有余地，防止风险突变带来的问题。

(2) 发挥地方政府在风险应对中的关键作用。地方政府是落实投资项目社会稳定风险管控的第一责任人。政府肩负经济社会协调发展的管理职能，项目与社会之间矛盾和冲突的处理，离不开政府的关键作用。在稳评工作实践中，一般要求地方政府对投资项目社会稳定保障措施提出明确的书面承诺，保证稳评报告提出的措施和任务将来能够落实到位。

(3) 风险防范和化解是一个反复递进的过程。制定社会稳定风险应对措施需要分清轻重缓急，按照从大到小的原则，重点对“重大”和“较大”程度的关键风险，提出针对性的抑制或减轻措施，降低风险发生的概率或影响程度，从而降低风险程度。

对于不可接受的项目主要风险，应逐一提出风险应对处理方案。当风险程度排序最高的风险降为“低风险”后，接着应着手解决排在次席和后续的风险，不断地采取针对性的措施降低其概率和影响程度，直至所有风险都转化为“低风险”且其影响均处于可控状态。当某一风险在采取应对措施后，风险程度仍然不能有效降低，或者实施应对措施的代价超出项目单位和地方政府的可接受水平，从社会维稳的角度项目不可行，必须明确提出终止或放弃项目的建议。

7. 社会稳定风险分析和评估与项目可行性研究优化互动

重大工程社会稳定风险分析和评估，是根据《国家发展改革委重大固定资产投资项目社会稳定风险评估暂行办法》和国家、地方相关规定，对于需要开展稳评的重大固定资产投资项目，在可行性研究阶段同时进行社会稳定风险分析，作为项目可行性研究报告的独立篇章。社会稳定风险分析和评估应与社会评价和可行性研究同步开展，以影响效果评估为基础识别项目周期内影响社会稳定的各种风险因素。在可行性研究过程中，根据各个阶段的社会稳定风险分析和评估结果及其提出的规避和消减社会稳定风险、扩大项目社会效益的措施建议，完善项目设计方案和运营方案，起到优化项目选址、设计方案、施工建设计划、运行方案的作用，以实现在源头上避免和尽可能减少社会不稳定风险。按照现行项目稳评机制，发展改革部门在委托工程咨询机构评估项目可行性研究报告、项目申请报告时，可以根据情况在咨询评估委托书中要求对社会稳定风险分析和评估报告提出咨询意见。

社会稳定风险分析和评估的基础是可行性研究报告编制阶段初步确定的项目建设和运营管理方案、环境影响评价和社会评价、社会稳定风险评价等初步成果，在此基础上进行社会分析，进行社会稳定风险分析评估专题工作。

需要特别指出的是，项目可行性研究是一个过程，其成果是可行性研究报告。可行性研究报告是对项目目标任务、建设内容和规模、资源占用、项目对外部影响、外部环境对项目的约束、预期效益和费用等的论述，其作用是给决策机构和相关主体提供“解决方案”和相关信息，是项目决策的依据和支撑，是项目全寿命周期中前期决策的阶段性成果。根据《国家发展改革委重大固定资产投资项目社会稳定风险评估暂行办法》和有关规定，项目社会稳定风险评估主要是研究项目要素与社会稳定风险之间的关系，是项目可行性研究的组成部分，其成果是提出应对项目社会稳定风险的解决方案，是项目社会稳定风险管理的阶段性成果，其作用和可行性研究报告类似，也是给决策机构和相关主体提供“解决方案”和相关信息，是决策的依据和支撑。针对拟建项目的社会稳定风险应对解决方案，一是研究如何消除或减缓风险水平（风险程度），提出对可行性研究中项目建设内容、规模、建设方案和投入等要素的优化和调整意见；二是假定风险事件发生，应研究对风险后果损失进行控制的处理应急预案。

第二节　完善社会稳定风险分析和评估体制机制

重大项目的社会稳定风险分析和评估结果是否真实可信，不仅与评估指标设计和评估方法选择是否科学有关，而且与评估主体因素密切相关。评估者的评估理念、评估态度、评估经验、职业伦理、能力水平都将对整个重大项目社会稳定风险分析和评估活动产生举足轻重的影响。为确保评估结果的独立公正，应建立和完善重大项目社会稳定风险第三方评估制度。

一、明确项目稳评实施主体

（一）评估主体类型

所谓重大项目社会稳定风险分析和评估主体，就是由谁来对各级各类重大项目的社会稳定风险情况进行评估。在现实生活中，重大项目社会稳定风险分析和评估的主体可谓“形形色色”，从街谈巷议者到职业的评估人员，从平民百姓到政府官员，都属于重大项目社会稳定风险分析和评估的主体范围。正如美国著名学者彼得·罗西所观察到的，“评估者”这个一般性标签事实上掩盖了该领域内的异质性、多样性和无组织性。从各国政府实践看，评估主体多种多样，国内外理论界从不同角度将其划分为不同类型。根据组织化程度可以把评估主体区分为正式的和非正式的评估组织；根据其与政府的关系，可区分为官方的、半官方的与非官方的评估组织，或独立的、半独立、非独立的评估组织和个人。在评估实践中，主要划分为评估的组织或个体，以及外部评估者和内部评估者。可以根据重大项目社会稳定风险分析和评估的利益相关性、工作专业性和结果公正性，把评估主体划分为政府评估、社会公众评估和专业机构评估三大类型。

1. 政府评估

这里的政府评估，其“政府”含义是广义的，不同国家由于其国体、政体的不同，其包括的范围也不尽相同。在我国主要包括各级党委、人大、政府和政协等。政府评估的主要职责应该是建立重大项目的社会稳定风险分析和评估制度、制定和发布相关政策、实施指南和技术规范等，组织评估工作，综合利用评估信息改进重大项目的管理水平、提高公共决策能力。

2. 社会公众评估

社会公众评估就是由社会各界人士对重大项目的社会稳定风险情况和结果作出判断和评价。社会公众能够全方位地对重大项目的立项必要性、项目效果等进行评价。重大项目的建设是否有必要，在很大程度上取决于能否充分反映社会公众的需要，因此社会稳定风险分析和评估过程应该通过调查获得公众的认知度和满意度信息，来判定重大项目是否符合公众需要和社会稳定风险的程度。

3. 专业机构评估

专业机构评估就是由专家和社会机构对重大项目社会稳定风险情况和结果进行判断和评价。考虑到政府是重大项目的责任人或利益关联者、社会公众是重大项目的受益人或监督者，这里把独立于这两类利益相关主体的专业机构评估称为“第三方”评估。来自于高等院校、科研机构、评估公司、事务所等专业机构等技术人员组成的专家组，对解决技术难题，帮助确定评估指标和标准，进行社会稳定风险分析和评估实践等可以发挥很大作用。不同的评估主体，其立场、观点、方法以及结论可能不尽相同。从上述三种评估主体所具有的内在优缺点看，应大力提倡由专家和社会机构组成的第三方评估。

（二）第三方评估优势

从理想化的角度看，重大项目的社会稳定风险分析和评估最好是由“局内人”进行自我评估，因为他们熟悉项目所在地的实际情况，对重大项目的社会稳定风险有着更为详尽、透彻的了解，同时也掌握着丰富的数据和信息资料。但政府评估主体由重大项目的内部人员、政府相关人员或机构组成，很大程度上存在着难以避免的自我认同倾向以及人为主观偏见而导致客观评估难以实现。而且内部评估的结果，社会公众可能存在自发的“抵触”情绪，导致接受度和认可度降低。

社会公众是重大项目的直接需求者、消费者，对政府提供重大项目的数量、质量最有发言权，感受也最为深刻。但由于社会公众评估可能因为评估者人数众多、素质高低不同、利益诉求各异、获取信息能力较弱、掌握科学评估方法较少等因素，难以对重大项目社会稳定风险进行全面客观评估评价。

专业机构评估通过聘请多位有经验的专家或者委托知名社会机构，采用科学方法对重大项目社会稳定风险进行分析评价，可以更好地发挥专家专业特长和自身优势。专业机构评估作为“第三方”与政府内部评估和社会公众外部评估相比具有明显的优势，一是专业机构评估克服了评估个体身份的多样性以及评估者个人自身的局限性；二是专业机构作为“局外人”能够超脱于政府部门利益之外，因而能够不带偏见、比较客观地进行评估，并能够有效地克服内部评估的诸多缺陷和不足；三是专业机构评估的结果准确性好，效用性强，而成本却相对较低；四是专业机构评估还具有及时反映公众需求，便于引导群众参与的功能，其得出的评估结果，社会公众的接受度和认可度较高。

二、加强第三方评估主体能力建设

（一）培育第三方评估主体

我国的第三方评估远远没有发挥应有作用，作为第三方的专业机构队伍建设亟待加强。

1. 发展壮大专业评估机构数量

评估组织的数量是衡量评估水平高低的一个重要标志。应该说，西方国家高度发达的项目风险评估体系及广泛影响与其数量不菲的专业评估机构、研究所、大学研究中心、社会评估机构等评估组织有着密切的联系。韩国政府在20世纪90年代进行了一系列的政府改革，其中一个鲜明的特点是政府成立了一个民间评估组织——经营诊断委员会。这既可以借助于专家的理论，又有利于评估结果的客观、公正。我国在这方面也有一定的智库资源，如中央政策研究室、国务院发展研究中心、中国社会科学院、中国国际工程咨询有限公司等机构，还有众多科研机构和大学等。我国要大力培育更多的专业评估机构，发展壮大专业机构数量，促进重大项目社会稳定风险分析和评估主体的多元化。

2. 大力鼓励开展第三方评估

国外政府为增强社会公众对重大项目评估的信任度，委托一些专业机构对社会稳定风险进行评估，以提升绩效、缓和危机，把评估的过程变成群众参与设计的过程，大大增强群众的信任度，收到很好效果。我国也应善于借鉴这一做法，委托有实力的专业机构进行大规模的社会稳定风险分析和评估，或者对一些专业机构提供资助，或者对成立非营利性机构给予登记及减免税费等优惠政策，鼓励引导他们积极开展对重大项目社会稳定风险情况的评估。这些专业机构通过网上征集意见、问卷调查、个别采访等多种形式，让广大人民群众参与评估、反映诉求，表达心声，会大大增强重大项目决策的公信力，避免“信任危机”。

3. 积极运用和宣传第三方评估结果

如果将评估结果束之高阁，不管不问，那么不管是谁进行的评估，其作用都将大打折扣。实际上，国内外对重大项目进行的各种评估有不少种类，如项目满意度、提升区域竞争力、增进公平性、提高生活水平等方面评估。与国外比较而言，我国的这类评估其范围、规模、影响等还存在不足。其中一个很重要的原因就是重大项目的社会稳定风险分析和评估没有引起各级政府的充分重视、宣传和运用。研究认为，虽然专业机构评估的结果在某些方面还不完善，甚至还存在缺陷，但为促进我国重大项目社会稳定风险分析和评估的深入持续开展，各级政府应该有选择性地委托国内专业机构进行社会稳定风险分析和评估，或者对权威专业机构的评估结果予以宣传、推广和应用，这必将大大有利于各级政府树立社会稳定风险意识、责任意识和服务意识，有利于促进政府间竞争意识的形成，同时也有利于引导社会公众关注重大项目的绩效，发挥社会舆论对重大项目政府决策的监督作用。

4. 规范引导第三方评估

第三方评估存在一定的缺陷或不足，需要进行规范引导。实际上，在社会稳定风险分析和评估过程中，由于存在首因效应、近因效应、晕轮效应、从众效应、情绪效应、刻板效应、逻辑效应、宽大化效应、严格化倾向和中心化倾向等心理误差因素，将干扰评估主体的社会稳定风险分析和评估结果，从而导致结果的偏差。因此，要注意加强对专业机构等评估主体的培训，进一步增强其责任感，创造宽松的评估环境，规范引导评估过程，尽量减少评估偏差。

（二）加强第三方评估机构能力建设

评估工作本身是在动态的社会环境当中进行的，评估的对象也是以社会化的个体为主，这些都对社会稳定风险分析和评估参与人员的知识和素质提出了较高的要求。参加社会稳定风险分析和评估机构从业人员，应满足下列基本要求：①清楚了解国家及地方有关政策和法律法规；②最好具有社会学、人类学、发展学等专业背景；③有良好的人际沟通技巧，善于以团队的形式工作；④善于以特定的工作方式（如参与式工作方法）发动基层群众；⑤熟悉项目周期内的不同环节和需要关注的重点；⑥具备一定年限参与社会稳定风险分析和评估、项目规划、监测评估等项目不同阶段的工作经验；⑦有一定的写作能力。对第三方评估机构和人员的具体要求还体现在以下方面。

1. 强调评估对象的参与

重大项目建设的目的是促进受益地区人民生活生产条件和环境改善，而这些环境与条件改善，是为了人类福祉和持续发展。对项目所在地的当地群众来说，他们是重大项目的建设者和受益者，他们不仅亲身经历项目，并且在咨询专家离开后还要参与项目建设，与项目的成果长期共存。从以人民为中心的新发展理念和社会学的角度对项目进行的评估，必须有当地人的有效和充分参与。

2. 具备敏锐的观察和分析能力

评估人员面对的是比较复杂的当地社会、人文、经济环境，评估工作的特征要求他们能够迅速从各种复杂社会现实条件中发现潜在的问题、改进的机会、解决问题的潜力及外部干预对当地社会环境带来的潜在影响；同时，他们也往往要能够敏感地对一些潜在的社会稳定风险进行预判，分析其发生的前提和可能性，以及加以解决的方式和途径。

3. 具备超前观念

面对复杂的社会环境的挑战以及发展议题、项目性质，社会稳定风险分析和评估在考虑发展目标、对社会现实的干预、对社会问题的解决、对人文环境的长远影响等方面应该超越现实社会的需要，适度先行发展。社会稳定风险分析和评估本身需要对问题（正面或负面影响等）进行预判并先于一些事物的发生提供应对措施；另外，社会稳定风险分析和评估对项目（包括同类或后续项目）的走向带有导向性，对社会稳定风险的评估是否有超前性研判，会决定项目在将来的成功程度。同时，超前观念必须注意适度原则，既不能过度，也不能不及，“过度”与“不及”都有可能影响预期项目的产出和目标。

4. 强调评估的伦理观

所谓伦理，就是道德的规范与准则。社会稳定风险分析和评估的伦理观要求评估人员在评估过程中务必遵循专业道德规范与准则。具体而言，至少应该包括不违背法律与法规；不违背社会道德；引导正确的社会稳定风险分析和评估方向；具有较好的评估责任感；坚持调查、分析和评估的公正性；及时履行自身的评估义务；遵守保密义务；具有服务国家与社会的良好愿望。

强调社会稳定风险分析和评估中的伦理观，主要因为：

(1) 在以往更重视从自然科学角度出发的评估，过分强调评估工作的科学性、客观性与标准性，而容易忽视评估中人的存在与人的价值，忽略了评估对象是具有独立性、自主性与能动性的主体的人。

(2) 社会稳定风险分析和评估人员一般会与其他评估人员、受评估的当事人以及评估的委托人发生互动关系，凡是存在人与人关系的地方就会涉及伦理与道德问题。

(3) 评估人员在社会稳定风险分析和评估从抽样到问卷的设计、在评估过程中对其他评估工具的使用、评估报告的撰写、最终评估结果的使用等各方面都应具备一定的主观能动性，这就有必要强调他们必须尊重事实、尊重评估对象、尊重评估涉及各方应有的利益、尊重自己从事的工作。

5. 考虑发展的全程观

社会稳定风险分析和评估具有非常明显的全程性，评估涉及的各要素具有动态组合和相互作用的特征。这就要求评估人员在工作过程中应注意全程观和综合观。要求评估人员必须从确定评估目的入手，紧密结合包括制定评估标准、搜集评估所需信息、选择适当的评估方法、进行价值推理、作出价值判断和重视评估结果等环节。原因在于：

(1) 任何事物都具有动态的发展性，而社会稳定风险分析和评估具有明显的发展性特征，即阶段性、动态性、时间性等。

(2) 只有用发展的眼光去看待问题，才能把握评估对象的真实情况，从而更好地完成评估任务。

（3）社会稳定风险分析和评估是以社会存在为基点，以社会发展过程为主线，围绕评估对象在不同阶段的变化、需求等动态因素有步骤分阶段进行。

6. 强调评估的合作观

社会稳定风险分析和评估人员既要对内协调好各种与不同评估人员及评估委托者的关系，又要协调好与评估当事人及其他涉及的评估对象的关系。强调合作观主要是基于以下原因：

（1）社会稳定风险分析和评估的对象是复杂的，这就要求评估人员务必要加强与评估对象的合作，如预先对评估对象进行宣传乃至培训等。

（2）重大项目的社会稳定风险分析和评估涉及问题复杂，要求必须依赖不同评估人员的共同合作，彼此支持，才能最终完成评估任务。

（3）随着社会发展与进步，评估业务的市场化进程越来越快，其最大的影响可能是要求评估人员为评估当事人提供优质的服务，保证评估的质量，要求评估人员既要以良好的质量让当事人满意，又要注意不能违背评估人员必备的专业道德与行为规范。

7. 强调评估的开放观

任何一个系统都应该是开放的，否则就难以生存，更不用说发展。社会稳定风险分析和评估作为一个系统，也应该是开放的。社会稳定风险分析和评估开放性原则要求评估人员要用发展的眼光看待周围的事物，关注个体与社会环境的相互关系及发展变化情况，为评估对象提供表达自己观点的机会，重视现有的价值观念以及当地经验并以此来适应社会的需要与特定的社会稳定风险分析和评估工作要求。

三、多措并举完善重大项目稳评机制

建立重大工程建设项目社会稳定风险分析和评估机制，是按照党中央和国务院的统一部署，对我国投资项目前期审查所进行的一项重要制度创新。项目稳评对预防和化解因工程建设所引发的维权类群体性事件能够发挥重要作用，是在投资建设领域创新社会管理的重大举措，是推动转变项目评价及审查理念的重大制度创新，有利于发挥经济维稳的独特作用，有利于发挥地方政府预防群体性事件的主体作用，也有利于构建工程项目和谐管理的新机制。因此，要采取多种措施，完善我国项目稳评机制，促进我国项目稳评咨询业务的健康发展。

（一）深化项目稳评理论方法体系研究

开展重大项目社会稳定风险分析和评估，是一项极具创新意义的重要工作。尽管这方面的研究已经积累了一定经验，但泛泛而谈者居多，对社会稳定风险的理解又莫衷一是，大多停留在广义的层面，这种状况不利于重大项目社会稳定风险分析和评估的深入研究，也不利于稳评实践的健康开展。展望未来我国项目稳评的发展趋势，应重点把握以下几点：

（1）从社会治理和善治的角度来研究重大项目的社会稳定风险，明确公共部门与私人部门，政府、社会组织在社会稳定风险分析和评估中的角色定位，发挥各级社会组织的作用，构建完备的社会稳定风险分析和评估网络，实现社会稳定风险分析和评估的责任化、制度化、科学化。

（2）进一步从完善体制的角度去研究重大项目社会稳定风险产生的根源，避免决策失误、改革失误和发展偏差导致的社会稳定风险，从深化政治、经济、文化、社会体制改革入手防范社会稳定风险。

（3）为使社会稳定风险分析和评估指标体系和重大项目社会稳定风险分析和评估系统更加科学实用，尽快实现研究成果的转化应用，特别是开发出实用的重大项目社会稳定风险分析和评估系统。

（二）完善重大项目社会稳定风险分析和评估制度

改革开放以来，在经济建设取得举世瞩目的成就同时，社会稳定面临挑战，维稳成为各级党委和政府的当务之急。僵硬的维稳模式易于忽视、扭曲甚至排斥法律和制度的作用，容易以权代法，导致社会秩序失范、信息失真和结构失衡，形成一种“越维稳越不稳”的恶性循环。面对日益复杂的社会管理形势，健全重大项目稳评机制的根本应对措施是将依法行政和经济维稳。今后要加快解决我国项目决策和审批管理在执行程序上无法可依的被动局面，加快推进工程项目投资立法，并在法律条款中明确公众参与、信息公开、利益相关方维权及群体性事件如何处理等规定，将项目稳评纳入法治化建设轨道，由必经程序上升为法定程序。

项目稳评涉及应急管理、维稳等部门，政府部门制定的管理文件如何与维稳主管部门的管理规定相互衔接，需要一个有效的沟通渠道。我国应在投资建设等法律的指引下，设计一个国家层次上的项目稳评制度，明确界定地方政府、投资主管部门、行业主管部门、项目业主单位和社会公众等利益相关方的责权利关系，形成政府、市场、社会共同维护社会稳定的合力；充分发挥经济维稳的独特作用，主要采用经济手段维护工程项目利益相关方的合法权益，提前化解和规避重大投资项目的社会稳定风险。

（三）发挥相关机构的协同化把关作用

根据我国关于社会稳定试行属地管理的原则要求，应明确地方政府承担工程项目涉稳风险审核的主要责任，国家投资主管部门对地方政府报送的项目稳评报告也应起到相应的把关职能。对于地方政府而言，需要完善遏制其投资冲动的机制。地方政府的责任是以社会稳定风险分析和评估报告为基础，对社会稳定风险采取“零容忍”的态度，审慎作出风险管理决策。为此，需要进一步完善地方政府考核体系，增加社会管理考核内容，加大对工程项目维稳责任的追责力度和处罚力度，建立维稳责任终身追溯制度。因项目盲目上马而引发群体性事件的地方政府主要领导和直接责任人员，无论是否变动工作岗位，都要追究当时的行政和法律责任，有效遏制地方政府片面追求当地经济发展而不顾社会稳定风险的情形。有关部门要制定和完善相关配套政策，对工程咨询机构的咨询评估行为进行约束，坚决杜绝“可批性论证”。要健全社会稳定风险责任追究制度，制定专门的政策法规，强化决策主体风险意识，明确地方政府对重大项目社会稳定风险所承担的责任。进一步加大追责力度，强调重大项目如出现社会稳定事件，业主单位必须承担各种经济责任，地方政府则必须承担社会维稳的政治责任，并依据有关规定对决策机关的主要领导和直接责任人员予以党纪政纪处分。

（四）重视稳评过程的民意收集和社会公开监督

在传统社会管理体制下，政府对社会的管制是单向的，公权力难以得到有效的制约与遏制。在重大项目建设和运营中，项目建设单位、地方政府与项目影响涉及社区、当地群众之间缺乏有效的信息沟通渠道，或者信息不对称，群众诉求得不到有效回应，往往是导致猜疑、误解，直至引发冲突和对抗的重要因素。因此，完善现行的项目稳评机制，应当重视公众参与和社会监督，即以项目信息公开透明、决策过程科学民主为导向，通过建立畅通、互动的信息沟通渠道，保障当地群众的知情权、参与权、表达权和监督权，保证受项目影响的利益相关方充分表达其利益诉求，有效地释放社会公众心中郁积的怨愤。要把公众参与、专家论证、风险评估、合法性审查和集体讨论决定作为重大项目稳评的必经程序，彻底改变过去单向的社会管理和封闭的决策缺陷。

构建项目利益相关方的参与机制，需要项目单位和各级政府广开言路，全面听取不同利益相关方（受损和受益者、直接和间接影响者）的“原生态”声音，包括合理和不合理、现实和潜在的诉求等，促进管理者、决策者与受影响个人、群体或机构之间的沟通和理解，将利益相关方的合理合法诉求转化为稳评关注的目标。在具体参与方式上，不仅要采取问卷调查、座谈会、听证会、公告、公示、重点访谈等事先拟定的正式评估形式，还要广泛采集网上舆论信息和媒体呼声等，这些非正式的评估形式时常更能充分地反映社情民意，有助于全面客观地预判重大项目的社会稳定风险。在参与对象的选择上，需要兼顾各利益相关方的均衡，特别关注基层组织和弱势群体的意见。当利益相关方人数较多时，参与对象应具有年龄、性别、职业、民族、财富等不同分层特征，避免选择性参与或倾向性参与。

建立社会监督机制，需要借助综合信息系统和新闻媒体等载体，及时发现重大项目的潜在问题及其给社会稳定带来的风险，抑制公权力的滥用，保证重大投资项目符民情、合民意，实现投资项目和谐建设和管理。通过建立和完善社会稳定风险信息管理系统，及时公开和披露重大工程项目的规划选址、征地拆迁、移民安置、生态环境和安全评价等方面的重要信息，便于社会公众阅览、查询、收看、复制、下载等，减少社会公众与项目单位和地方政府之间的信息不对称。社会舆论监督常以新闻传播为载体，通过专家论证、召开听证会等形式，为民立言，反映民愿，从而提高投资项目决策和建设的科学化和民主化水平。

构建多样化的民意表达和参与机制。涉及群众切身利益的重大项目，在决策前要广泛听取群众意见。要在当地主流媒体设立专栏节目，组织利益相关方互动对话，对群众的疑惑和期待进行解答。项目听证会、专家论证等要有广泛的代表性，尤其要有民意代表和第三方工程咨询机构的参与，并将其意见作为投资项目审批、核准的重要依据。

（五）加强社会稳定风险分析和评估方法体系的规范引导

方法决定行动，标准影响结果。项目稳评的方法和标准对稳评实践影响巨大，构建和应用科学的稳评方法和标准体系是完善项目稳评机制的基础工作，必须引起高度重视。项目稳评作为一项新兴业务，必须重视项目稳评方法和标准的系统性研究，避免不恰当的方法和标准对我国开展项目稳评实践可能带来的混乱和错误引导，以确保采用科学的分析方法和标准体系来指导我国项目稳评实践工作。为此，要加快开展项目稳评技术方法标准的系统研究，要以解决项目投资建设过程中可能引发的社会稳定风险的应对方案作为构建项目稳评方法和标准的唯一出发点和落脚点。

完善社会稳定风险管理信息支持系统。现代社会管理需要有科学含量的系统数据来支撑。要建立重大项目社会稳定风险的量化指标体系，采集诸多方面的相关数据，对项目周期全过程进行社会稳定风险监测、跟踪、预警、评估和管理，做好信息共享，为项目社会稳定风险管理提供科学依据。

第四章

社会稳定风险识别和分析评价

第一节　社会稳定风险调查和识别

一、社会稳定风险调查

（一）社会稳定风险调查基本要求

风险调查的目的主要是收集项目建设和运行相关的信息，掌握项目区人口、社会、经济、文化、生态、环境、自然资源等基本情况，调查了解项目主要利益相关方所受到的社会稳定风险影响及其对项目的社会心理与态度，为社会稳定风险分析和评估提供基本资料和依据，为社会稳定风险分析和评估工作奠定基础。风险调查工作的重点和难点是界定调查范围、选择主要调查对象、确定可行的风险调查方式和方法。

1. 风险调查范围

风险调查范围确定坚持全过程、全方位、全覆盖的原则。

社会稳定风险调查应覆盖项目所涉及的建设地区、受益区、受影响区及所有利益相关方，充分听取、全面收集群众和各利益相关方的意见，包括合理和不合理、现实和潜在的诉求等。原则上，凡项目涉及利益相关方切身利益、容易引发社会稳定风险的因素，都应纳入调查范围，将利益相关方的合理合法诉求转化为项目稳评所关注的目标。

从时间纬度看，必须坚持全过程风险调查的原则，调查影响风险变动的各种因素。社会稳定风险调查既要考察项目建设和投产运营甚至关闭期间可能出现的涉稳风险因素，也要查明历史遗留的社会矛盾和积怨。例如，在燃煤电厂项目社会稳定风险分析中，不仅调查建设期间征地拆迁补偿、移民安置、环境污染等问题，也要关注电厂运营期间发生的扬尘（煤场和灰场）、大气、水体（尤其是温水排放）和噪声污染等影响。

从空间跨度看，必须坚持全方位风险调查的原则，调查应涵盖项目可能产生负面影响的所有区域。既要重点调查项目直接影响区，也不能忽视间接影响区。例如，水利水电工程社会稳定风险调查范围不仅覆盖直接相关区域（建设征地及其周边地区、移民安置区），也要关注项目建设间接影响的上下游、左右岸、水库周边、水源区和其他地区，还要涉及进场（上坝）公路、料场、弃土区、导流洞、施工营地，特别是由于水资源调蓄后可能影响的水库下游生态敏感区以及河流河口区等。

从调查对象看，必须坚持全覆盖的风险调查原则，并重点关注基层社区组织和弱势群体的意见。调查对象应该具有全面性，覆盖受影响地区的不同利益相关方，包括项目受损和受益者、直接和间接影响者；同时当利益相关方人数较多时，调查对象选择应有代表性，即具有年龄、性别、职业、民族、社会地位、财富等不同分层特征。

2. 风险调查内容

风险调查应围绕下列内容重点展开：拟建项目自然和社会环境状况，项目区社会、经济、文化基本特征，项目直接社会影响及经济、生态、环境影响诱发的社会影响，利益相关方及其社会文化心态特征，主要利益相关方及其意见和诉求、公众参与情况、基层组织态度、媒体舆情导向和类似项目风险情况等内容。国家发展改革委印发的《编制大纲》提出，社会稳定风险调查应运用适当的方法，重点围绕拟建项目建设实施的“四性”（合法性、合理性、可行性和风险可控性）开展。

3. 公众参与调查

公众参与应避免选择性或倾向性参与。社会稳定风险源于项目与当地社会的矛盾冲突。在项目建设和运营中，项目建设单位、地方政府与当地群众之间缺乏有效的信息沟通渠道，或者信息不对称，往往是导致猜疑、误解，直至引发矛盾和冲突的重要因素。社会稳定风险调查应当建立畅通、互动的沟通渠道，向社会公众公开，保障当地群众的知情权、参与权、表达权和监督权。在社会稳定风险调查中，可以通过随机抽样调查，推论当地公众对项目建设的总体态度。要避免公众选择性参与或倾向性参与，要强调公开透明，以获得客观公正的项目信息。

4. 现场调查

现场调查应避免“走过场”的形式主义。现场调查主要采用问卷、访谈、座谈、观察、公告、公示等方法，获取项目社会稳定风险的第一手信息。在项目调查实践中，项目稳评应选择科学、合理、可操作的调查方法，保障调查在行政区域、人口社会文化特征、社会影响类型、不同利益群体等方面尽可能全覆盖，通过客观的社会调查，努力获取不加掩饰的“原生态”信息，如采取小规模的分组调研，分散在社区和乡村中，现场观察或个别“暗访”等，这是倾听负面声音和发现问题的有效方法。应避免在地方干部全程陪同下，轰轰烈烈地走过场，如大批群众被“精心组织”填写标准化的问卷，接受访谈的居户被提前打招呼等，使项目既有和潜在的矛盾被人为隔离或屏蔽。除了正式的现场公众参与调查之外，项目稳评还要广泛采集网上舆论信息和媒体呼声等，这些非正式的信息收集渠道有时更能充分地反映社情民意，有助于全面客观地预判重大项目的社会稳定风险。

（二）社会调查的准备工作

1. 确定调查对象

调查对象的选定是否恰当，对社会稳定风险分析和评估工作的成效具有至关重要的影响。明确调查对象一般包括三类：一是政府机构，如项目所在地的发展改革部门、自然资源规划部门、生态环境保护部门、信访部门、安全部门、行业主管部门等；二是项目单位和相关企事业单位（设计院、周边企业）；三是项目各利益相关方，如项目建设区域及其周边的社区、项目影响区的社区、居民、企业及相关职工，土地和房屋征收影响户、社区其他居民、受益区人口、其他利益相关方等。调查对象应该具有全面性，原则上应该覆盖所有受影响的地区和对象（机构和个人）。当受影响范围过大或相关机构和人员过多时，可采用抽样方式，选择不同分层特征的有代表性的样本进行调查，通过样本分析反映总体特征。

2. 设计调查方案

调查方案的设计一般包括拟定调查提纲、设计调查表和问卷、选择调查研究的方式和方法、制订调查计划、准备调查问卷和公示文件以及相关物品（如摄像机、录音笔、钢笔、小礼物等）等步骤。调查方案一般需要与委托方提前沟通，经过反馈修改，最终确定调查方案。

3. 组建调查队伍

社会稳定风险分析和评估调查团队包括领队（评估机构或部门层面的领导）、项目经理、评估机构内部专家和辅助人员、外部评估专家。调查人员的专业领域需要涉及工程技术、社会学、生态环境保护、征地补偿、移民安置、交通、公共政策、社会治理、经济等。

（三）文献资料的收集整理

文献资料调查也称二手资料查阅，就是通过收集有关的各种文献资料，摘取其中对社会稳定风险分析和评估有用的信息。社会调查一般是从文献调查开始的，无论访谈，还是现场观察或问卷调查等，都应先收集必要的资料和信息，以便有的放矢。社会稳定风险文献资料搜集包括工程资料、社会环境和相关文献两大类。

1. 工程资料

工程资料主要包括：

（1）项目建议书（预可行性研究报告）及其批准文件、可行性研究报告或项目申请报告、建设项目初步设计文本。

（2）建设项目拟订选址意见书涉及的土地利用总体规划、分区规划、专业规划及控制性详细规划。

（3）建设项目选址意见书（规划设计要求）、土地使用权取得有关证明文件、建设项目用地预审文件、征地拆迁补偿和移民安置方案。

（4）建设项目环境影响评价及其批准文件。

（5）建设项目征询住房保障、消防、交通管理、卫生、民防、市容绿化、气象（防雷）市政配套等相关部门的意见。

2. 社会环境

相关文献主要包括：

（1）国家有关法律法规和政策，国家和当地经济和社会发展规划、产业规划和政策，当地财政收支报告，统计年鉴，地方志。

（2）建设项目相关的行业工程技术、经济等方面的规范标准。

（3）建设项目拟定选址地的自然、经济、社会等资料，经济普查、人口调查等资料，以及敏感目标、历史既有社会矛盾及引发群体性事件等方面的资料。

（4）建设项目所在地政府、企事业单位、社会组织和媒体舆论、网络论坛对项目的态度和诉求。

（5）建设项目规划公示、环境影响评价公众参与及公众意见和诉求资料。

（6）类似项目引发的社会稳定风险、风险分析和防范等资料。

社会稳定风险调查应尽可能吸收相关政府部门，如发展改革、住建、交通、规划土地、环保、信访、维稳等部门的政策信息和建议；同时，要充分利用项目规划、环境影响评价、可行性研究、方案设计等前期工作中收集的信息、公众参与调查成果；尽可能与规划、环保等方面共同开展有关信息的采集，努力实现信息共享。社会稳定风险调查应当建立畅通、互动的传递、沟通渠道，向社会公众公开，保障当地群众的知情权、参与权、表达权和监督权，保证受项目影响的相关者充分表达其利益诉求。

整理资料是一项细致的工作，首先要对所取得的资料进行查验，对遗漏的资料进行必要的补充，对错误的信息进行修正；其次按照事先规定的途径将资料汇总分类并加以条理化。对收集整理的资料进行分析研究，一方面是应用统计手段进行数量分析，研究这些调查资料所表现出的各种总体数量特征；另一方面应运用比较、归纳、推理或统计等方法发现各变量之间的内在联系，揭示数量特征及含义，得出社会调查结论。

（四）社会稳定风险调查主要方法

1. 问卷调查

问卷调查（questionnaires）是获取有关社会文化基础资料的常用方法，是以受访者回答问卷的形式进行的调查，是参与式研究中的一个有效工具。问卷式调查在参与式研究中运用的特点是要求从问卷设计、调查过程到核查结果的整个过程都要注重信息的真实程度，为此必须与其他的参与式工具配合使用。采用问卷式调查的主要原因：①为了搜集便于进行统计分析的数据资料；②为了增加观点的说服力；③需要一些有代表性的数据。

问卷调查包括半封闭式和全封闭式两种形式。半封闭式问卷要求被调查人员用自己的语言和方式来回答所提出的问题。其主要优点是对问题的回答是自发和自由的，被调查者可以畅所欲言；主要缺点是定量分析变得困难，问卷处理效率低，难以获得某些问题的总体认识。全封闭式问卷是给出一系列预先规定的答案，调查者运用统一设计的问卷，向被选取的调查对象了解情况或征询意见，被调查者只需勾画出自己认为适当的选项。全封闭式问卷的回答是限定性的，被调查者只能从中选择，这在一定程度上对被调查人充分地表达自己的见解构成一定限制，但回卷的处理效率高，能获得某些问题的总体判断。

2. 访谈法

访谈法又称访问调查法，就是调查人员主要通过与被调查者以口头交谈的方式了解社会信息的方法。按被访问者的人数，访谈法分为个别访谈法和集体访谈法等，有多种访谈类工具可以运用。

个别访谈是按照某个主题进行的深入的访谈，通常为面对面的谈话。个别访谈的类型包括结构性和非结构性，其中结构性访谈一般有访谈提纲，事先列出需要回答的问题，以及需深入讨论或询问的问题，访谈地点通常选择在住户、工作场所、社区活动中心等。

集体访谈法是研究者与一组访谈对象座谈，通过参与者的叙述和讨论，以了解一个群体的状况、行为、观点或经历。集体访谈法通常需要预先设计座谈提纲，参与者的数量少于10人。

3. 研讨会法

在项目准备的早期阶段，参与式社会稳定风险分析和评估小组应该组织利益相关方通过参加研讨会的方式，向有关政府部门的相关人员介绍社会稳定风险分析和评估的目的、方法以及参与的方法，从而使他们充分了解社会稳定风险分析和评估的重要性并获得他们的支持。

研讨会有助于消除各个机构之间、不同利益相关群体之间的隔阂，同时还能使利益相关方对项目的拥有感得到增强。按照研讨会参与的人数大小，集体讨论可以划分为两种类型：社区研讨会和专题研讨会。社区研讨会是邀请社区（村组）人员参加的讨论会，专题研讨会则只是邀请一些根据讨论事项专门选择的人员参加（通常由6～10人构成）的研讨会。

研讨会为利益相关方聚集在一起发表意见提供了机会，从而有利于确保项目规划方案的针对性。参加研讨会的成员应该包括来自对该项目的成败具有决定性影响的各个部门的代表、政府相关部门和项目目标群体（比如妇联）的代表，以及其他相关机构的代表，如扶贫办和少数民族事务办公室代表等。项目执行机构、当地官员和项目实施所涉及的其他机构的代表应当加强沟通，交流经验。这种交流和沟通应该成为利益相关方研讨会的重要组成部分。

4. 专家讨论会法

专家讨论会法是邀请有关专家讨论所需调查的内容，从而获取所需信息的方法，是求助专家的一种重要形式。由于专家看问题往往有自己独到的见解，有时还能提出别的类似项目成功的经验或失败的教训，这些无疑对拟建项目社会稳定风险分析和评估大有帮助，所以无论是社会调查人员还是社会稳定风险分析和评估者都应及时听取专家的意见。在重大项目社会稳定风险分析和评估中通常有必要邀请社会学家、人类学家、人口学家、经济学家、环境保护学家、生态学家、市政工程专家、城乡规划学家、项目管理学家、心理学家、统计学家、社会工作学家、公共管理学家、法学家等参加专家讨论会。

5. 参与式观察法

参与式观察（participant observation）法指项目调查或研究人员深入到所研究的项目、对象的生活背景中，融入当地人的生活场景，深入现场获取所需社会信息的方法，是一种直接调查方法。根据观察者融入情境的差异，按照是否公开调查专家的身份，可划分为公开性参与式观察法与隐蔽性参与式观察法两种基本类型。

在社会稳定风险分析和评估中，咨询机构人员到项目现场进行参与式观察，选取影响评估所需的资料进行现场调研，了解项目实施现状，拟建项目对项目区内社会经济与居民文化生活的影响，调查项目区利益相关方与项目之间的互适性影响，通过现场调研，获得第一手的资料与信息。

6. 现场观察法

现场观察法（street corner society）也叫实地观察法，即调查者深入现场获取所需社会信息的方法。现场观察法是社会调查的一种基本方法，同前述的访谈法、参与式观察法一样，也是直接调查方法。在项目社会稳定风险分析和评估中，很多描述社会环境现状和进行影响评估所需的资料都可通过现场参观、考察获得。

7. 公示或公告

在受项目影响的基层组织（乡镇、社区、行政村、自然村、企业）的公示栏，以及当地政府指定的网站上进行公示，以便更广泛地征求意见。

二、社会稳定风险识别

社会稳定风险识别就是在通过社会稳定风险调查并占有必要的项目信息资料的基础上，根据项目的特点，选择风险因素对照表、风险结构解析、专家调查等方法，发现项目存在的各种社会稳定风险因素，并对其进行初步筛选，确定影响社会稳定的主要风险。其阶段性成果是形成社会稳定风险因素列表，为开展社会稳定风险分析提供依据。社会稳定风险产生于项目与当地社会的互动作用。受项目影响的利益相关方在物质利益、心理状况、生活和发展环境、公平正义等方面遭到损害后，对项目会作出反应，并提出利益诉求；如果不能得到满足，其行为将导致社会不稳定风险。

风险由风险因素、风险事件和风险损失构成。其相互之间的关系是：风险是一种潜在的危险；风险因素是指引起风险事件发生的机会或条件，是造成损失的内在的或间接的原因；风险事件（又称风险事故）是造成损失的事件，是引起损失的外在的或直接的原因；风险损失是指非预期的和非计划的价值减少。只有当风险事件确实发生时，潜在的危险才转化成为现实的损失。

（一）项目社会影响因素筛选

1. 社会层面的直接影响

社会层面影响分析应从社会环境与条件、文化遗产、自然遗产、公共设施、社会风貌、社会冲突、社会资本、社区和机构发展等方面着手进行分析，以筛选出影响社会稳定的风险因素。

(1) 社会环境条件。主要分析重大工程实施对所在地的教育水平、医疗条件、卫生健康状况和人文环境等产生的变化。

(2) 文化和自然遗产。充分掌握重大工程实施所在地区的物质和非物质文化遗产、自然遗产基本情况，了解重大工程建设和运行是否对文化遗产和自然遗产造成影响，并对具体的影响方式、程度和性质进行诊断，对是否有针对性的保护和避免毁坏文化和自然遗产的措施规划进行分析。

(3) 社会公共设施。分析重大工程实施对项目所在地区的道路、交通、供水、供电、供气、供热、排水、污水处理、教育、医疗、卫生、文化、网络、商业等公共服务的影响，并关注少数民族和宗教等公共设施的影响。

(4) 当地社会风貌。具体主要包括城市和乡村风貌的影响，表现为街区、建筑、村落、居住形态、道路建设、生态景观等影响，也要关注利益相关方的身体健康、心理健康、文化水平、道德修养、社会意识等综合素质的变化。

(5) 社会矛盾冲突。分析重大工程实施可能直接或间接导致的政治、经济、文化、社会等方面的矛盾冲突、社会失范等情形。

(6) 社会关系情况。分析项目实施所在地区社会主体（包括个人、群体、社区）之间联系的状态和特征，分析预测重大工程对项目所在地区社会网络、社会信任、社会互惠等产生影响的范围和程度。

(7) 社区机构情况。分析项目建设和运营对居民公众参与、社区运行机制、社会治理结构带来的潜在影响，对人员素质与机构能力的提升作用，对社区环境改善和教育、卫生及服务水平的提高等。

社会层面的影响分析重点关注项目实施对于当地文化、教育、卫生等社会环境条件以及文化遗产、自然遗产、宗教设施、城乡风貌、社会网络、社会结构、传统风俗习惯、民族特征、社会矛盾冲突等方面产生的影响。

2. 经济层面的社会影响

经济层面的分析应从收入及其分配、生活水平和质量、就业、资本、基础设施和社会服务、社会资源利用等方面着手。

(1) 收入及其分配。应分析预测重大工程实施对利益相关方现有收入水平影响的范围、程度和原因，分析预测收入分配的公平性、对收入差距的影响程度，分析预测重大工程对所在地区利益相关方收入结构的影响程度。

（2）生活水平和质量。分析预测重大工程实施对项目所在地居民居住条件、公共设施、公共服务、消费水平、消费结构、生活满意度和幸福感等的影响程度和原因。

（3）就业情况。分析预测重大工程实施对所在地区居民就业能力、就业机会、就业条件、收入条件、就业结构等的影响范围、程度和原因。

（4）生计资本。分析对自然资本、物质资本、金融资本、社会资本、人力资本、科技资本、信息资本、心理资本、市场资本、组织资本等各类资本存量和质量的影响。

（5）基础设施服务。分析预测重大工程实施对交通、能源、市政等基础设施的影响，分析在重大工程实施全生命周期增加、挤占或替代原有基础设施的可能性；在社会服务方面，主要分析预测包括原材料运输、能源供应、信息传递、劳动力培训、公用事业、文教卫生事业、社会保障等在内的生活福利性服务、生产性服务和社会性服务等公共服务的影响，同时也要关注相关社会服务从业人员的变化。

（6）社会资源利用。分析预测重大工程实施代替已有生产、生活和服务的可能性，以及由此造成的现有生产、生活或服务的减少、停止、劳动人员失业、经济损失等方面的影响。

经济层面的影响分析主要分析预测重大工程实施在收入及其分配、支出及其支付意愿、就业、消费、服务、生计替代效应等经济方面可能产生的正面影响和负面影响，包括对于不同利益群体特别是贫困人口等弱势群体的影响。针对居民的经济影响分析通常需要进行社会经济调查，抽取一定数量的不同利益相关方的样本户，就重大工程实施的技术经济方案、社会经济政策、环境变化产生的社会影响等进行调查研究，分析所产生的影响。

3. 环境层面的社会影响

环境层面的分析应从生态环境、自然资源、生态景观、生物多样性等方面着手。

(1) 生态环境。分析预测项目建设和运营期间产生的废气、废水、噪声、粉尘、固体废弃物等污染物排放造成的包括水资源、海洋资源、土地资源、大气等的破坏范围和程度，重点分析生态环境变化导致的社会影响、利益相关群体特别是负面影响群体可接受性及其可能导致的社会稳定风险。

(2) 自然资源。可根据自然资源可再生、可更新，不可再生资源的不同分类进行分析。分析预测重大工程实施对所在地自然资源数量、质量、利用率等的影响，重点分析自然资源利用变化导致的社会影响、利益相关群体特别是负面影响群体可接受性及其可能导致的社会稳定风险。

(3) 生态景观。分析预测重大工程实施对所在地区自然景观（地理格局、水文分布、气候条件）、经济景观（能源、交通、基础设施、土地利用、产业分布）、人文景观（建筑、道路、园林、古迹、宗教文化、民俗风情、城镇与产业观光）等影响的范围、程度和方式，重点分析生态景观变化导致的社会影响、利益相关群体特别是负面影响群体可接受性及其可能导致的社会稳定风险。

(4) 生物多样性。应着眼于物种多样性、遗传多样性和生态系统多样性、景观多样性四部分，重点分析生物多样性变化导致的社会影响、利益相关群体特别是负面影响群体可接受性及其可能导致的社会稳定风险。

环境层面的影响分析重点关注因重大工程实施可能带来的自然环境、生态环境的污染和破坏给社会造成的负面影响，包括人体健康受损、生存环境恶化、生活方式被迫改变、生计受到威胁、收入减少、资产贬值等损害，分析预测重大工程实施环境层面的不利影响可能对社会造成的损害范围、程度和趋势，在方案设计中提出有针对性地减缓或消除不利影响的措施建议，尽可能减小重大工程实施环境层面的不利影响可能导致对社会稳定造成的损害。

4. 特殊群体影响

贫困人口、女性、少数民族和征地移民等群体是重大工程实施需要重点关注的人群。贫困户、女性特别是女户主家庭、少数民族人群、受土地和房屋征收影响的人群既可能通过重大工程实施获得发展的机会，也可能受到重大工程实施的负面影响，通常需要在重大工程实施周期的不同阶段，通过利益相关方的识别、社会经济调查及分析，来识别对于特殊群体的影响，并为后续的社会互适性分析、社会稳定风险分析、社会管理计划准备和社会监测提供基础。

（1）贫困人口。从可能导致次生贫困和缓解贫困措施两个层面着手，识别重大工程实施可能会影响的贫困群体，了解贫困群体的规模、结构和贫困成因，分析重大工程可能产生的影响和风险，建立和完善贫困人群参与、协商、抱怨申诉机制，保证贫困人群有平等的机会参与重大工程决策和实施过程，基于贫困人群的生活现状和利益诉求，有针对性地提出增加贫困群体的社会发展机会、减少社会稳定风险的措施。

（2）社会性别。社会性别问题是社会稳定风险分析和评估中不可回避的重要问题。由于男性和女性的社会角色不同，重大工程实施对他们产生的影响也不尽相同，同时男性和女性对重大工程实施的需求也有所不同。让女性参与重大工程规划、设计和实施的讨论，倾听男性和女性两方面的声音，有利于提高重大工程的社会效果。性别分析主要是识别各利益群体的社会性别需求，确定社会性别目标，并纳入重大工程实施目标体系；确定参与式战略，考虑实际的和战略性的社会性别目标；设计分性别的数据收集方案并将其纳入基线调查范围；进行参与式社会性别分析；优化重大工程设计方案，进行社会性别参与方案规划；选择性别敏感监测指标，确立重大工程实施阶段监测与评估体系，收集和更新基础数据，评估与社会性别有关的重大工程实施影响，修正实施方案，纠正可能出现的偏差。

（3）少数民族。少数民族的特征和文化总是同他们生活的土地和他们赖以生存的自然环境与资源有着不可分割的联系。这些特殊的环境与资源将少数民族置于重大工程实施带来的各种不同类型的风险和不同程度的影响之下，如丧失民族特征、民族文化、传统生计、文化宗教设施或者场所等。作为与社会主流群体存在明显特征差异的社会群体，少数民族经常属于当地人口中处于边缘化和脆弱性的群体。重大工程实施所在地如果为民族地区，社会稳定风险分析和评估必须特别考虑少数民族的特点，尤其是民族文化的特点。在设计和实施重大工程时必须遵循的原则包括两个方面：一是少数民族能得到具有文化兼容性的社会和经济利益；二是少数民族在发展进程中不遭受负面影响或者负面影响能够充分地被通过有效的措施消除，同时该发展进程应当促进对少数民族的尊严、权利和文化独特性的尊重。

了解重大工程实施所在地区少数民族的基本情况，考虑重大工程本身是否符合国家的民族政策、法律和规范；调查少数民族的社会、文化、生存水平、风俗习惯、宗教信仰等，确认对其有利或不利影响，并对不利影响部分进行调整、减缓、消除和优化；通过少数民族对传统文化、传统生计、传统生活方式、特定群体、特殊语言、传统居住地的依赖程度判断其潜在的脆弱性，判断诱发社会矛盾和社会冲突的可能性，为制定促进少数民族发展的措施提供依据。

（4）征地移民。征地移民是受重大工程实施影响的重要群体，是社会稳定风险分析和评估需要关注的重点。被征收人在无重大工程实施之前，也有可能成为发展的主流，而未被归入贫困人群或弱势群体，但当他们成为被征收人之后，有可能因丧失生产资料（土地资源、经营性房屋、矿产资源等）或者生活场所（房屋、社区等），使其劳动、生产、管理技能贬值或失效，同时打破了他们对熟悉环境的依赖，他们的社会关系网络也会受到影响，对新安置地生产和生活方式不适应，无法融入当地社会，生存成本增加，一旦采取的补偿和恢复措施出现偏差，他们就有可能成为新的贫困人群或弱势群体，社会稳定风险分析和评估应当予以重点关注。要重点分析土地和房屋征收占用与被征收人安置可能产生的社会影响。分析征收可能导致被征收人的土地资源及其权益的丧失、劳动生产和管理技能贬值、社会关系网络的破坏、社会资本的损失、人力资本的损失、征收补偿安置过程中的社会矛盾、社区参与和使用公共财产的途径、次生贫困群体和弱势群体的产生、社会公平、社会性别等社会影响，以及搬迁之后如何更好地在生产和生活上融入安置地，如何获得更好的生产资料、生产条件、居住环境、居住条件、公共设施、公共服务、市场连接、科技服务等；分析被征收人对拟实施重大工程、征收补偿安置政策、补偿安置标准和征收补偿安置方案的可接受性，以及可能产生的社会稳定风险；分析被征收人参与、协商、信息公开、申诉程序的制度建设情况等，以及征收补偿安置方案的合法性、可行性、合理性。

（5）项目职工。分析重大工程施工建设、运营、管理等不同岗位上的各类职工的工作条件和雇佣条件、对职工可能产生的安全和健康等方面的影响。分析职工工作中的健康和安全条件和制度，项目职工公平待遇，临时工、外来劳工群体的安全、薪酬、工作时间、劳动条件、权益保障、身心健康和社会适应情况，大量外来劳工群体涌入可能带来的社会安全、健康、环境、性别、社会冲突问题等风险及其规避途径。

（6）受影响社区人群。重点是项目对社区的健康、安全与福祉影响。分析项目周期内对周边及重点影响社区可能带来的影响以及发展机会，包括社区的公共设施服务、社区安全、社区卫生健康、社区教育、社区文化、对文化文物资源的保护等。分析项目对当地、对社区层面的影响及其程度，并对可能的负面影响提出相应措施，保证当地的生活福祉水平、安全水平和文化及基础设施服务水平不下降，并力争通过项目实施有所提升。分析项目对当地及区域可能带来的发展机会以及与新时期乡村振兴、新型城市化的契合点，分析对巩固脱贫攻坚成果的贡献。在可能的情况下，通过与各种利益相关方磋商，制定有效且可操作的措施使得项目地社区（特别是受影响人口及弱势群体）可以平等地分享项目发展成果。

（二）利益相关方筛查

应在社会层面、经济层面、环境层面、特殊人群影响分析的基础上，进一步开展利益相关方分析，为社会互适性分析和最终确定社会稳定风险因素提供依据。利益相关方分析是重大工程社会稳定风险分析和评估中贯彻科学发展观，构建和谐社会的重要手段。利益相关方是指与重大工程实施有直接或间接利害关系，并对重大工程实施有直接或间接影响的相关人群和组织机构，包括受重大工程实施影响的个人、群体或组织，为重大工程实施提供服务或享受重大工程实施提供的产品或服务的个人、群体或组织。一般包括重大工程实施的受益者、受损者以及受影响者、为重大工程实施提供资金的机构、有关的重大工程实施执行机构（包括计划、设计、咨询、管理机构）等。

1. 利益相关群体分析

根据利益相关方与项目之间的利益关系和联系程度，主要分为受项目直接影响的利益相关方、受项目间接影响的利益相关方、因项目受损的利益相关方、因项目受益的利益相关方、既受损又受益的利益相关方、项目的使用者和服务对象等，应对受损者或受益者的损失或受益种类、水平、代价等进行分析，对受损或受益程度不同的群体进行分类。

2. 利益相关方的利益所在及其对项目的影响分析

对项目实施过程中利益相关方受益或受影响程度进行分析。主要分析利益相关方对项目的期望和态度、识别不同社会阶层的利益相关方的地位和权力状况、分析不同利益相关方受项目影响的程度和需求、确定各利益相关方在项目实施中所扮演的角色，基于不同利益相关方对项目反应的分析判断其对项目成败的影响程度。

3. 利益相关方的重要性和影响力分析

识别不同阶层利益相关方的地位和权力状况，包括权力地位较高对项目有较大影响力的群体和因权力地位较低而缺乏自我保护能力的群体。在分析利益相关方的影响力时，主要从利益相关方权利和地位拥有程度、组织机构级别、对战略资源控制力、与其他利益相关方的权利关系、对项目成功的重要程度，在评估的基础上对其影响力进行排序，通过比较分析对其影响力进行判断。

4. 组织机构分析

对与项目准备、建设、维护、运营、管理相关的政府机构、项目法人、咨询服务机构、民间组织、其他社会组织等利益相关机构的职能、角色分工、特征、结构、与项目关系、管理体制、运行机制、人力资源配置、管理与协调能力、管理经验等方面进行分析。

5. 利益受损群体的调查成果和状态分析

根据调查结果，分析利益受损的类型、程度、时间，主要利益受损群体的价值观念、利益诉求、期望、偏好、参与意愿。要关注利益受损群体以及经常会被忽略的弱势群体，如征地拆迁人口、项目建设工地周边社区福祉、少数民族等利益相关方。

（三）社会互适性分析

在项目影响分析和利益相关方分析的基础上，进行社会互适性分析，主要从项目性质、社会发展、经济发展、项目利益、项目征地、项目影响、项目组织机构的相互适应性以及项目利益相关方参与程度等层面分析项目的社会适应性。主要分析预测当地的社会环境、经济发展、人文条件能否接纳、支持项目的建设与实施，以及当地政府、企事业单位、社会公众、受影响群体等利益相关方支持项目存在和发展的程度，了解项目与当地环境的相互适应关系，分析评估利益相关方能否适应项目的建设与运营，找出关键影响人群和主要因素，明确项目与当地的相互适应程度、关键制约因素以及可能的化解途径。

1. 社会发展互适性

分析预测项目所在地区各类组织对项目建设和运营的态度，可以给予项目支持和配合的程度和范围。具体分析交通、电力、通信、供水、供气、供热、排水、污水处理等基础设施条件；医疗卫生、教育、文化、体育等社会福利条件；社会组织、社区、社会关系；宗教、文化、风俗习惯等。

2. 经济发展互适性

分析项目目标与当地社会经济规划发展方向和目标的一致性，评估项目对实现当地发展目标的影响和作用；分析项目目标与其所处行业发展方向和目标的一致性，评估项目满足行业发展规划要求的程度及其对相关行业发展的影响和作用；分析项目目标与所在区域发展方向和目标的一致性，评估其对该区域生活、居住环境和条件的影响和作用。

3. 项目利益互适性

分析项目建设对提高或改善利益相关方的收入水平、就业水平、消费水平和社会福利水平的影响及作用；分析不同利益相关方对项目建设的基本态度、认同水平和人口比例分布；分析项目受益区政府、企业、公众对项目产出的产品或服务的种类、数量、质量、时间、场所、价格、方式等的认知、接受性，购买产品或服务的支付能力、支付意愿。

4. 项目征地互适性

分析项目建设永久征地和临时占用土地的主要利益相关群体对项目性质及其合法性、征收范围和时间、征收补偿安置政策法规依据、实物和社会经济调查过程及成果确认、资产和损失评估、征收补偿标准、生产生活安置方式和去向、居民点选址和布局规划、房屋补偿和安置标准、补偿资金支付方式和时间、宅基地分配、房屋建设、公共设施建设、搬迁安置方案、生产生活恢复重建、社区治理、社会保障、后期帮扶措施、公众参与、协商、签约、信息公开、抱怨申诉机制等的意见和建议，分析被征收影响人口的社会认知、意愿、接受程度和利益诉求。

5. 项目影响互适性

分析受项目影响群体对项目产生不利影响的可接受性。受工程建设和运营的技术、经济、生态、环境、健康、市场、安全等不利影响及其减缓措施涉及的地方政府、企业、事业单位和社会公众对项目认知、接受程度和诉求，是否存在有针对性的消除或减缓不利影响的措施。

6. 少数民族群体互适性

分析项目所在地区少数民族的基本情况，项目本身是否符合国家的民族政策、法律和规范；分析项目对其少数民族的社会、文化、生计、生活条件和水平、风俗习惯、宗教信仰等方面的有利或不利影响，并分析对不利影响部分进行调整和优化的途径；分析少数民族对传统文化、传统生产方式、特定群体、特殊语言、传统居住地的依赖程度，判断其潜在的脆弱性和诱发社会矛盾和民族冲突的可能性，是否存在促进少数民族发展的措施。分析少数民族通过项目实施能得到具有文化兼容性的社会和经济利益，以及少数民族在发展进程中不遭受负面影响并且该发展进程应当促进对少数民族的尊严、权利和文化独特性的尊重的措施。

7. 项目机构互适性

分析项目执行机构素质、能力。项目执行机构、组织能力越强、公信力越高，社会可接受性就越高。

（四）社会稳定风险源的确定

1. 确定原则

（1）合法性。根据《重大行政决策程序暂行条例》（国务院 第 713 号令）要求，重大工程社会稳定风险合法性评估主要关注决策启动的合规性、公众参与的合规性、专家论证的合规性、项目准备、审查和决策程序的合规性。要分析国家和地方法律法规、党和国家方针政策等符合性；与当地经济社会发展规划的符合性，与各专项、国土、区域规划的符合性等。

(2) 合理性。重大工程社会稳定风险合理性评估主要关注重大工程与其所在地社会经济发展总体水平适应程度；对利益相关方合理诉求的覆盖程度；补偿安置方案合理性；工程、资金及进度安排的合理性；社会影响和效益预测评价合理性；是否兼顾现实利益、长远利益、整体利益和局部利益；对地区、行业、群体之间利益攀比产生影响的可能性等。

(3) 可行性。重大工程社会稳定风险可行性评估主要关注与所在地人、财、物力的适宜性；技术、时机、条件的成熟度；项目方案（土地和房屋补偿安置、生态环境补偿、项目实施方案等）、保障措施、技术方案等实施可行性；主要利益群体的认可和支持程度；受损群体对补偿措施的接受性。

(4) 可控性。重大工程社会稳定风险可控性评估主要关注受负面影响群体规模大小及其复杂性、跨行政区域程度及其管理复杂性、引发群体性事件或个人极端事件可能性、引发社会负面舆情等影响社会稳定问题的可能性、社会矛盾预防和化解措施机制及应急处置预案完备性。

2. 确定方法

(1) 采用结构分析方法鉴别风险因素。将风险识别分为风险因素分析和主要风险筛选两个步骤。其中，风险因素分析是利用结构分析方法来全面分析特定项目的风险因素，突出行业、地域和项目特点。风险因素结构分析方法，即依据社会稳定风险调查所获得的信息资料，借鉴类似项目的历史经验，从项目周期的角度分析不同阶段的社会稳定风险因素及其动态变化情况，从行为主体的角度分析当地政府部门、项目建设单位、新闻媒体等主体行为可能引发的风险因素及其特点，从总体到局部，从宏观到微观，层层分解风险，寻找可能引发社会不稳定的风险因素，以充分揭示项目社会稳定风险的来源、发生条件和具体原因。

(2) 用系统分析方法筛选主要风险。在全面分析确定项目风险因素之后，根据风险因素的类型、成因、表现、发生阶段和持续时间等特征，采用系统分析方法，进行归纳整理，即按照分类、分项、分目及细目，建立项目社会稳定风险的结构体系，确定影响社会稳定的主要风险及其影响因素。

主要风险筛选应坚持“抓大放小”原则，筛除那些“风险水平低、对稳评目标足以忽略”的风险，着力找出项目的主要风险。在风险属性上，最终筛选确定的主要风险相互之间应相对独立。对于涉及大规模的征地拆迁和移民安置工程、严重的环境污染等社会敏感度高的投资项目，地方政府应提前建立重大、特殊风险筛选制度。

(3) 社会稳定风险识别工具方法。一般可选用核对表法、专家调查法、案例参照法等方法。其中核对表法是根据风险要素，把以前经历过的风险事件及来源列成一张核对表，再结合该项目所面临的环境条件等特点，对照核对表，识别出其潜在的风险；专家调查法是基于专家的知识和经验，通过发函、召开会议或其他方式向专家进行调查，发现项目潜在风险，对项目风险因素进行识别及其风险程度进行评判，将多位专家的经验集中起来形成分析结论的方法；案例参照法是通过参照以往类似的案例，识别项目社会稳定风险因素的方法。

第二节 社会稳定风险分析和评价

一、社会稳定风险分析

投资项目社会稳定风险分析需要采用定性分析与定量分析相结合的方法，通过专家主观判断，对筛选出的主要风险分别判别发生概率和影响程度，利用风险概率—影响矩阵分析确定主要风险的风险程度，为社会稳定风险评价提供依据。

(一) 专家按统一的赋值标准在各自专长领域打分

重大工程社会稳定风险分析通常采用定性分析与定量分析相结合的方法，以定性分析为主，定量分析为辅。定性分析主要是分析项目与利益相关方之间相互作用的因果逻辑关系，使用定性语言描述风险主体行为、风险发生可能性和风险影响大小，从而对风险程度进行排序。定量分析则是借用于数学模型分析方法，量化各风险的发生概率及其影响程度，从而计算其风险程度。

风险可能性（发生概率）是指风险事件出现的频率高低，影响程度（影响后果）是指风险可能引发群体性事件的参加人数、行为表现、影响范围和持续时间等特性。在项目前期阶段，由于不可能对未来发生的风险事件进行大量试验，也难以准确预知风险事件一旦发生后的影响后果，因此社会稳定风险的发生概率和影响程度一般难以有客观数据，主要采用专家主观判断赋值。

在项目稳评实践中，在缺乏指标赋值标准的条件下，专家往往根据自己的理解，对每个风险发生概率和影响大小分别打分，然后对打分结果进行算术平均（有时去掉最高分和最低分），并根据平均分值所属的区间，定性判断风险发生概率和影响程度的档次。这种专家主观判断过程隐含的前提条件是所有专家都是通才，精通各类风险，而且各位专家对风险的偏好都一致，并秉持客观公正的原则打分，这种隐含的前提实际上是不存在的。

专家的主观认识能力、知识水平、工作经验、风险偏好和判断能力在客观上各不相同。因此，不同专家在同一条件下对同一事件的风险发生概率或其影响程度进行判断，可能会给出差异很大的不同结果，而且主观判断正确与否难以核对。为了保持专家主观判断有效、可信，必须对专家的判断过程进行规范化处理。一是向专家阐明社会稳定风险识别和分析对项目的重要性，设计易于填写的分析表格；二是清楚地定义风险变量，由专家、当地政府和项目建设单位共同确定指标赋值内涵和判断准则的内涵，为专家打分判断提供统一的依据。对判断准则和赋值内涵要尽可能形成统一的理解和认识上的共识，形成共识是得到科学合理的风险分析成果的基础，非常重要。

此外，“专家”一般都是术有专攻的专才，而不是万能的全才。工程项目的社会稳定问题可能由政策法规、征地拆迁补偿安置、生态环境、安全管理等众多领域的风险引起，很少有全能的专家对各领域风险发生的概率和影响程度都能准确判定。只有当某领域有多位同行专家同时参加打分，对打分结果进行算术平均计算才有意义。否则，外行专家的盲目打分会削弱真正专家的智慧贡献。

（二）根据概率—影响矩阵原理对风险程度进行判断

无论是定性分析还是定量分析，其基本原理是风险概率—影响矩阵，即根据风险程度（R）=风险概率（p）×影响程度（q），通过先行判断风险发生概率（p）和影响程度（q），从而确定风险程度（R）。

风险分析可采用三档、五档、七档和九档等档次，定性区分各风险的发生概率、影响大小和风险程度，其中三档和五档比较常见。从定量分析的角度看，各档风险的发生概率、影响大小和风险程度的量化取值不一定均匀分布在（0，1] 区间。以五档为例，风险发生概率可定性地分为“很高”“较高”“中等”“较低”和“很低”，风险发生后的影响程度（后果）也可分为“严重”“较大”“中等”“较小”和“微小”；但如果进行定量风险分析，不一定对应（80%，100%]、（60%，80%]、（40%，60%]、（20%，40%] 和 [0，20%] 五个区间，某些影响社会稳定的风险（如核电项目的核泄漏风险、水利或水电项目的溃坝风险）发生概率即使为1%，也属于“很高”档次了。

根据风险概率—影响矩阵的表达式，如果采用五档分法，风险程度可定性地分为“重大”“较大”“一般”“较小”和“微小”；同样的，风险程度的定量区间不一定对应（0.64，1]、（0.36，0.64]、（0.16，0.36]、（0.04，0.16] 和 [0，0.04]。例如，当风险程度评价数值为0.36，可看作0.6（风险发生概率）×风险发（影响程度）。从常识上判断，风险发生概率为0.6（即60%）已属于较高频率，影响程度为0.6也意味着影响后果较为严重，如果将影响如此严重且发生概率较高的项目风险（风险程度评价值为0.36）视为“一般”程度风险，这样的风险评价标准显然不合适。因此，必须事先明确定义各风险程度的定性指标与定量指标的对应关系，比如“较大风险”对应的量化指标是多少需要事先定义。

特别需要指出的是，在利用概率—影响矩阵对风险概率和风险影响指标进行赋值时，必须强调与风险程度（风险水平）判断准则相对应，即赋值准则和判断准则必须统一，不可割裂。比如，为了表达的方便，特定场合下，风险影响（后果）可以表达为（假定用五档）可定性地分为“重大”“较大”“一般”“较小”和“微小”，分别赋值表达为10 000、1000、100、10和1，相应的风险程度（风险水平）的定性和定量表达要与之相对应。如何进行赋值，取决于分析评估工作的相关要素表达方便和更好清晰理解的需要。

（三）风险定量分析需要计算期望值和离散程度等指标

我国投资项目社会稳定风险分析和评估实践中采用的项目涉稳风险定量分

析，依据专家打分的算术平均值确定风险概率和影响程度的期望值，很少考虑专家打分值的离散程度信息，更缺少置信度分析或一致性检验环节。风险指标数据的精度和可靠性是风险量化分析的前提。在对各风险因素的风险概率和影响程度的专家打分结果进行统计时，不仅要计算风险概率和影响程度等指标的期望值，还要计算风险指标的标准差等参数，分析数据的离散分布特点。必要时，还需通过假设检验，检验专家打分值的稳定性和假设错误时对项目维稳目标造成的后果。

如果打分统计结果显示离散程度过大，以至于不可接受，专家就要重新完善和学习并达成对“指标赋值准则”内涵和“风险判断准则”内涵进一步理解和认识上的共识，重新独立分析判断赋值打分。上述的认识共识是对准则的共识，不是对打分的共识。

二、社会稳定风险评价

社会稳定风险评价的输入是社会稳定风险分析的结果，输出是风险程度（风险水平）可接受，防范和降低措施方案后的剩余风险可接受，也就是项目在“社会稳定”角度可行；或者是风险程度不可接受，也就是项目在“社会稳定”角度不可行。

（一）对比风险程度指标判断社会稳定风险能否被接受

在“以问题解决为导向”的稳评框架下，“分析问题”阶段可细分为 6 个步骤：第一，界定风险发生概率和影响程度等指标的内涵，明确风险发生概率和影响程度各项取值的具体含义；第二，通过对风险因素的分析，专家主观判断对风险发生概率和影响程度等指标进行赋值，定性分析定量化；第三，通过统计分析计算风险发生概率和影响程度，明确其分布情况；第四，利用风险概率—影响矩阵，确定风险程度；第五，界定风险程度的可接受水平；第六，将项目风险程度与风险行为主体可接受的最大风险程度进行对比，判定是否需要对各风险采取应对处理措施。

社会稳定风险程度不仅是风险分析的输出结果，也是风险评价和风险应对措施的输入，是“分析问题”和“解决问题”的共同纽带。风险程度包括项目自身的风险程度和可接受的风险程度，项目自身的风险程度是按照风险概率—

影响矩阵原理进行计算的结果，可接受的风险程度是事先定义的风险程度评价标准。

项目社会稳定风险评价的任务是对标预先设定各方都能接受的社会稳定风险评价基准值，查找需要采取应对措施的社会稳定风险。只有当项目的所有社会稳定风险都处于“低风险且可控”状态，投资项目才能满足维稳要求。

（二）根据地区及行业特点设定风险可接受程度评价标准

开展投资项目社会稳定风险分析和评估工作，需要根据国家投资主管部门对项目稳评的原则性要求，结合具体项目所处地域和行业特点，以及当地对不同种类风险的承受能力，制定合理的项目风险程度评价标准。

各地区的经济社会发展基础不同，其资源环境承载能力、现有开发强度和未来发展目标存在差异，对同样风险因素的社会敏感度也会不同，各地衡量社会稳定风险的标准存在差异。例如，我国经济发达的东部地区的环境承载能力较低，对污染因素可能引发的社会稳定风险较敏感；而相对落后、欠发达的西部地区则更加重视 GDP 增长，对环境污染的敏感度相对较低。因此，对于东西部不同地区而言，其环境安全引发社会稳定风险的可承受能力难以统一。

投资项目可接受的风险程度还与所属的行业特性有关，主要风险发生的概率和影响程度具有一定的行业共性特征，社会稳定风险评判可借鉴同类项目的风险资料。例如，水利水电行业的投资项目常常涉及大规模的征地拆迁和移民安置，征地拆迁补偿标准、生产和生活安置标准、失地农民再就业等因素容易引起群体性事件，仅从参加群体性事件的人数看，地方政府对水利水电行业的容忍程度往往超过一般的城市建设项目。

（三）可接受的风险评判标准是“低风险且可控”

虽然各地区、各行业的社会稳定风险的衡量标准难以统一，但稳评实践确实需要一个更加普遍、通用和直接的标准。我们认为，风险评价标准应重点关注风险程度及可控程度，即风险程度是否处在“低风险”的状态之下，相应的应对措施是否保证风险在“可控”的范围之内。

在风险评价中，“低风险”是指当地政府和项目单位可接受的最大风险程度，可从风险事件发生后可能产生的影响（行为表现、参加人数、影响范围、持续时间等)，以及为化解风险而不得不付出的代价来反映。因此“低风险”的临界值可定义为项目建设单位和当地政府为了化解风险影响后果，能够接受的最大代价，包括“经济成本”和“行政责任”。其中，“经济成本”是指在风险发生后项目建设单位愿意承担的经济损失；如果风险导致投资成本大幅上升或经营收入大幅减少，并且超过项目单位的承受能力，致使项目建设被迫中止或停止，对应的风险定义为不可接受风险（高风险或中风险）；如果风险导致投资成本有所上升或经营收入有所下滑，但对经济效益没有显著影响，则对应的风险定义为低风险（或一般风险）。“行政责任”是指在风险发生后当地政府能够承担的除经济成本之外的行政代价。比如，风险可致当地政府主要领导或相关行政主管部门的领导被追究责任，对应的风险定义为不可接受风险（高风险或中风险）；如果仅导致行政管理的直接责任人被追究责任，可将对应的风险定义为低风险（或一般风险）。在风险评价中，风险“可控”是指当社会稳定风险实际发生时，通过实施维稳应急预案能够将风险影响控制在可接受的水平。

（四）不可接受风险的确定和处理

拟建项目采取措施前的各项社会稳定风险水平，是项目可能导致社会稳定风险的真实反映，可以作为投资项目社会稳定风险评价的基准，是确定风险防范、化解措施的参照基础。项目稳评应根据各项涉稳风险的风险程度及其排序结果，通过风险应对措施研究，将项目所有不可接受的风险都化解为“低风险”状态。

如果风险分析所得的风险程度高于可接受的最大风险程度，则必须提出风险防范化解方案，通过反馈给项目可行性研究的项目方案策划，优化调整项目方案等，不断降低风险程度，直至“剩余发现”变为可接受的“低风险”，这种情形使得项目可行。或者采取风险应对进一步措施的代价超出预期或承受能力，这种情形可以得出项目不可行的评价结论。

第五章

社会稳定风险应对措施和行动计划

重大项目社会稳定风险应对是在风险评价的基础上，对于影响社会稳定的主要风险，提出和制定事前采取有效的防范和化解措施方案，旨在将项目所有风险均降至“低风险且可控”状态，这是开展重大项目社会稳定风险分析和评估工作的关键所在。

第一节　社会稳定风险应对措施

一、制定社会稳定风险应对措施的基本要求

（一）风险防范化解措施方案应立足现实

风险防范和化解措施应是全过程、全方位的。针对不属于“低风险”的项目风险，从预防或减轻项目负面影响和缓解社会对项目抵制程度两个不同角度，提出社会稳定风险应对处理方案。

提出应对措施需要研究其可行性。风险防范化解措施方案应立足现实，在现行法律法规、政策体制框架内，限定在地方政府和项目单位的能力范围内研究制定。因此，风险应对措施不仅要具有技术可行性，还要研究风险措施的经济性，将预防、化解风险的代价与该风险可能造成的危害进行权衡，寻求以最少的费用获取最佳效果。

风险防范和化解措施应建立在风险预判的基础之上，要有针对性和适当超前性。稳评提出的风险应对措施要具备操作和实施的条件，不能脱离项目实际、空泛而谈。同时，由于项目实施过程中可能出现前期未识别的风险，或者某风险对社会稳定的影响超过预期，因此风险应对措施还应适当超前，留有余

地，防止风险突变带来的问题。

（二）发挥地方政府在风险应对中的关键作用

风险产生于多元风险主体的利益纠纷，化解风险需要兼顾各方利益得失，实现利益关系的再平衡。在现行体制下，项目单位和地方政府的作用是提出措施并予以实施，应具有主动性；受影响的利益相关方常处于被动地位，被迫接受相关措施带来的结果。因此，项目稳评需要明确项目单位和地方政府在落实措施中的主体作用。

项目单位受制于追求自身发展和获取自我利益的天然本能，其组织编写的投资项目社会稳定风险分析报告，结论不可避免地带有特定的倾向性，措施建议往往带有单向性的思维，难以权衡各方利益关系。地方政府是落实投资项目社会稳定风险管控的第一责任人，也是社会稳定风险防范和化解方案的制定者和利益相关方之间的调解人，兼顾多重角色。在稳评工作实践中，一般要求地方政府对投资项目社会稳定保障措施提出明确的书面承诺，保证稳评报告提出的措施和任务将来能够落实到位。

（三）分类研究风险防范和化解措施

制定社会稳定风险应对措施需要实行分类应对的策略，制定不同的风险应对方案，包括风险回避、风险抑制、风险分散和风险自担等，以实现项目稳评目标。风险应对应遵循从大到小的原则，重点对“重大”和“较大”程度的关键风险，提出针对性的抑制或减轻措施，降低风险发生的概率或影响程度，从而降低风险程度（风险抑制）。对于某些关键的社会稳定风险，如果其风险程度根本无望降至可接受水平或者降低其风险程度的代价不可承受，必须明确提出终止或放弃项目的意见（风险回避）。对于各项“低风险”，只要其风险因素处于可控状态，通过制定可行的风险应对预案等，由项目单位和地方政府承受（风险自担）。

社会稳定风险是不断演进的，其应对措施的制定和实施也不应一蹴而就。对于不可接受的项目主要风险，应逐一提出风险应对处理方案，并采取针对性措施以降低风险发生概率和影响程度，直至项目所有风险的风险程度，包括采取措施后的剩余风险程度都转化为“低风险”且其影响均处于可控状态。反之，任何一个风险在采取应对措施后，风险程度仍然不能有效降低，或者实施应对措施的代价超出项目单位和地方政府的可接受水平，应从社会维稳的角度对该项目予以否决。

二、项目生命周期各阶段的社会稳定风险应对措施

（一）项目前期研究阶段

1. 项目选址阶段的规避减缓措施

项目选址阶段可以通过合理规划项目所在区域，控制项目可能引发的社会稳定风险。项目选址的原则包括：

（1）符合国家、地区和城乡规划的要求。

（2）满足项目对原材料、能源、水和人力的供应，生产工艺和营销的要求。

（3）节约和效益的原则，尽力做到降低建设投资，节省运费，减少成本，提高利润。

（4）安全的原则，防洪，防震，防地质灾害、战争危害。

（5）实事求是的原则，对多个场（厂）址进行调查研究、科学分析和比选。

（6）节约项目用地，尽量不占或少占农田。

（7）注意环境保护，减少对生态和环境的影响。

2. 规划设计优化方案的规避减缓措施

项目设计方案优化是节省项目社会成本，提高项目综合收益的重要方法。根据以往的社会稳定风险分析和评估经验，项目在规划设计方案优化的主要途径包括：

（1）尽可能减少土地征收和房屋拆迁影响，如无法避免，则应进行实地勘察，尽可能减少对耕地特别是永久基本农田的占用。

（2）项目用地及影响范围应尽可能避开自然保护区、水源保护区、自然遗产保护区、文化遗产保护区、生态红线限制区等生态环境敏感地区。

（3）项目选址应控制同居民社区的地理空间距离，避免建设期和运营期产生的废水、废气、噪声及固体废弃物影响社区居民生活。

（4）项目设计方案中应对防火、防电、防洪等设施进行细化设计，避免建设期和运营期内因为生产安全事故造成次生伤害。

（5）项目规划设计方案优化应听取利益相关方的意见，尤其是项目影响区、目标受益区和周边社区居民的意见，组织公众参与，优化设计方案确定后应向社会进行公示。

3. 合理补偿补助的规避减缓措施方案

在项目可行性研究报告或项目申请报告中，应进行建设用地、征地拆迁和移民安置的分析评价。对于项目选址及用地方案，应阐述项目建设地点、占地面积、土地利用状况、占用耕地情况、占用永久基本农田情况等内容。分析项目选址是否会造成相关不利影响，如是否压覆矿床和文物、是否有利于防洪和排涝、是否影响通航及军事设施等；对于土地利用合理性，应分析拟建项目是否符合土地利用规划要求，占地规模是否合理，是否符合集约和有效使用土地的要求，耕地占用补充方案是否可行等；对于征收补偿安置方案，应对拟建项目的征收土地和房屋的影响进行调查分析，依法提出征收补偿安置的原则、范围、方式和标准，制定征收补偿和移民安置规划方案，并对是否符合保障移民合法权益、满足移民生存及发展需要等要求进行分析论证。

征收补偿安置方案是否能够被征地移民或房屋拆迁户所接受，历来是引发社会稳定风险的重要因素。我国近 20 年出现的社会稳定风险事件，有相当一部分与市政工程建设、交通运输及水利水电工程等建设项目的征地移民有关。合理的补偿安置措施是规避社会稳定风险的重要方法，其主要内容包括：

（1）开展土地和房屋征收征用前，应公开信息，说明项目的合法性、合理性，表明项目用地征收征用活动是项目建设的客观要求，同时组织受影响群众参与征收调查、征收补偿安置方案的协商和讨论。

（2）精准确定项目用地范围内各类土地、房屋、建筑物与构筑物的种类、数量，受影响群众参与调查过程，调查结果需要经过参与调查各方代表及产权人签字并且在社区范围内公开，并且经过县级人民政府确认。

（3）基于现行国家和地方的政策法规规定的补偿标准，确定补偿安置方案，对补偿标准、补偿种类、补偿资金额度、支付方式、支付时间、安置标准、安置方式、安置时间等作出明确规定，并且由征收人与被征收人代表签订补偿安置协议。

（4）所有补偿补助需要按时、足额发放。

（5）被征收人如果遇到补偿安置方面的争议时，应有明确的渠道进行申诉。

（二）项目实施阶段

1. 项目受益增强措施

重大工程项目若拥有规模大、经济效益强的特征，在建设期间和运营期间会带来较多的社会综合效益并让利益相关方共享，其受益增强措施应重点关注以下内容。

（1）提供大量的工作机会，缓解项目所在区域的失业问题、无业问题，提高附近居民的经济收入水平。

（2）改善项目区的交通、电力、通信、水利、市政公用设施、教育、医疗卫生和公共服务条件。

（3）促进项目所在区域提高对女性、少数民族、残疾人、贫困人口、被征地农民等弱势群体的关注和受益。

（4）促进项目所在区域提高对生态环境保护的关注和改善。

（5）促进项目所在区域完善对劳工权益的保护。

（6）促进项目所在区域公众提高对社会参与的热情。

（7）促进项目所在区域公众提高对本土文化的自信和热情。

（8）促进项目所在区域提高对项目业主单位和当地政府的信任。

2. 项目单位风险管控措施

项目在建设期和运营期内，需要通过一系列措施强化业主单位对项目建设和项目运营的管控，项目业主单位是管控的主体，管控内容主要是项目建设期和项目运营期中可能产生的社会稳定风险，这里既包括对项目的内部管控，也包括对项目的外部管控。

项目的内部管控包括：①项目机构内部，成立专门的环境和社会事项管理部门，安排专职人员负责专项工作；②制定内部的环境和社会管理制度、规定，编制环境和社会事项实施计划、实施方案，明确实施机构和分工责任；③针对项目管理人员开展必要的政策法规、专业技能培训及生产安全培训；④采购必要的生产安全保障设备，并督促员工穿戴使用生产安全保障设备后再开展劳动生产；⑤对劳动者权益进行管控，针对妇女、少数民族及残疾人等特殊群体给予必要的照顾和优惠；⑥对项目建设或运营的环境与社会管理计划的实施进度、质量、资金和效果进行内部监测、评估；⑦对项目建设或运营中可能存在的安全风险进行管控。

项目的外部管控主要包括聘请专门的项目外部监理、监测评估、审计等咨询服务机构，明确其监督职责，落实专门机构和专人负责环境与社会事务专项工作；外部机构实施定期的环境与社会监督评估，并提供监督评估报告；项目机构主动与附近社区接触，公开项目建设和运营的信息，保障周围居民的知情权，具体工作包括：①项目机构听取和记录公众对于项目建设和运营的意见、建议、抱怨和申诉，并作出及时答复；②科学规划项目建设和项目运营的方案，避免废气、废水、噪声、固体废弃物对周围社区的不利影响；③管控生产安全事故引发火灾、爆炸、毒气泄漏等大范围影响周边居民生活的危险情况，避免或减少交通安全事故。

3. 社会沟通互动措施

（1）构建理性化的社会沟通系统。理性交往的通畅渠道是现代社会的特征之一，也是实现社会稳定的主要制度之一。畅通的理性化沟通渠道与较高程度的社会稳定之间有着深刻的内在联系。理性化的沟通系统可以让群众通过各种渠道及时充分地表达自己的利益要求，政府可以适时地根据群众意见作出政策调整，以便在政府与群众之间安装一个安全有效、双向互动的“缓冲阀”，使社会张力得以释放，社会免于脆性崩塌。理性化的沟通系统也是人民群众维护自身利益的保障。获取信息自由的制度，如信息公开制度，立法、执法和司法公开制度等，是理性沟通的前提。信息严重不对称无法进行理性的交往；表达自由的制度，无表达自由就谈不上理性沟通，任何社会主体均有表达自己利益与见解的自由，如言论自由、出版自由；个体或群体向政府表达意愿的制度，如申诉制度、信访制度、公众参与制度、听证制度等。

（2）培育社会缓冲与消融机制。各种社会组织是社会成员交流感受、诉说委屈、发泄情绪、提出建议的渠道，能及时、适当地让不满情绪和不同意见得以宣泄，避免矛盾和冲突在社会领域的过度压抑、聚集甚至总爆发，减缓甚至避免社会成员对政府的直接对抗。以社会组织为主体的缓冲与消融机制，实际上具有社会安全阀的作用。当前要进一步加强、引导、规范社会组织建设，通过建立各种社团组织，确立公民政治，建立兴趣社团，构建国家与社会、精英与民众之间以及富人和贫困人口之间的中介机制和传导沟通机制，使之发挥理顺关系、处理矛盾等保障社会安全运行的积极作用。

4. 利益相关方参与措施

在社会稳定风险分析和评估中，对利益相关方进行分析评价并建立全过程参与的机制十分重要，应分类制定相应参与机制。

（1）若利益相关方具有很强的影响力和重要性。为了得到他们的支持，应该让他们在项目的全过程积极参与。

（2）若利益相关方具有较高的影响力和较低的重要性，应该经常和他们保持联系，理解他们的观点，避免冲突和不满。如果他们得不到充分重视，他们就可能反对项目建设。

（3）若利益相关方具有较低的影响力和较高的重要性。应该采取特别措施满足他们的要求，他们的参与对项目成功很有意义。

（4）对于影响力和重要性都较低的利益相关方，他们一般不会主动关注项目的建设，他们需要的不是直接征询其意见，而仅仅是能够获得大众化的公开信息。

（5）对于受项目负面影响的利益相关方，应充分听取其对项目影响的判断、对补偿补救措施的意见和诉求。

（6）对项目受益或受损的利益相关方中的脆弱群体，需要采取多种形式，单独地倾听他们的诉求、意见和建议，以使项目能够使弱势群体更多地参与到项目中并从中受益。

第二节　社会稳定风险应对行动计划和应急预案

一、社会稳定风险应对行动计划

（一）负面影响减缓行动计划

1. 明确需要采取减缓行动计划的负面影响

大型项目在建设和运营期间内可能会给项目所在区域及周边区域带来不利影响，因此项目业主单位作为责任主体，有必要清楚地识别项目在建设期和运营期内可能遇到的引发社会稳定风险的要素，其中主要包括：

（1）征收土地和房屋拆迁导致的移民安置负面影响。

（2）项目建设和运营期内对环境造成的负面影响。

（3）项目对女性、少数民族、残疾人、低收入者等弱势群体的负面影响。

（4）项目对劳工权益的负面影响。

（5）项目对周边社区和单位企业的负面影响。

（6）项目对所在地物质文化和非物质文化产生的负面影响。

2. 负面影响风险管控措施

负面影响减缓行动计划的编制正是为了针对上述不利影响提供可行的、系统性的社会稳定风险减缓和管控措施，从而实现项目在建设期和运营期内的稳定运行。具体管控措施包括：

（1）项目业主单位成立专门的下属机构并组织专业人员，形成项目社会稳定风险管控小组。

（2）项目业主单位通过招标采购专业咨询机构的服务，雇用外部第三方机构对潜在的社会稳定风险进行识别并提出可行的减缓和规避对策。

（3）项目业主单位及时公开项目建设和运营的信息，包括可能造成的各种负面影响。

（4）项目业主单位通过公众参与的方式合理确定土地征收和房屋拆迁补偿方案。

（5）项目业主单位对项目建设期和运营期内对可能造成的生态环境负面影

响进行管控，严格控制废水、废气、固体废弃物对生态环境的破坏。

(6) 项目业主单位需要切实保护劳工及项目周围社区的居民的权益，如果其中存在女性、少数民族群众、残疾人、低收入者、被征地农民等情况，应给予尽可能的援助。

(7) 项目业主单位需要帮助建立完善的申诉机制，保证社会公众有充分的渠道以表达自身对项目内容的意见。

(8) 项目建设和运营期间，如果与文物等文化保护要求产生冲突，应尽可能采取应急措施，避免冲突产生；如果无法避免，应由项目业主单位提供资金进行补偿或修复。

（二）效益增强行动计划

对于需要落实项目相关收益的拟建项目，应制定效益增强行动计划，主要措施内容包括：

(1) 企业为当地群众提供大量的建设期和运营期工作机会，缓解项目所在区域的失业问题，提高附近居民的就业机会和经济收入水平。

(2) 促进项目所在区域提高对女性、少数民族、残疾人、被征地农民等弱势群体的关注、帮扶和改善。

(3) 项目建设和使用的对外交通、供水、供电、供气、供热、排水、防洪、环境卫生、医疗、文化体育、电信、网络等配套公共设施以及施工便道等，考虑当地人民群众的使用和共享。

(4) 项目建设期结束后不需要的房屋、办公楼、建筑物、施工道路、桥梁、构筑物等适合用于当地居民留用或转用的可以移交给当地政府或社区继续使用于本地人群的生产生活。

(5) 项目业主、施工企业、咨询服务机构为项目所在地社区提供公共设施建设施工机械使用，进行社区共建、捐资助学、扶贫解困等公益活动。

(6) 促进项目所在区域提高对生态环境保护的关注和改善。

(7) 促进项目所在区域完善对劳工权益的保护和改善。

(8) 促进项目所在区域公众提高对社会参与的热情和效果。

(9) 促进项目所在区域公众提高对本土文化的自信、热情和效果。

（10）促进项目所在区域提高对项目业主单位和当地政府的信任。项目效益增强行动计划应围绕以上内容开展，通过社会公众参与的形式将以上效益增强，丰富项目建设期和运营期内的综合社会收益。

（三）征收移民安置行动计划

1. 编制征收移民安置规划

当项目涉及数量较大的农村集体土地征收、城市居民房屋征收、商业店铺征收、企业征收等时，应当按照项目所在地执行的法律法规要求，编制征收补偿安置方案，并履行审查和批准手续。建设项目应当尽可能地通过场址选择、方案优化等措施，避免或减少对农村集体土地的征收和国有土地上房屋征收。征收补偿安置的基本目标应当按照项目所在地相关法律法规和政策的要求，恢复和改善受征收影响人群的生计、收入和居住条件与水平。

2. 生产生活恢复和社会经济系统重建计划

对于涉及被征收人的项目而言，被征收人是受项目影响的重要群体，是社会稳定风险分析和评估的关注重点。被征收人在无项目之前，也有可能成为发展的主流，而未被归入贫困人群或弱势群体。但当他们成为被征收人之后，有可能因丧失生产资料（土地资源、经营性房屋等）或者生活场所（房屋、社区等），使其劳动、生产、管理技能贬值或失效，同时打破了他们对熟悉环境的依赖，他们的社会关系网络也会受到影响，对新安置地生产和生活方式不适应，无法融入当地社会，生存成本增加。一旦采取的补偿和恢复措施出现偏差，他们就有可能成为新的贫困人群或弱势群体而应当予以重点关注。

3. 制定征收移民安置规划方案

征收补偿移民安置规划方案是项目实施阶段进行征收补偿安置的蓝图，应当覆盖项目建设用地及影响范围内各类农村集体土地征收、国有土地使用权回收、临时占地产生的活动所导致的社会与经济影响。在项目前期阶段，需要界定项目的用地范围，并进行被征收人的社会经济调查，调查清楚详细的土地、房屋、人口、地上附着物以及被征收人的社会经济状况并分析其影响；在项目准备阶段，需要编制征收补偿安置方案，根据国家和地方政策法规制定项目的征收补偿安置政策及标准，选择合适的移民安置地点，拟定并提出生产生活安置的具体措施和方案，编制项目征收补偿安置的资金预算、进度计划，提出项目征收补偿安置的组织机构安排、监测评估计划等。

4. 征收移民安置计划的实施

地方政府自然资源管理部门或住建部门，根据职责组织征收补偿安置方案的实施，做好征收土地、房屋等地面附属物的登记、确权、评估，与被征收人进行协商谈判、签订补偿协议、支付补偿费用、组织安置点公共设施建设、进行安置房屋建设和分配、组织搬迁、进行生产生活安置恢复重建、做好后期帮扶。不同工程项目房屋和地面附着物征收涉及利用不同所有制性质的土地，面向不同权属人，所适用的法律、行政法规、政策和技术标准不同，所采用的实施程序也不同。

5. 征收移民安置实施的监测评估

在项目实施阶段，项目单位应当在征收补偿安置实施系统建立自上而下的内部监测评估体系，根据审定的征收补偿安置方案，开展内部监测和评估，监测项目征收补偿安置方案实施的进度、质量、资金支付等进展，及时总结经验和发现存在的问题，调整实施方案。同时，项目单位还要根据有关方面的要求（如地方政府、国际组织等），聘请外部独立监测评估机构，进行征收补偿安置方案实施的进度、质量、资金、机构运行、生产生活水平恢复等方面的独立监测评估，提出建议，为项目单位、实施机构和地方政府提供实施管理决策支持。

（四）公众参与行动计划

1. 利益相关方参与计划

项目在规划设计、建设和运营阶段并不是孤立存在的，而是会与各种各样的社会主体产生广泛的社会联系，其中最为典型的就是各种与项目建设内容存在利益联系的社会组织和社会群体，他们可以被统一识别为利益相关参与方。需要注意的是，利益相关方是因为利益关系与项目产生联系，这种利益不仅仅是经济利益，也可能是生态利益、文化利益、政治利益等其他社会维度上的利益联系，而且这种利益联系同时存在正向利益联系，即利益相关方与项目存在利益共赢关系，同时也存在负向联系的可能性，即利益相关方与项目存在博弈关系。编制利益相关方参与计划时，要注意通过分析和判断与项目有直接和间接利益关系的群体在项目中受到的影响、其对项目的反应以及其对项目的影响力来评价不同的利益群体在项目建设过程中的地位和作用，并据此判断项目与受影响利益群体之间的相互关系和适应性。

利益相关方参与计划是在利益相关方分析基础上，制定的利益相关方参与项目建议、规划、设计、施工、验收、交付使用、运营、关闭全过程的活动计划，包括各个阶段的主要利益相关方、参与目标、参与活动主题和形式、参与人员、参与时间和地点、主办和参与机构、费用及其来源、参与报告制度和监测、绩效评估等。

2. 社区参与行动计划

社区参与协商，是识别并控制项目建设运营引发社会稳定风险的必要措施。这里的社区不仅仅是地理空间上和项目所在地邻近的社区，而是能够与项目产生广泛社会联系的全部社区。社区参与行动计划应对社区群众的知情权、参与权、决策权和申诉权进行保护。按照社会稳定风险分析和评估方案，项目建设方或项目运营方应当就确定的事项向社会或实施地区进行公告、公示，广泛宣传，让社区群众全面了解相关内容。也可以采取登门走访、召开座谈会、协商会、协调会发放征求意见表、设立征求意见箱、开通热线电话等形式，虚心征求群众意见，特别是注重征求直接利益群体的意见和要求。对征集到的意见进行收集、归纳、整理，寻找出群众关注的热点、焦点问题，并在工作中予以解决和化解。在调查民意的基础上，由风险评估领导小组邀请有关人员、相关专家以及与重大事项有直接利益关系的群众代表，召开听证会。由决策单位对该事项进行详细说明，风险评估工作领导小组如实准确反馈民意调查结果，与会人员进行认真深入讨论、协商、分析评议和科学论证，会后形成明确的分析论证意见。社区参与协商计划应至少包含以下内容：

（1）社区有权知晓项目建设和运营内容、建设和运营周期、建设和运营目标。

（2）社区需组织可能受项目影响的居民参与项目建设和运营的讨论，并协助双方在补偿方案上达成一致。

(3) 社区需及时向项目建设方或项目运营方告知项目在建设期间或在运营期间内对周边社区造成的不利影响。

(4) 当社区居民对项目的建设或运营有不满情绪时，社区应及时收集居民的不满原因，向项目建设方或项目运营方反映，并组织居民和项目业主单位共同参加商讨，以管控社会稳定风险。

3. 征地移民参与计划

被征地移民在项目建设中失去了原有的大量权益，包括获取生计资源的土地、失去居住的房屋、遭受经济损失等，而且以上权益受损的情况通常会导致其家庭收入水平在相当一段时间内难以恢复至原有水平，严重影响到被征地移民的生活生产状态，如果这种潜在的不利因素叠加了被征地移民知情权与参与权的缺失，就有可能演化为严重的社会稳定风险。

按照大多数项目所在地的政策和法规，为维护移民和被拆迁单位的合法权益，减少不满和争议，针对项目的建设性质，进一步制定好项目的征地安置有关政策和实施细则，编制好移民安置计划，做好实施组织工作，以实现妥善安置移民的目标。因此项目在移民安置政策制定、计划编制和实施阶段，需要重视移民参与和协商，广泛听取被征地移民的意见。被征地移民参与计划应包含以下内容：

(1) 项目建设方、运营方和政府管理部门通过在公共媒体发布公告、公众协商会议、社区代表会议、村务公开栏等方式，主动公开建设项目的性质、时间、地点、目的、内容、项目法人，说明项目征地范围、时间、政策及其依据。

(2) 政府主管部门组织被征地经济组织、移民或其代表参与征地补偿安置政策、调查、规划、设计、方案、实施活动的咨询、协商、讨论。

(3) 被征地集体经济组织和移民参与项目征地范围内房屋、土地及地面附属物的调查、确认和信息公开活动。

(4) 被征地集体经济组织和移民参与征收补偿安置方案的征询意见、咨询、讨论、协商、方案选择、决策活动。

(5) 政府主管部门与被征地集体经济组织或移民协商征收补偿安置协议和

双方签订合同。

（6）被征地农村集体经济组织和移民根据征收补偿安置方案，对安置地、安置房屋及公共设施等进行实地考察和咨询。

（7）被征地集体经济组织或移民按照协议获得约定的补偿费用、土地和房屋等安置条件。

（8）被征地集体经济组织和移民参与移民生产生活水平恢复重建各项活动及其监督、监测与评估。

4. 特定利益群体听证计划

听证指的是行政机关在作出有关行政决定之前，听取行政相对人陈述、申辩、质证的程序。听证是听取利害关系人的意见的重要法律程序。将听证这一概念引申进建设征收土地、国有土地房屋征收、环境影响评价等导致的社会稳定风险的管控计划是为了构建一个高效的沟通平台，将政府部门、项目业主单位和可能受影响的民众纳入这一平台。在项目影响显著、利益相关方反应较为强烈的情况下，听证会是社会稳定风险分析和评估的必要程序，其主要作用在于收集项目受影响群众及其他普通群众、社会团体对于项目的意见。听证计划的主要内容包括：

（1）组织听证会收集民众对于项目建设和运营的意见建议、听证事项及其内容等，需要根据法律法规规定的听证事项和程序举行。

（2）群众反映的意见建议通过听证会形式得到真实表达。

（3）群众反映的意见在听证会上得到记录并及时得到相关机构或负责人的答复和处理。

5. 社会公众参与计划

社会公众参与是指社会普通民众作为主体参与项目进程，推动相关决策及项目建设和运营。需要注意的是，适当的社会公众参与有助于实现项目建设和项目运营的综合社会效益的提高，但是不加限制的社会公众参与会增加项目经济成本、时间耗费和放大普通民众权利的可能，反而会对项目的建设和运营带来不利影响。社会公众参与的具体内容应包括：

（1）保障民众对项目建设和运营重要信息知情权的信息发布、公开征询意见建议、咨询、对话、听证、质询、协商等参与性活动。

(2) 民众通过公众参与活动对于项目建设和运营责任主体表达自己的意见和建议。

(3) 民众对自身利益因项目建设或运营而受到侵害时向有关政府部门、项目法人、监督机构、司法部门提出抱怨、申诉、信访、诉讼等。

(4) 在公众参与活动开展过程中，项目业主单位或第三方监测机构对民众的意见进行记录、转达、报告，并由责任主体进行答复。

二、社会稳定风险应急预案

(一) 应急预案的基本特征

社会稳定风险应急预案，是针对可能发生的重大社会稳定事件，为保证迅速、有序、有效地开展应急处置与救援行动、降低事故损失而预先制定的有关计划或方案。它是在辨识和评估潜在的重大风险、事故类型、发生过程、发展趋势、事故后果及影响严重程度的基础上，对应急机构与职责、人员、技术、装备、设施（备）、物资、救援行动及其指挥与协调等方面预先作出的具体安排，即明确在突发事件各个阶段的参与主体职责、任务安排，以及各种情景下的应对措施和手段等。社会稳定风险应急预案是项目风险应急方案的重要组成部分。社会稳定风险应急预案的基本特征如下。

1. 规范性

应急预案规范了相关机构和部门（如政府、项目单位和专业应急组织等）的职责和行动，具有一定的约束性和权威性，应急单位必须按照预案的内容开展救援活动。

2. 完备性

应急预案构成要素必须是完备的，应有明确的主体、客体、情景、目标和可行的措施五大要素，这是应急预案的基本框架。

3. 可操作性

应急预案作为应急救援活动的行动指南应具有可操作性。可操作性是指按照应急预案的内容指示能够解决突发事件的能力。因此，应急预案的内容设置既需要系统全面，又要有针对性。

4. 科学性

应急预案的科学性是指应急预案的指导思想、生成程序和所述应急方法都是科学合理的，确定正确的防灾救灾工作原则、选择客观合理的编制条件和方法、形成严密的应急预案体系，这些都是应急预案符合科学性的体现。

5. 应急性

应急预案与日常文件不同，它是应急条件下的工作文件，具有特殊的目标、启动时间和工作方式。

（二）综合应急预案的编制

按预案的适用对象范围分类，可将社会稳定风险应急预案划分为综合应急预案、专项应急预案和现场处置方案三类，以保证预案文件体系的层次清晰和开放性。项目单位应根据有关法律、法规和相关标准，结合本单位组织管理体系、项目类型、建设（生产）规模和可能发生的事故特点，科学合理确立社会稳定风险应急预案体系，并注意与其他类别应急预案相衔接。

综合应急预案是项目单位为应对各种社会稳定风险而制定的综合性工作方案，主要阐述总体工作程序、措施和应急预案体系，体现应急行动的总体思路。通过综合应急预案可以很清晰地了解社会稳定风险应急体系及预案的文件体系，更重要的是可以作为应急工作的基础和“底线”，即使对未预料的紧急情况，也能起到一般的应急指导作用。综合应急预案的编制内容主要包括：

1. 应急组织机构及职责

明确应急组织形式及构成单位（部门）的应急处置职责。应急组织机构可设置相应的工作小组，并明确各小组的具体构成、职责分工及行动任务。

2. 应急响应

（1）响应分级。依据事故危害程度、影响范围和项目单位控制事态的能力，对事故应急响应进行分级，明确分级响应的基本原则。

（2）信息报告。主要包括：

1）信息接报。明确应急值守电话、事故信息接收、内部通报程序、方式和责任人，向上级主管部门、上级单位报告事故信息的流程、内容、时限和责任人，以及向本单位以外的有关部门或单位通报事故信息的方法、程序和责任人。

2）信息处置与研判。明确响应启动的程序和方式，根据事故性质、严重程度、影响范围和可控性，结合响应分级明确的条件，可由应急领导小组作出响应启动的决策并宣布，或者依据事故信息是否达到响应启动的条件自动启动。若未达到响应启动条件，应急领导小组作出预警启动的决策，做好响应准备，实时跟踪事态发展。响应启动后，应注意跟踪事态发展，科学分析处置需求，及时调整响应级别，避免响应不足或过度响应。

（3）预警。主要包括：

1）预警启动。明确预警信息发布渠道、方式和内容。

2）响应准备。明确作出预警启动应开展的响应准备工作，包括队伍、物资、装备、后勤及通信。

3）预警解除。明确预警解除的基本条件、要求及责任人。

（4）响应启动。确定响应级别，明确响应启动后的程序性工作，包括应急会议召开、信息上报、资源协调、信息公开、后勤及财力保障工作。

（5）应急处置。明确事故显现的警戒疏散、人员搜救、医疗救治、现场监测、技术支持、工程抢险及环境保护方面的应急处置措施，并明确人员防护的要求。

（6）应急支援。明确当事态无法控制的情况下，向外部（救援）力量请求支援的程序及要求，联动程序及要求，以及外部（救援）力量到达后的指挥关系。

（7）响应终止。明确响应终止的基本条件、要求和责任人。

3. 后期处置

明确事故现场废弃物处理、利益相关方诉求处理、建设或运营秩序恢复、人员安置方面的内容。

4. 应急保障

（1）通信与信息保障。明确应急保障的相关单位及人员通信联系方式和方法，以及备用方案和保障责任人。

（2）应急队伍保障。明确相关的应急人力资源，包括专家、专兼职应急救援队伍及协议应急救援队伍。

（3）物资装备保障。明确本单位的应急物资和装备的类型、数量、性能、存放位置、运输及使用条件、更新及补充时限、管理责任人及其联系方式，并建立台账。

（4）其他保障。根据应急工作需求而确定的其他相关保障措施（如能源保障、经费保障、交通运输保障、治安保障、技术保障、医疗保障及后勤保障）。

（三）专项应急预案的编制

专项应急预案是针对某种具体的、特定类型的紧急情况而制定的专项工作方案，是在综合应急预案的基础上，充分考虑了某特定风险的特点，对应急的形势、组织机构、应急活动等进行更具体的阐述，具有较强的针对性。专项应急预案与综合应急预案中的应急组织机构、应急响应程序相近时，可不编写专项应急预案，相应的应急处置措施并入综合应急预案。专项应急预案的编制内容主要包括：

1. 应急组织机构及职责

明确应急组织形式及构成单位（部门）的应急处置职责。应急组织机构以及各成员单位或人员的具体职责。应急组织机构可以设置相应的应急工作小组，需明确各小组的具体构成、职责分工及行动任务建议等。

2. 响应启动

明确响应启动后的程序性工作，包括应急会议召开、信息上报、资源协调、信息公开、后勤及财力保障工作。

3. 处置措施

针对可能发生的事故风险、危害程度和影响范围，明确应急处置指导原则，制定相应的应急处置措施。

4. 应急保障

根据应急工作需求明确保障内容。

（四）现场处置预案的编制

现场处置预案是项目单位根据不同社会稳定事件类型，针对具体场所、装置或者设施所制定的应急处置措施。现场处置预案重点规范事故风险描述、应急工作职责、应急处置措施和注意事项，应体现自救互救、信息报告和先期处置的特点，具有更强的针对性和对现场具体应急行动的指导性。事故风险单一、危险性小的项目，可只编制现场处置方案。现场处置方案的编制内容主要包括：

1. 事故风险描述

描述风险评估的结果。

2. 应急工作职责

明确应急组织分工和职责。

3. 应急处置

（1）应急处置程序。根据可能发生的事故及现场情况，明确事故报警、各项应急措施启动、应急救护人员的引导、事故扩大及同项目单位应急预案的衔接程序。

（2）现场应急处置措施。针对可能发生的事故从人员救护、工艺操作、事故控制、消防、现场恢复等方面制定明确的应急处置措施。

（3）明确报警负责人以及报警电话和上级管理部门、相关应急救援单位联络方式及联系人员，事故报告基本要求和内容。

三、社会稳定风险应急预案编制方法

（一）基本框架法

社会稳定风险应急预案是项目应急体系建设中的重要组成部分，为了实现应急预案编制过程的标准化、应急预案文本的规范化、操作程序规律化，应急预案一般是由一个基本预案加上应急功能程序设置和相关支持附件组成，具体如图 5-1 所示。

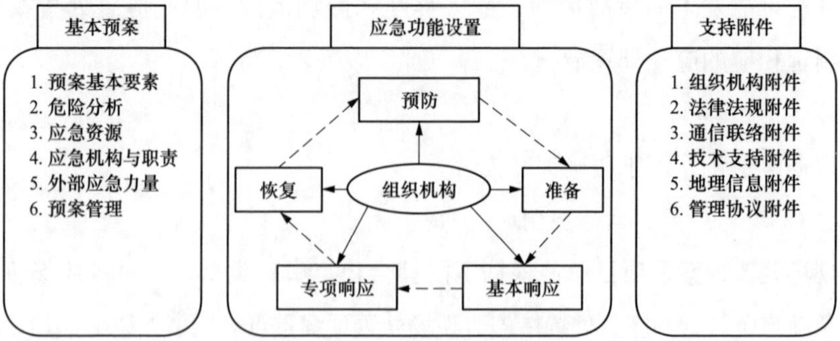

图 5-1 应急预案基本框架结构

1. 基本预案

基本预案是对应急预案的总体描述，具有纲领性的作用。主要描述应急预案的总体应急思路、需要解决的情况紧急程度、应急组织机构及体系、应急资源的保障，同时规定各个部门在应急前期和行动过程中的任务，制定演练应急预案并对其进行管理。

2. 应急功能设置

在各类重大事故应急救援中通常都要采取一系列基本的应急行动，例如，事故控制、事故报警、通信联络、疏散人群和伤员安置等，为这些基本任务而编写的计划称为应急功能设置，其主要作用是编制事故应急响应所要解决的当前最紧急的任务。对于每一项应急功能，都有明确的目标、机构责任、形式、操作程序等。应急预案中包含功能设置的数量和类型因项目及项目单位的差异会有所不同，主要取决于所针对的潜在重大事故危险类型，以及应急组织方式和运行机制等具体情况。

3. 特殊风险应对预案

特殊风险预案是以对重大项目社会稳定风险事件进行风险识别、评估和分析为基础，针对各种类型可能引发的重大事故，明确其相应的主要负责部门、有关支持部门及其相应的职责，并为该类专项预案的制定提出特殊要求和指导。

4. 标准操作程序

应急预案的实施细节不可能在预案编制中都予以明确，因此各个应急部门需要制定操作程序的标准，为组织或个人提供履行应急预案中规定的职责和任务时所需的详细指导。标准操作程序应保证与应急预案的协调和一致性，其中重要的标准操作程序可在应急预案内容之后作为附录或者在需要的地方引用。

5. 支持附件

支持附件主要内容包括对应急救援的支持系统的描述以及相关的附表和附图。应急预案基本框架及内容见表 5-1。

表 5-1　　　　应急预案基本框架及内容

序号	结构名称	内　容
1	总则	编制目的、编制依据、工作原则、适用范围
2	危险性分析	涉及项目及项目单位概况、危险源分析
3	组织机构及职责	应急组织构成、应急机构职责
4	预防预警	信息监测报告、预警级别及发布、预警预防行动
5	应急响应	分级响应标准、应急响应流程
6	后期处置	善后处置、报价保险、事故调查
7	应急保障	通信保障、人员保障、物资保障、技术保障
8	培训演练	培训、演练、宣传教育
9	附则	预案管理与更新原则、制定和解释部门

（二）情景模拟分析

情景分析是指在一系列明确的背景假设之下，不断地丰富合乎逻辑的情景布置，并最终形成对应结论的一种分析方法。当假设的信息发生改变时，也能相应地作出检验，并预测在未来一定时间序列内可能造成的影响。利用情景分析的方法可以实现应急预案的有效编制，即从风险评估到情景设置与分析、响应策略的制定、实施计划、辅助操作与应急准备等一系列环环相扣的步骤，旨在从情景模拟中提炼出切实可行的行为策略，以期改善应急预案的预见性、完备性和可操作性。基于情景分析法的应急预案编制流程图如图 5-2 所示。

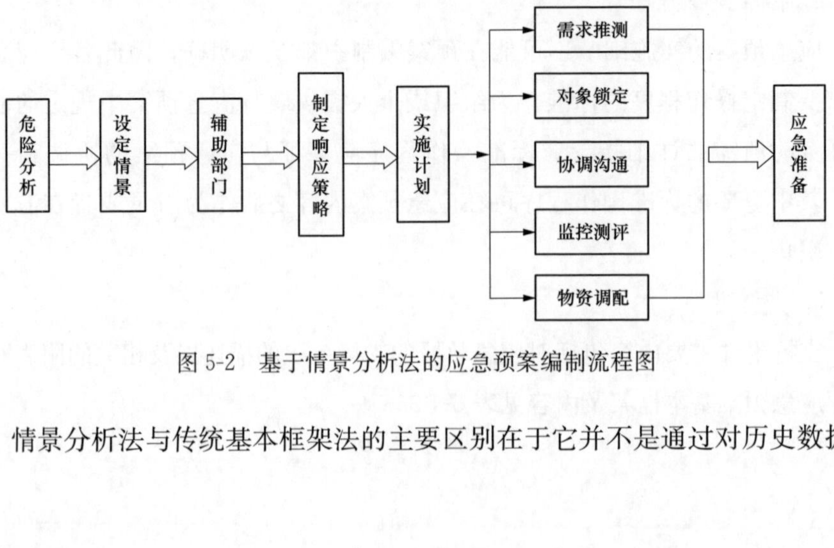

图 5-2　基于情景分析法的应急预案编制流程图

情景分析法与传统基本框架法的主要区别在于它并不是通过对历史数据建

立模型，采用回归分析等方法预测未来突发事件发生的趋势和频率，而是在对历史事件进行回顾分析的基础之上，形成一系列对未来趋势的合理、认可度高的假定，并确定未来可能出现的情况，然后探究和模拟出现这些情况的构成条件。情景分析法优于预测预报方法之处在于：大多数突发事件本身所具有的不确定性使得现有的预测预报技术难以确切捕捉事态发展的方向，因此人们对基本框架法的依赖将远远小于对模拟情景下应对措施的依赖。

1. 风险评估和情景设定

情景分析方法必须建立在风险评估的基础之上。风险评估是对可能引发社会稳定风险事件的事物、运营过程进行识别和分析，熟悉引发事件的原理，并对产生的相关事件类型和程度进行分析。

情景设定则是通过回顾过去发生的社会稳定风险案例并进行经验性分析，同时对未来的事件进行合理的类比与假定。对未来可能发生的事件进行情景的假设，然后根据假设情景制定为达到响应的救援目标而制定响应措施。情景设置时需要参考的基本要素包括意外事件的起缘及严重程度、可能的关联事件与环节事件、受影响人群的规模及由此产生的救护措施类别、影响到救护人员响应能力的其他供参考因素。

常用的情景设定的方法主要包括：

（1）极端场合模拟。该方法的特点在于区分同一类型突发事件的严重程度，根据同一类型突发事件严重程度的不同，设置最可能发生、最理想结果、最糟糕后果等不同场景。

（2）增补分步设定。该方法适用于避难人数不定的情况下，通过设定危害程度的阈值辨认新的状况，并协调采取相应的措施。

（3）时间轴线法。该方法将整个突发事件肢解成若干细节，严格按照时间的先后顺序规定好所应采取的相应的措施，时间上具有很强的连贯性。

（4）代表性操作法。该方法区别于前几种方法的一个明显之处在于它着重于对各种响应措施理解，在突发事件不可预测的情况下，此法更具有说服力。

2. 辅助部门设置

辅助部门的有效配合对于应急响应的及时性和有效性是相当关键的，它包括：管理层的融入、物资及救援人员是否及时到位、网络与信号的畅通度（通信与信息保障，建立通信系统维护以及信息采集等制度）等其他方面的保障。为了使各个部门间以及部门内能及时地通信联络，需要明确各参与部门及部门内部的分级联络方式，并提供通信录和备用方案。

3. 制定响应策略

在作出响应时，应急预案编制人员需要定义他们希望达到的救援目标以及通过何种措施来实现这个目标，应急预案中的响应策略就是连通已设定好的情景与紧跟其后的行动方案的桥梁。它包括两大要素：基于预设情景的目标、对目标的响应与干涉。这就需要根据事故报告的信息采取相应的响应等级。

响应策略可以是基于需求的或者是基于能力的。在基于需求的响应中，预测的整体需求额度决定干预的力度，编制人员要考查实际执行能力以便决定还需要多少新的物资供给以满足预期的需求。基于能力的响应策略从自身执行能力出发，决定怎样合理安排物资分配。能力触发型适用于后备资源不足的初始阶段，而需求触发型有时会因忽略了资源受限而显得不合实际。然而，将这两种方法综合应用于响应策略的生成却是具有现实意义的，因为这将帮助认清应急资源的供给与需求之间的差距。应急响应突出了时间占优、紧急救援、紧急处置的特点，是应急预案编制中的关键环节。

4. 制定实施细节

在作出响应策略与划定干涉范围之后，预案编制人员便可转向对具体的操作细节的布置，即围绕响应策略，作出详细的操作步骤，主要包括：

（1）需求推测。对相关应急能力进行评估，估计事件可能导致的影响范围和严重程度、相关单位能够承担的应急救援任务，从而确定相关应急需求。

（2）对象锁定。专注于所要解决的问题，布置一系列可执行的行动。

（3）沟通协作。加强各个职能部门的沟通互动，有助于事件信息快速准确地获取和对事件快速准确地评估，以便对各种应急行为作出适时调整与贯彻。

（4）监控测评。实时地观察与评价应急行为的效果，并监测随时发生的新状况。

（5）物流安全。确定各项物资的调配所需要的物流与交通方面的支持、警备人员的规模以及安全措施能否与预案配套。

5. 应急准备

应急准备涉及所有在社会稳定风险事件发生之前可以采取行动的有效措施，如应急物力与人力资源的安排落实等，准备阶段所做工作的目的在于最大限度地减少事件的发生，在事件发生后有助于尽可能地减轻事件的破坏程度。应急准备的另一项重要内容就是应急演练，应急演练以情景设定为基础，以预案为行动方案，模拟事故救援与现场恢复的能力。通过演练可达到检验应急系统对紧急情况的反应灵敏度的目的，并加强内部人员之间的协调与配合，在验证预案的实用性的同时也可以总结预案存在的问题并予以及时修正。

第六章

社会稳定风险分析报告编写和案例研究

第一节　社会稳定风险分析报告编写

一、编制依据和分析框架

（一）编制依据

编制依据主要包括：

（1）相关法律、法规、规章、规范性文件以及其他政策性文件。

（2）国家出台的区域经济社会发展规划、国务院及有关部门和地方政府批准的相关规划。

（3）项目单位提供的拟建项目基本情况和风险分析所需的必要资料。

（4）项目单位的委托合同。

（5）其他依据。

（二）分析框架

社会稳定风险分析主要针对投资项目可能引发的社会稳定风险，采用风险分析和管理的技术方法，调查和识别风险来源，分析评价风险大小，采取风险应对措施，以期实现规避和化解因工程项目所引发的社会群体性事件之目的。从可能引发社会稳定风险的问题出发，建立以问题解决为导向的重大工程社会稳定风险分析框架。

二、社会稳定风险调查

（一）调查要求

1. 总体要求

风险调查是拟建项目社会稳定风险分析的基础工作，风险调查的成果不仅是分析报告的重要组成部分，同时也是风险识别、风险估计、风险等级判断和制定风险防范、化解措施的基础。社会稳定风险调查重点围绕拟建项目建设实施的合法性、合理性、可行性和可控性等方面开展。调查范围应覆盖所涉及地区所有类型的利益相关方，充分听取、全面收集群众和各利益相关方的意见，包括合理和不合理、现实和潜在的诉求等。

社会稳定风险调查的范围，应与建设项目社会稳定风险影响范围相一致，包括受到项目直接和间接影响范围内的居民和企事业单位。凡项目涉及利益相关方切身利益、容易引发社会稳定风险的因素，都应纳入调查范围，应当涵盖拟建项目建设和运行可能产生负面影响的范围。

社会稳定风险调查应尽可能吸收有关地方政府、发展改革、城乡规划、自然资源、生态环境、人力资源与社会保障、住房与城乡建设、交通运输、农业农村、林业、水利、信访、维稳等职能部门以及项目选址、工程规划、可行性研究、环境影响评价、安全评价、方案设计等前期工作中收集的信息、公众参与调查成果，尽可能与规划、环保等方面共同开展有关信息的采集，努力实现信息共享。

在分析报告中，应结合项目特点，重点阐述以下部分或全部内容：

（1）调查的内容、范围、方式和方法。

（2）拟建项目自然和社会环境状况。

（3）利益相关方的意见和诉求、公众参与情况。

（4）基层组织态度、媒体舆情导向，以及公开报道的同类项目风险情况。

社会稳定风险调查的主要方法有观察法、访谈法、文献法、问卷法等。可根据项目的特点及项目所在地的实际情况，选择适用的方式方法进行调查。

2. 调查内容

风险调查应根据拟建项目的实际情况，围绕拟建项目建设实施的合法性、合理性、可行性和可控性，结合建设方案，运用适用的方法，深入开展风险调查。具体内容要求如下。

（1）拟建项目的合法性。包括与国家和当地经济社会发展规划、行业规划、产业政策、行业准入标准的符合性，与土地利用总体规划、区域规划、专业规划以及控制性详细规划的符合性，分析项目合法性要求还需要依法取得相关前置审批文件等。

（2）拟建项目所在地周边的自然环境现状和社会环境状况，以及项目实施可能对当地经济社会的影响。包括可能对行业发展和区域经济的影响，对上下游已建或拟建关联项目的影响，对当地总体发展规划、经济发展、关联行业发展、就业机会的影响等，包括拟建项目占用地方资源（土地、能源、水资源、岸线、交通、污染物排放指标、自然和生态环境等）带来的影响，拟建项目的建设和运行活动对项目所在地文化、生活方式、宗教信仰、社会习俗等非物质性因素的影响，能否被当地的社会环境、人文条件所接纳等。

（3）利益相关方及其对项目经济社会影响的反应。应重点关注以下内容：

1）对拟建项目建设实施的意见和诉求。深入细致地向群众特别是利益相关方了解情况，对受项目影响较大的群众、有特殊困难的家庭重点走访，当面听取意见；

2）听取意见要注意对象的广泛性和代表性，注意方式方法，以便群众了解真实情况、表达真实意见；

3）对于听取的意见和诉求，要通过分析群众、利益相关方的主要特征、背景和同质性等，鉴别出主要利益相关方。意见和诉求包括对项目规划、环境影响评价、土地房屋征收补偿、移民安置等公示、公众参与等各可能导致社会稳定风险发生的情况及意见反馈情况等。

（4）拟建项目所在地政府及其有关部门、基层政府和基层组织、社会团体的态度。在规划选址、土地房屋征收补偿、移民安置、污染物排放等方面，征求项目所在地政府、有关部门和基层组织、社会团体等对拟建项目的支持态度，了解项目所在地存在的社会历史矛盾和社会背景等。

（5）媒体对拟建项目建设实施的态度。调查大众媒体包括传统媒体、网络媒体及移动媒体等新兴媒体对拟建项目的意见、诉求和舆论导向等。

（6）同类项目曾引发的社会稳定风险。调查公开报道的同类项目曾经引发的社会稳定风险，同类项目的后评价报告，风险的原因、后果和处置措施等。

（二）资料收集

1. 资料收集内容

应重点收集下列资料：

（1）项目建议书（预可行性研究报告）及其批准文件。

（2）建设项目可行性研究报告或项目申请报告。

（3）国家和当地经济和社会发展规划、行业规划、产业政策、行业准入标准。

（4）建设项目选址方案涉及的土地利用总体规划、分区规划、专业规划以及控制性详细规划。

（5）建设项目选址意见书（规划设计要求）、土地使用权取得有关证明文件，建设项目用地预审文件。

（6）建设项目环境影响评价、水土保持评价、项目用海评价、安全评价、水资源评价、文物考古调查报告及其批准文件。

（7）建设项目相关的工程、技术、经济等标准、规范文件。

（8）国家有关法律法规和政策。

（9）建设项目拟定选址地的自然、经济、社会等基础资料，以及敏感目标、历史固有矛盾等方面的资料。

（10）建设项目所在地利益相关方、政府、企事业单位、社会组织和媒体舆论、网络论坛对项目的态度和诉求，既有社会矛盾及引发群体性事件等方面的资料。

（11）建设项目规划公示、环境影响评价公众参与及公众意见和诉求方面的资料。

（12）同类或相近建设项目引发的社会稳定风险及风险分析和防范方面的资料。

（13）其他有关文件、资料等。

2. 资料信息共享

社会稳定风险调查应尽可能吸收有关地方政府有关部门以及可行性研究等前期工作阶段中收集的信息、公众参与调查成果，尽可能与规划、自然资源、生态环境等方面共同开展有关信息的采集，努力实现信息共享。

（三）不同行业项目调查重点

1. 交通运输项目

交通运输项目主要包括铁路、公路、水运、民航、城市轨道交通、城市道路、桥梁（隧道）、公路长途客运站、城市客运交通枢纽等设施项目。这类项目一般都需要征收大量的农村集体土地和涉及国有土地上的房屋征收，产生大量的工程建设征地补偿和移民安置活动，容易产生受影响群众的社会失稳问题。同时，这些项目的建设和运行可能对周边企事业单位和居民的生产生活产生环境恶化、房屋损坏和房屋价值降低等方面的影响，容易引发社会矛盾。对周边企事业单位和居民影响包括噪声、振动、粉尘、日照、电磁波；商业经营、生产生活、出行、治安；导致周边建筑物沉降、开裂、倾斜、位移等；过江隧道风井、轨道交通出入口和风井等特殊建构筑物的设置对周边建筑及居民生产生活的影响；施工技术措施和组织方案，能否化解扰民等风险。

2. 环境保护工程项目

环境保护工程项目主要包括固体废物收集与处理、危险废物和放射性废物及核能废料处理、污水处理等项目。这类项目因污染环境，影响附近地区居民生活质量、危害附近居民安全和身体健康或降低附近地区土地利用价值和居民房屋价值，容易引发社会矛盾。项目建设和运行造成周边水、空气、土壤等自然环境污染和生态破坏；项目运行对周边企事业单位和居民的影响（有害物泄漏、压力装置及易燃易爆品使用，固体废物、危险废物和放射性废物的处置和运输线路）；项目的环保措施及其规避环境风险的可靠性；项目需要征收的农村集体经济组织土地；由于“邻拒”效应，项目区周边居民和企事业单位特别关注的项目城乡规划合规性、立项程序合法合规性和环境影响评价、社会稳定风险评价的公众参与等环节合规性。

3. 能源项目

能源项目主要包括大型电源、电网项目，液化石油气和液化天然气接收和存储设施，输油和输气管网，油库及加油加气站等项目。这类项目涉及城市运行安全，一旦发生事故，可能造成人员伤亡和财产损失，因而容易导致群众的反对。能源设施建设的选址、电力设施的辐射影响、线路和管网规划选线对周边居民生产生活的影响。项目安全保障措施，是否可能引发周边群众的恐慌。

4. 社会事业项目

如疾病预防控制中心、传染病医院、精神卫生中心、戒毒中心、殡葬火化设施、广播电视发射设施；病死动物尸体处理设施、三级以上生物安全防护实验室；社会福利院、养（敬）老院、社区养老服务中心、特殊教育学校等。这类项目既存在污染环境的因素，又存在对周边人群造成污名化影响的可能，令附近居民感到不愉悦、不舒适，以致周边居民排斥或感到嫌恶而容易引发社会矛盾。项目建设、运行造成周边水、空气、土壤等自然环境污染和生态破坏；项目实施对周边居民心理与行为预期等方面的影响；项目运行过程造成特定群体的聚集而对周边环境、社会治安等方面的影响；项目对附近地区经济社会发展和土地、房产价值的影响。

5. 工业项目

工业项目主要包括钢铁、有色、石化、化工、建材、轻纺、造纸、农药、印染、油漆等工业项目。这类项目因可能污染环境，影响附近地区居民生活质量，危害附近居民安全和身体健康或降低附近地区土地利用价值和居民房屋等财产价值而容易引发社会矛盾。项目建设、运行造成周边水、空气、土壤等自然环境污染和生态破坏；项目运行对周边安全的影响（有害物泄漏、压力装置及易燃易爆品使用、锅炉安全故障等）；项目对附近地区经济社会发展和土地、房产价值的影响。

6. 房地产开发项目

房地产开发项目主要包括大型公共建筑、酒店、办公楼、大型居住区等各类房地产开发项目。这类项目往往为高层或超高层、玻璃幕墙和深基坑建筑，对周边建筑产生日照、光污染等环境影响以及深基坑开挖可能对周边建筑质量产生影响，容易引发周边居民的反对。项目规划设计的合理性，与周边敏感目标（住宅、学校、医院、养老院等）之间的位置关系以及通风、采光、热辐射、景观、视觉干扰等方面的影响；项目建设期间因基坑开挖引起周边建筑物沉降、开裂、倾斜、位移等引起周边房屋和地下管线受损，施工管理不当造成空气污染、噪声、粉尘、水污染等环境保护方面的问题以及重大事故造成的社会稳定风险；项目运行对周边交通出行的影响。

7. 水利水电项目

水利水电项目主要包括防洪、灌溉、供水、水电、航运等用途的水库以及堤防、沟渠、河道、泵站、水闸、水土保持、蓄滞洪区等水利工程项目。这类项目主要风险源包括工程建设占用和水库淹没产生大规模的农村集体土地征收征用、移民安置；水库移民安置对库区和安置区的社会产生扰动与影响；工程建设期间对周边地区产生水、大气、噪声污染；大坝或工程对水资源利用的时空分布产生严重影响，对河流下游地区的航道、渔业、泥沙、取水设施、交通设施、生态系统、河口地貌、河流水环境等产生显著的影响；水库对库周生态系统服务功能产生严重的影响；水库淹没区自然环境变化可能导致血吸虫、鼠疫等疾病增加及影响区公共卫生问题等。这些影响将导致受影响的群众、社区乃至地方政府部门的疑虑、质疑、反对，产生显著的社会影响、社会冲突和社会稳定风险。

三、社会稳定风险识别

（一）总体要求

风险识别是对项目实施存在的风险因素和可能导致的风险事件进行系统筛选、确认和分类的过程，包括识别项目实施的潜在风险及其特征、风险存在（可能引发）的阶段和风险主要来源。风险识别的目的是在风险调查和公众参与的基础上，针对利益相关者不理解、不认同、不满意、不支持的方面，或在日后可能引发不稳定事件的情形，查找并列出风险点。在分析报告的编写中，应围绕拟建项目的建设和运行是否可能使群众的合法权益遭受侵害，从拟建项目全生命周期内不同阶段和项目影响空间范围，做好项目可能产生的直接和间接的社会影响、主要利益相关者、社会适应性、社会稳定风险、组织机构、社会可持续性等社会分析，全面、动态、全程识别拟建项目建设和运行可能诱发的社会矛盾和社会稳定风险，包括对社会稳定可能造成重大负面影响的各种群体性或个体极端事件，识别影响拟建项目总体目标顺利实现的各种社会稳定风险因素。

（二）风险因素分析

在风险调查的基础上，针对群众不理解、不认同、不满意、不支持的事项，或在日后可能引发不稳定事件的情形，全面、系统地分析识别所面临的各种风险因素以及涉稳风险发生的可能原因等。重点阐述：在政策规划和审批程序、土地房屋征收补偿、技术和经济方案、生态环境影响、项目建设管理、当地经济社会影响、质量安全和社会治安、媒体舆论导向等方面重点分析查找各风险因素。

（三）主要风险因素确定

根据各项风险因素的成因，影响程度、发生可能性等，对风险因素进行分类梳理，确定主要风险。重点描述：按照风险可能发生的项目阶段（决策、准备、实施、运营），结合当地经济社会与拟建项目的相互适应性，从初步识别的各类风险因素中筛选、归纳出主要的风险因素。

通过识别、估计风险因素对社会稳定的影响程度，以找出影响社会稳定的关键的主要风险因素，包括：

（1）利益相关方的诉求及其认可程度。

（2）项目立项、审批程序的合法合规性。

（3）规划选线（选址）。着重从合规性、合理性等方面进行识别、估计。

（4）资金的组织和使用。着重从合法性、可靠性等方面进行识别、估计。

（5）土地房屋征收征用补偿。着重从合法合规、合理、公开、公平性以及群众的反映等方面进行识别、估计。

（6）被征地农民就业及生活保障。着重从政策、社会保障、劳动技能培训措施、是否符合相关规定等方面进行识别、估计。

（7）治安管理。着重从是否会引发社会治安问题等方面进行识别、估计。

（8）生态及环境保护。着重从对生态、自然环境和生产生活环境的影响及有效处理等方面进行识别、估计。

（9）周边社会经济环境。着重从地区背景、项目与社会的互适性、敏感时点等方面进行识别、估计。

（10）其他。着重对因项目特点可能引发的其他社会稳定风险因素进行识别、估计。

对识别出来的主要因素，按照评判的标准对其风险的发生概率、影响程度进行相应的初步分析描述，并进行汇总形成主要风险因素识别表，见表 6-1。

表 6-1　　　　主要风险因素识别表

序号	风险类型	发生阶段	风险因素	备注
1				
2				
3				
…				

风险类型包括工程风险因素和项目与社会适应性风险因素。其中：工程风险因素可按政策、法规和审批程序，土地征收、房屋征收补偿、环境影响、项目管理、安全和治安等进行分类。项目与社会适应性风险因素指项目能否为当地的社会环境、人文条件所接纳，以及当地政府、组织、社会团体、群众支持项目的程度、项目与当地社会环境的相互适应关系方面所面临的风险因素。主要包括社会环境敏感因素、社会对项目的包容性、项目建设敏感时点等。

风险发生阶段可包括项目前期决策、准备、实施、运营四个阶段。备注可标注风险的特征（例如，长期还是短期影响，持续性影响还是间断性影响等）和其他需要说明的情况。

四、社会稳定风险分析

风险分析是在风险识别的基础上，对各种风险事件发生的可能性及其影响进行综合分析和估算的过程，一般采用风险概率—影响矩阵方法确定主要风险的风险程度。在开展社会稳定风险分析和风险评价之前，需要事先设定风险概率、后果和风险程度大小的判定准则，此判定准则要得到项目包括利益相关方、责任主体、评估专家等在内的相关方面的认可，并在理解上达到高度的共识。

（一）主要内容

1. 风险概率

风险概率是指风险事件出现的频率高低，是风险度量中最基本的内容和首要的工作。风险概率一般应根据历史信息资料来确定客观概率。但由于项目的一次性和独特性，不同项目的风险特征彼此相差很远，所以在许多情况下人们只能根据很少的历史数据样本对项目风险概率进行估计。因此，项目社会稳定风险概率估计通常情况下只能采用主观概率估计法。按照风险因素发生的可能性，将风险发生概率划分为很高、较高、中等、较低、很低，可采用定性判断或定量分析予以确定。基于分析者、专家的经验和知识或类似事件的比较推断风险概率。主观概率估计的基本步骤：①收集相关资料；②编制主观概率调查表；③汇总分析整理；④评判预测。

2. 风险影响程度

风险影响程度是指风险可能引发群体性事件的参加人数、行为表现、影响范围和持续时间等特性。风险影响程度估计就是分析和估计风险的负面影响程度及后果，即风险可能带来的负面影响的大小。风险影响程度一般采用经验估计法或案例比较法进行估计。

3. 风险发生时间的估计

分析和估计项目引发风险的时间，即可能在项目的哪个阶段或什么时间发生和如何发展变化。风险发生的时间，通常根据经验判断，采用经验估计法进行估计。

4. 风险事件及风险后果

按照风险事件对社会稳定的影响程度，一般将风险事件的影响后果分为重大影响、较大影响和一般影响三类，见表 6-2、表 6-3。

表 6-2　　风险事件及影响后果

风险事件	影响后果		
	重大影响	较大影响	一般影响
集体械斗、聚众闹事、人员死亡	√		
围堵党政机关、要害部门及重点地区、部位、场所	√		
非法集会、示威、游行、静坐请愿	√		
罢工、罢市、罢课	√		
阻塞交通		√	

续表

风险事件	影响后果		
	重大影响	较大影响	一般影响
围堵施工现场		√	
挂横幅			√
通过网络等散布有害信息			√
散发宣传品			√
个体闹访（非正常上访）			√

表 6-3　　风险事件的激化及影响后果认定

风险事件	影响后果			备　注
	重大影响	较大影响	一般影响	
集体上访		√		进京集体上访；200 人以上影响社会稳定的集体上访；重点地区、部位和场所聚集人数 10 人以上，可视为重大影响
极端个人事件		√		在公共场所实施自杀、自残、自伤等极端行为，造成恶劣社会影响的，可视为较大影响
堵塞、阻断交通		√		阻断铁路干线、国道、高速公路和重要交通枢纽，持续时间较长，可视为重大影响
媒体（网络）出现负面舆情		√		舆情扩散迅速、持续时间长、形成跨区域甚至全国影响的社会热点事件，可视为重大影响
个人非正常上访			√	扬言采取极端行为，危害公共安全、他人人身安全的，可视为较大影响
静坐、拉横幅、喊口号、散发宣传品			√	在重点地区、部位和场所发生，扰乱社会秩序，可视为较大影响
散布有害信息			√	恶意散播谣言，危害社会稳定的；向境内外媒体和各类组织发布有关事项虚假信息，造成恶劣影响的，可视为较大影响

（二）基于概率—影响矩阵方法对风险进行判断

1. 风险评判标准

风险评判标准包括风险事件发生概率的分档标准（简称风险概率标准）、风险事件发生后的影响分档标准（简称风险影响标准）和风险程度可接受标准。风险主观评判可采用三档、五档、七档和九档等多个分档办法，比较常见的是采用五档分类。比如：

（1）风险概率 p 评判标准。设定：如果风险概率均匀分为五档，可划分为很高（$1.0 \geqslant p > 0.8$）、较高（$0.8 \geqslant p > 0.6$）、中等（$0.6 \geqslant p > 0.4$）、较低（$0.4 \geqslant p > 0.2$）和很低（$0.2 \geqslant p > 0$）五个档次。概率等于 1 不是风险，是确定性事件。必须清楚阐明，定量赋值不是绝对概念，而是相对概念，是对定性的相对赋值，以用于相对比较。风险概率评判标准见表 6-4。

表 6-4　　风险概率评判标准

档次	定量评判标准（%）	定性评判标准	表示
很高	81～100	几乎确定	S
较高	61～80	很有可能发生	H
中等	41～60	有可能发生	M
较低	21～40	发生的可能性很小	L
很低	0～20	几乎不可能发生	N

（2）风险影响评判标准。设定风险影响程度 q 是指一旦发生风险事件，对项目目标所产生影响的大小，通常可划分为严重（$1.0 \geqslant q > 0.8$）、较大（$0.8 \geqslant q > 0.6$）、中等（$0.6 \geqslant q > 0.4$）、较小（$0.4 \geqslant q > 0.2$）和可忽略（$0.2 \geqslant q > 0$）五个等级。风险影响评判标准可参考表 6-5。

表 6-5　　风险影响评判参考标准

等级	影响程度	表示
严重影响	在全省或更大范围内造成一定负面影响（社会稳定、形象等方面），需要通过长时间的努力才能消除，且付出巨大代价	S
较大影响	在省内造成一定影响（社会稳定、形象等方面），需要通过较长时间才能消除，并需付出较大代价	H

续表

等级	影响程度	表示
中等影响	在当地造成一定影响（社会稳定、形象等方面），需要通过一定时间才能消除，并需付出一定代价	M
较小影响	在当地造成一定影响（社会稳定、形象等方面），但可在短期内消除	L
可忽略影响	在当地造成很小影响，可自行消除	N

（3）风险程度评判标准。风险程度等级是评价风险大小的指标。设定：风险程度可分为重大风险（$p\times q>0.64$）、较大风险（$0.64\geqslant p\times q>0.36$）、一般风险（$0.36\geqslant p\times q>0.16$）、较小风险（$0.16\geqslant p\times q>0.04$）和微小风险（$p\times q\leqslant 0.04$）五个档次。风险程度评判标准可参考表 6-6。

表 6-6　　风险程度评判标准

风险等级	发生的可能性和后果	表示
重大风险	可能性大，社会影响和损失大，影响和损失不可接受，必须采取积极有效的防范化解措施	S
较大风险	可能性较大，或社会影响和损失较大，影响和损失是可以接受的，需采取一定的防范化解措施	H
一般风险	可能性不大，或社会影响和损失不大，一般不影响项目的可行性，应采取一定的防范化解措施	M
较小风险	可能性较小，或社会影响和损失较小，不影响项目的可行性	L
微小风险	可能性很小，且社会影响和损失很小，对项目影响很小	N

2. 专家赋分和统计

在各位专家对项目风险概率和风险影响进行打分时，其主观认识能力、知识水平、工作经验、风险偏好和判断能力不尽相同。为了保持各位专家主观判断有效、可信，必须对专家的判断过程进行规范化处理。主要要求：

（1）向专家阐明社会稳定风险识别和分析对项目的重要性，设计易于填写的分析表格。

（2）如果某些风险不能满足相互独立的要求，或者某项风险的影响因素受到其他风险的影响因素制约，应分析其制约条件，并对各项风险进行重新归类。

（3）清楚地定义风险变量，描述指标赋值的含义，指标标准制定应由专家、当地政府和项目建设单位共同参与确定，为专家打分判断提供统一的依据。

在对各风险因素的风险概率和影响程度的专家打分结果进行统计时，不仅要计算风险概率和影响程度等指标的期望值，还要计算风险指标的标准差等参数，分析数据的离散分布特点。必要时，还需通过假设检验，检验专家打分值的稳定性和假设谬误时对项目维稳目标造成的影响。

3. 风险程度评判

对于每个主要风险因素，一般可根据风险发生概率档次和风险影响档次，采用风险概率—影响矩阵（也称风险评价矩阵）来评判风险程度。

根据各因素风险程度评判的结果，将重点风险因素的风险按风险程度的大小次序进行汇总，见表 6-7。

表 6-7　　主要风险因素及其影响程度汇总表

序号	风险因素	风险概率	影响程度	风险程度
1				
2				
…				

五、社会稳定风险评价

风险评价是按照预先设定各方都能接受的社会稳定风险评判基准值，对标查找需要采取应对措施的社会稳定风险，只有当项目的所有社会稳定风险都处于“低风险且可控”状态，投资项目才能满足稳评要求。

（一）可接受风险程度评判标准

1. 风险可接受程度与项目所在地区和行业有关

开展投资项目社会稳定风险分析工作，需要结合具体项目所处地域和行业特点，以及当地对不同种类风险的承受能力，制定合理的项目社会稳定风险程度评价标准。

各地区的经济社会发展基础不同，其资源环境承载能力、现有开发强度和未来发展目标存在差异，对同样风险因素的社会敏感度感知也会不同，各地衡量社会稳定风险的标准及相关指标同样存在很大的差异。投资项目可接受的风险程度还与所属的行业特性有关。不同行业不仅存在特有的行业风险因素，而且主要风险发生的概率和影响程度也具有一定的行业共性。因此，投资项目社会稳定风险评判可借鉴同类项目的风险资料。

2.“低风险”和“可控”的标准

在风险评价中，“低风险”是指当地政府和项目单位可接受的风险程度，其临界值为项目建设单位和当地政府为了化解风险影响后果，能够接受的最大代价，包括“经济成本”和“行政责任”。风险“可控”是指当社会稳定风险实际发生时，通过实施维稳应急预案能够将风险影响控制在可接受的水平。

（二）不可接受风险的确定和处理

“低风险”标准是项目单位和地方政府共同可接受的最大风险程度。如果风险分析所得的风险程度高于可接受的最大风险程度，则必须研究风险应对措施，有针对性地提出风险防范化解方案，不断降低风险程度；如果采取风险防范化解方案后，剩余风险还是不可接受，或是防范化解方案增加的成本不可接受，那么就要明确提出项目不可行的结论性意见。

六、社会稳定风险应对的防范和化解措施

为了从源头上防范、化解拟建项目实施可能引发的社会稳定风险，应根据拟建项目的特点，针对主要的、关键的风险因素，阐述采用的风险防范、化解策略和措施，明确风险防范、化解的目标，提出落实措施的责任主体、协助单位、防范责任和具体工作内容，明确风险控制的节点。编制并形成风险防范、化解措施汇总表，列明风险发生阶段、风险因素、主要防范及化解措施、实施要求、责任主体及协助单位。

（一）基本要求

（1）风险预测与评估。充分了解社会动态，及时发现和评估可能引发风险的因素，为决策提供科学依据。

（2）全面治理。既针对直接的社会影响，也针对工程项目的技术、经济、资源、生态、环境、安全、政治、文化等影响产生的间接的社会影响考虑，从

多个角度针对社会问题进行全面和综合的治理，多元共治，形成合力。

（3）法治保障。依法治国，加强法治建设，健全法规体系，保障社会公平正义。

（4）公开透明。充分地进行信息公开，建立透明的工程项目信息发布制度，增加社会信任度。

（5）社会参与。组织、引导和鼓励社会各界积极参与工程项目建设、运营全生命周期的社会治理和公共决策，形成多元共商共建共治共享格局。

（6）文化建设。倡导包容性发展，增强社会认同感和社会凝聚力。

（二）重点关注事项

1. 规划选线（选址）

强化规划选线（选址）研究，优化规划选线（选址）方案等措施。

2. 项目合法合规性

强化规范审批流程等措施，确保合法合规。

3. 土地房屋征收征用

强化规范土地房屋征收征用手续，优化相关方案，实行阳光动迁以及加大正面宣传力度等措施。

4. 工程方案

强化设计、技术方案研究，优化方案，选用先进的工艺技术和设备等措施。

5. 生态环境

强化加大环保投入、落实环保等方面的措施。

6. 文明施工、质量安全管理

强化加强地质勘查、技术方案研究、施工管理等方面的措施。

7. 交通组织

强化交通影响评价、交通设施研究和建设、优化交通组织等方面的措施。

8. 项目组织管理

强化项目设计、施工、运行组织方案的优化，各项组织管理措施的落实，预防、化解风险。

9. 建设资金落实

制定项目建设资金保障方案等方面的措施，预防、化解风险。

10. 项目与社会的互适性

强化对项目的正面宣传，开展政策解答和科普宣传；强化利益相关方的参与，开展项目与社区共建，搭建居民沟通平台，确保公正合理补偿等方面的措施。

11. 历史矛盾

强化综合分析协调，加大化解历史既有矛盾力度等方面的措施。

12. 综合管理

强化发挥项目单位与政府相关职能部门的作用，建立风险管理分工、协作、联动的工作机制及相应的组织，按各自工作职责落实到位等措施。

（三）风险应对措施

1. 风险回避

考虑风险存在和发生的可能性，主动放弃或拒绝实施可能导致风险损失的方案。一般是高风险情形的应对策略。

2. 风险抑制

通过采取一定的措施，降低风险发生的概率，减少风险事件造成的影响。一般是中风险或低风险情形的应对策略。

3. 风险分散

将项目可能发生的风险分散化整为零，或将风险转移到其他方面承担。一般是中风险或低风险情形的应对策略。

4. 风险自担

将风险留给自己承担，包括计划性风险自留和非计划性风险自留。采取风险自留策略时应制定可行的风险应急处置预案，强化责任。一般是低风险情形的应对策略。

风险应对应该坚持从大到小的原则，重点对“重大”和“较大”程度的关键风险，提出针对性的工程性防范措施和社会性防范措施，降低风险发生概率，减轻影响程度，从而降低风险程度。

对于某些关键的社会稳定风险，如果其风险程度根本无望降至可接受水平，必须明确提出终止或放弃项目的建议。

对于“低风险”，只要其风险因素处于可控状态，通过制定可行的风险应急处置预案，可由项目单位和地方政府等责任主体自担风险。

针对上述研究提出的风险防范措施，进行归纳汇总，形成风险防范措施汇总表（见表6-8）。同时，提出落实风险防范措施的责任单位和协助单位的建议，明确风险化解的目标、风险控制的节点和时间，以及相关应急处置预案等。

表6-8　风险防范和化解措施汇总表

序号	风险发生阶段	风险因素	主要防范、化解措施	责任主体	协助单位
1					
2					
3					
…					

（四）社会稳定风险分析结论

社会稳定风险分析应得出结论，归纳提出风险防范、化解的主要措施，明确拟建项目采取措施后的各主要风险是否处于“低风险且可控”状态，并对落实风险防范、化解措施提出相关建议，为下一步评估主体开展相关的项目社会稳定风险评估工作提供依据和参考。主要结论包括：

（1）拟建项目的主要、关键风险因素。

（2）按风险程度大小进行排序。

（3）主要风险的防范、化解措施。

（4）落实风险防范、化解措施的有关建议。

第二节　社会稳定风险分析案例研究

一、建设单位及项目基本情况

（一）建设单位基本情况

建设单位为××原油码头有限公司，由××港（集团）有限公司（以下简称××港集团）和××化工有限公司（以下简称××化工），各按××%的股比合资设立的，为社会提供公共服务的专业原油码头运营公司。公司注册资本××亿元人民币，注册地为××省××市。××原油码头有限公司已于××港××港区为××建成了1个B万t级原油码头。截至××年××月末，该公司资产总额××亿元，负债总额××亿元。

××港集团是大型国有企业，主营范围：码头和港口其他经营设施；在港区内从事货物装卸、仓储经营等；港口建设；船舶设备、铁路机械及设备维修等。注册资金×亿元。截至20××年××月，总资产××亿元，总负债××亿元，净资产××亿元，20××年××—××月年营业收入××亿元。

××化工，主要从事石油与天然气勘探开发、开采、管道运输、销售；石油炼制、石油化工、化纤、化肥及其他化工生产与产品销售、储运等。截至20××年底，总资产××亿元，总负债××亿元，净资产××亿元，20××年销售收入××亿元。

（二）项目基本情况

××港是我国沿海主要港口之一及国家重要的能源和原材料运输口岸。为满足长江沿线石化企业的发展和外贸进口原油的需要，××化工选择××港为外贸进口原油接卸港，将进口原油通过××原油管线运输到××，再通过××管线和内河运输等供应××化工长江沿线地区的炼化企业。

截至20××年底，××港共有××个生产性泊位，其中M港区共有××个生产性泊位，设计通过能力××万t/年，货种主要是煤炭、矿石、粮食、木片、水泥、集装箱、钢铁等散杂货；N港区现有生产性泊位××个，设计通过能力××万t/年，主要货种为金属矿石、粮食、煤炭及钢铁等散杂货和原油、成品油及液体化工品等液体散货。××港已建成液体散货泊位××个，通过能力为××万t/年，其中原油码头2个，分别是1个A万t级原油码头和1个B万t级原油码头，通过能力分别为××万t/年和××万t/年。A万t级原油码头主要为临港工业及××省地炼服务，××码头工程主要配合原油输送管线为长江沿江地区炼厂提供外贸进口原油。

随着沿江石化企业的扩能，××港现有原油接卸码头能力将难以满足运输需求。为此，××原油码头有限公司提出建设该项目，目前项目已经开工建设。

1. 建设地点

该项目位于××港××港区中作业区现有B万t级原油码头东北侧。N港区已形成比较完整的水、电、路、通信等配套体系，该项目的外部配套设施可依托已有的相应设施。

2. 建设规模

1个B万t级原油泊位及相应的配套设施，设计年接卸能力为××万t。码头长度为××m。

3. 建设方案

（1）总平面布置。该工程位于已建B万t级原油码头一期工程东北侧，与之共用栈桥与后方陆域相连。综合考虑拟建工程区自然条件、周边项目建设情况、工程投资等因素，确定B万t级原油码头前沿线与一期工程在一条直线上，轴线方位为××°～××°。码头由工作平台、靠船墩、系缆墩、人行桥、架桥组成。码头长××m，呈“蝶”形布置。工作平台高程为××m，平面尺寸为××m×××m。码头在工作平台两侧对称布置×× 个系缆墩和××个靠船墩，系缆墩、靠船墩顶面高程为××m。该工程水域布置包括码头前沿停泊水域和港池回旋水域。码头前沿停泊水域底标高为－××m，宽度为××m，码头前沿停泊水域长××m，为××倍设计船长。船舶回旋水域布置在码头前方，底标高为－××m，回旋圆直径为××倍设计船长，为××m。该工程与已建B万t级原油码头一期工程共用N港区深水航道作为进出港航道。航道位于该工程水域东侧，制动距离为××m，约为××倍设计船长。该工程疏浚工程总量为××万 m^3；炸岩工程量为××万 m^3，全部位于停泊水域。疏浚土全部吹填至后方，用于罐区陆域形成。

（2）装卸工艺。卸船工艺流程：油轮船泵→平台输油臂→阀门→汇油管→引桥、引堤输油管线→陆域罐区。

该工程设计接卸原油××万 t/年，设××台某型号输油臂（三用一备），××台输油臂接卸能力为××m/h，输油管线采用××根某型号螺旋缝埋弧焊钢管。该工程设计通过能力为××万 t/年。管线保温及伴热采用电伴热方式；码头栈桥段的管线由于受空间位置的限制，采用波纹补偿器进行管道热补偿。输油臂在完成装卸油作业后，其内、外臂须进行排空作业，采用氮气将输油臂内、外臂中的存油吹扫至船舱内。氮气来自码头膜制氮设备；该工程不设油品计量装置；码头工作平台上设置专用登船梯一台。

(3) 水工建筑物。该工程水工建筑物为 B 万 t 级原油接卸泊位及相应的架管桥、人行桥，结构安全等级均为一级。码头由××个工作平台、××个靠船墩、××个系缆墩（其中××个与一期工程共用，××个兼做架管桥墩）和××个架管桥墩组成，其中工作平台平面尺度为××m×××m（长×宽），工作平台顶高程为××m，系、靠缆墩顶高程为××m。码头基础为直径为××m 或××m 的圆沉箱，下部以强风化岩面为基础持力层。人行桥和架管桥均为钢结构箱梁。

(4) 航道、锚地及配套设施。N 港区现有航道包括 A 万 t 级油码头航道、临时航道以及 N 港区深水航道一期工程。其中，N 港区深水航道一期工程为原油码头进港航道，该航道有效宽度为××m，设计底标高为－××m，航道走向为××°××′××″～××°××′××″，能满足满载吃水为××m 的船舶乘潮××h、全年乘潮保证率为××%的条件下进港靠泊。根据《××港总体规划》，N 港区布置有一号锚地、二号锚地及大型油轮锚地等。其中二号锚地天然水深为－××m 处，锚地平面尺寸为××m×××m，布置有××个锚位距，锚地主要为×× 万 t 级以上（含××万 t 级）、××万 t 级以下油轮服务。大型油轮锚地布置于天然水深××m 等深线以外，锚地平面尺寸为××m×××m，布置×× 个锚位。该工程拟选用××港××港区二号锚地及大型油轮锚地。

该项目航道位于水域东侧，目前航道有效宽度为××m，底标高为－××m，为满足大型船舶进出港及 N 港区可持续发展，需在现有航道基础上实施航道二期建设。航道长××km，有效宽度为××m，底标高为－××～－××m。锚地拟对××港××港区规划的二号锚地进行扩建。电源引自现有码头变、配电站，两路电源引自该变电站×× kV 侧；港区用水水源引自市政管网，该项目排水采取雨污分流制；码头消防按一级码头设计，采用固定式水冷却和泡沫灭火方式。

4. 投资估算及资金筹措

该项目建设工期为××个月。总投资估算××亿元。由××原油码头有限公司投资建设。项目资本金占××%，其余××%资金由银行贷款解决。

二、编制依据及社会稳定风险分析框架

（一）编制依据

1. 相关法律、法规标准

(1)《中华人民共和国环境保护法》。

(2)《中华人民共和国海洋环境保护法》。

(3)《中华人民共和国大气污染防治法》。

(4)《中华人民共和国水污染防治法》。

(5)《中华人民共和国节约能源法》。

(6)《中华人民共和国安全生产法》。

(7)《中华人民共和国职业病防治法》。

(8)《中华人民共和国噪声污染防治法》。

(9)《中华人民共和国固体废物污染环境防治法》。

(10)《中华人民共和国清洁生产促进法》。

(11)《中华人民共和国渔业法》。

(12)《中华人民共和国港口法》。

(13)《中华人民共和国突发事件应对法》。

(14)《建设项目环境保护管理条例》(国务院〔1998〕第 253 号令)。

(15)《中华人民共和国防治海岸工程建设项目污染损害海洋环境管理条例》,(国务院〔2007〕第 507 号令)。

(16)《建设工程安全生产管理条例》(国务院〔2003〕第 393 号令)。

(17)《国务院关于印发“十二五”节能减排综合性工作方案的通知》(国发〔2011〕6 号)。

(18)《国务院关于进一步加强企业安全生产工作的通知》(国发〔2010〕

23号)。

(19)《项目风险管理 应用指南》(GB/T 20032—2005),2006年1月1日实施。

(20)《风险管理 术语》(GB/23694—2013),2014年10月1日实施。

(21)《风险管理 指南》(GB/T 24353—2022),2022年10月12日实施。

(22)《风险管理 风险评估技术》(GB/T 27921—2023),2023年8月6日实施。

2. 部门规章及规范性文件

(1)《国家发展改革委关于印发〈国家发展改革委重大固定资产投资项目社会稳定风险评估暂行办法〉的通知》(发改投资〔2012〕2492号,2012年8月16日)。

(2)《国家发展改革委办公厅关于印发重大固定资产投资项目社会稳定分析篇章和评估报告编制大纲(试行)的通知》(发改办投资〔2013〕428号,2013年2月17日)。

(3)《××市委办公室、市政府办公室关于印发〈××市重大决策社会稳定风险评估办法〉的通知》。

3. 其他编制依据

(1)《××省国民经济和社会发展第××个五年规划纲要》。

(2)《××省经济区发展规划》。

(3)《××省经济带区域发展规划 》(文号略)。

(4)《全国沿海港口布局规划》(发改交运〔20××〕××号,国家发展改革委和交通运输部,20××年××月)。

(5)《××省沿海港口布局规划》。

(6)《××港总体规划》。

(7)《产业结构调整指导目录(20××年本)》修正版(国家发展和改革委员会令第××号,国家发展改革委,20××年××月)。

(8)《交通运输部关于××原油码头扩建工程项目申请报告的意见》。

(9)《关于××原油码头扩建工程环境影响报告书的批复》。

(10)《国家海洋局关于××原油码头扩建工程用海预审意见的函》。

(11)《建设项目选址意见书》。

(12)《关于〈××港区原油码头扩建工程安全预评价报告〉备案的函》。

(13)《关于〈××港区原油码头扩建工程通航安全影响论证〉的审核意见》。

(14)《建设项目职业卫生“三同时”审查意见书》。

(15)《国家发展改革委关于对××港区××码头扩建工程项目核准的批复》。

(二) 社会稳定风险分析框架

1. 分析框架

2012 年 8 月国家发展改革委印发了《重大固定资产投资项目社会稳定风险评估暂行办法》(发改投资〔2012〕2492 号，简称《稳评办法》)，2013 年 2 月国家发展改革委印发了《固定资产投资项目社会稳定风险分析篇章编制大纲》(发改办投资〔2013〕428 号，简称《编制大纲》)。关于社会稳定风险分析办法，《稳评办法》和《编制大纲》给出了原则要求，并希望各地方政府根据《稳评办法》及相关法律法规要求，结合地方经济社会发展的状况，编制适合本地区固定资产投资项目社会稳定风险分析的指标体系、评判标准等，研究操作层面的风险分析具体办法。

20××年××月××市委办公室、市政府办公室发布了《××市委办公室、市政府办公室关于印发〈××市重大决策社会稳定风险评估办法〉的通知》(文号略)。中国国际工程咨询公司（简称中咨公司）根据《稳评办法》，按照《编制大纲》《××市重大决策社会稳定风险评估办法》的要求，并参考《风险管理　指南》(GB/T 24353—2022) 和《风险管理 风险评估技术》(GB/T 27921—2023) 等国家标准，提出了“以问题解决为导向”的项目稳评框架，并对该框架涉及的投资项目社会稳定风险调查、风险识别、风险分析、风险评价和风险应对措施等主要环节进行了研究，以期指导项目稳评实际工作。本报告采用中咨公司提出的“以问题解决为导向”的项目稳评框架对该项目进行社会稳定风险分析。

从可能引发社会稳定风险的问题出发，建立“以问题解决为导向”的稳评框架，是建立和完善投资项目社会稳定风险分析工作机制的重要基础。

“以问题解决为导向”的项目稳评框架，是以项目所有社会稳定风险均处于“低风险（风险水平可接受，下同）状态且可控”为项目评判基本准则，以预防和化解影响社会稳定的各项主要风险为主线，遵循发现问题、分析问题、解决问题的研究思路，在对可能引发社会不稳定后果的各种风险因素进行调查、识别和分析的基础上，评价各风险是否均处于低风险状态，且可采取有效措施来确保引发社会稳定风险的因素能够得到有效控制。风险防范和化解是一个循序渐进的过程，对于仍然存在但不属于“低风险状态”的风险，应进一步研究提出化解措施，直至所有风险（包括剩余风险）均处于“低风险状态”。

2. 评价准则

任何个人或组织在追求某一项目目标成功的过程中，都会面临机遇与危险的状况或事件，这些状况或事件可能发生也可能不发生，在一定信息条件（不完全信息）下，与项目关联的个人或组织依靠自身的能力难以左右其结果的发生。所谓的风险，一定是指针对特定个人或组织、特定项目目标而言的。项目风险是危险状况或事件发生的可能性与其对项目目标影响程度的组合，分析评价准则就是对项目风险发生的可能性、影响程度及风险程度的评价标准，受项目自身的特征、项目目标设定、利益相关方的风险偏好等多种因素影响。

项目风险管理的目的是通过一定的措施减小或消除项目风险对主体目标的负面影响。风险管理过程主要涵盖明确环境信息、进行风险评估和风险应对等三个环节。明确环境信息，就是掌握相关的信息资料，最主要的是确定面临风险的主体是谁，项目目标是什么，风险准则即风险程度评价标准如何设定，明确环境信息是风险管理的基础。风险评估包括风险识别、风险分析和风险评价，主要任务是通过分析风险影响因素，确定主要风险，并分析确定风险程度，包括确定风险等级，判定哪些风险需要处理和哪些风险不需要处理。风险应对的任务是提出减少或消除风险影响的措施，是风险管理的最终目的。

确定风险分析评价准则，就是要确定如何判断风险发生的可能性，如何度量项目风险的影响程度和风险程度，如何判断风险程度是否可以被接受。因此，风险分析评价准则是风险识别、风险分析、风险评价和风险应对的工作准则，是贯穿于风险评估全过程的一条主线，在项目风险评估框架体系中的地位非常重要。

《编制大纲》没有给出判断风险等级的标准，而只是对风险等级判断给出了原则性的要求。各地区的社会稳定风险责任主体，即各地方政府都要制定能反映地方特点的标准体系。事实上，各地方开展项目稳评工作还没有制定自己具体操作性很强的风险等级评判标准，即使有也是比较原则性的，××市目前也没有制定相关标准体系，即缺乏一个判断拟建项目的社会稳定风险程度能否被当地政府所接受的判断基准。在当前情况下，开展投资项目社会稳定风险分析工作，需要根据国家发展改革委有关文件提出的原则要求，结合当地政府要求和项目具体情况，并参考《风险管理　指南》（GB/T 24353—2022）等标准，构建一个符合基本逻辑的风险评价标准。中咨公司按照《稳评办法》和《编制大纲》，以及《××市重大决策社会稳定风险评估办法》等文件精神的要求，并参考《风险管理　指南》（GB/T 24353—2022）和《风险管理 风险评估技术》（GB/T 27921—2023）等通用标准规范，结合港口码头项目所在的地域和行业特点，在与项目单位及××市有关部门沟通讨论的基础上，研究制定了该项目的社会稳定风险评价准则参考标准。

风险分析评价准则包括确定风险发生可能性、影响程度和风险程度（可能性与影响程度的组合）度量和项目风险等级判断的基本标准，是稳评框架体系的组成部分。确定风险程度最为常用的风险评估技术是风险可能性—影响矩阵。可根据需要对风险发生的可能性、后果和程度按大小高低分为不同的档级。需要注意的是，由于不同的风险事件发生原因及影响的表现形式千差万别，并且政府、项目单位和评估主体的风险偏好也不同，在事先定义评价标准时必须明确各风险因素的内涵与档级的确切尺度及其对应关系。

（1）风险可能性。风险可能性（p）是指引发项目社会稳定风险事件（比如大规模群体性事件）发生的可能性。本报告将风险可能性从高到低划分为五个档级，即很高、较高、一般、较低、很低，具体由专家评价确定。

（2）风险影响程度。影响程度（q）是指按照风险发生后对项目社会稳定目标的影响程度，如冲击、围攻党政机关、要害部门及重点地区、部位、场所，发生打砸抢烧等集体械斗、聚众闹事、人员伤亡、非法集会、游行、罢工、罢市、罢课等，本报告按照影响程度划分为五个等级，很大、较大、一般、较小、很小。

风险影响程度等级描述如下。

很大：绝大部分利益相关方（包括社会上的项目关注者，下同）对项目持否定态度，反应十分强烈，将引发大规模的群体性冲突事件，造成严重的财产损失和人员伤亡事件。

较大：大部分利益相关方对项目有意见、反应特别强烈，引发冲击和围攻党政机关、要害部门及重点场所，发生聚众闹事、非法集会、示威、游行，罢工、罢市、罢课等大规模群体性事件，造成财产重大损失和人员伤亡事件。

一般：部分利益相关方对项目有意见、反应强烈，引发集体上访、请愿、围堵施工现场、堵塞交通等事件，媒体出现负面舆论报道，造成较大的财产损失和人员伤亡事件。

较小：多数利益相关方支持或者不反对，但少部分对项目建设有意见，引发少数人非正常上访、静坐、拉横幅、喊口号、散发宣传品等，造成少量财产损失和人员轻微伤害事件。

很小：绝大多数利益相关方支持，极少部分对项目建设有意见，没有引发或引发个别非正常上访、静坐、拉横幅、喊口号、散发宣传品等，基本不会造成财产损失和人员伤亡事件。

风险影响程度的判定可依据上述描述，结合专家经验进行确定。

(3) 风险程度等级及应对措施。风险程度（R）是指项目风险水平的高低，是风险可能性和影响程度的组合，本报告划分为重大风险、较大风险、可接受风险、可忽略风险四个等级，重大风险为影响重大，项目不可行或者需对项目方案进行重新论证；较大风险产生影响较大，必须采取有关措施降低或消除有关风险；可接受风险产生不利影响的风险程度在可以接受的范围之内，应制定风险控制措施预案；可忽略风险产生的不利影响可以忽略，无须采用风险防范和化解措施。风险程度的等级可用风险可能性影响矩阵评价表判定，见表 6-9。

表 6-9　　风险程度等级准则表

影响程度＼风险可能性	很低	较低	一般	较高	很高
很大	可接受	较大	较大	重大	重大
较大	可接受	可接受	较大	较大	重大
一般	可接受	可接受	可接受	较大	较大
较小	可忽略	可接受	可接受	可接受	较大
很小	可忽略	可忽略	可接受	可接受	可接受

（4）项目风险等级判断准则。通过上述风险可能性影响矩阵得出主要风险的风险程度等级，对项目所有主要风险进行综合分析，然后对项目风险等级进行综合判断，具体判断准则见表 6-10。

表 6-10　　社会稳定风险等级判断准则说明

风险等级	风险判断准则	风险对策
高风险	存在重大风险	项目不可行
中风险	不存在重大风险，存在较大风险	项目不可行
低风险	存在 1 项低风险，不存在较大及以上风险，存在可接受风险	项目可行，应制定风险防范措施预案
	存在 2 项低风险，不存在可接受及以上风险	项目可行，无须制定特定的风险防范措施

（三）风险分析评估的主要方法

1. 风险调查的主要方法

风险分析评估调查主要采取了问卷法和专家调查表法，分述如下。

（1）问卷法。问卷法是通过由一系列问题构成的调查表收集资料。问卷法的两个主要优点是能在短时间内调查很多研究对象，取得大量的资料；能对资料进行数量化处理，经济省时。

该项目通过发放问卷的形式，在××港××港区附近进行了广泛的社会调查，对可能受影响的当地居民及个体水产养殖户、企事业单位及其工作人员等进行了调查，重点调查了作为港区周边范围的企事业单位和村庄的公众，多方面听取公众的意见。针对项目影响区内的居民，发放了××份社会稳定风险分析调查表（个人）和××份社会稳定风险调查表（企业），主要集中在项目附近的居民和相关企业。

（2）专家调查表法。本项目社会稳定风险因素分析采用了专家调查法，将识别结果形成主要风险识别表。主要风险识别表主要包括风险类型、发生阶段、风险因素和备注。风险类型包括工程风险因素和项目与社会互适性风险因素。其中工程风险因素可按政策、规划和审批程序，土地征收房屋征用及补偿，技术经济，环境影响，项目管理，安全和治安等方面分类。项目与社会互适性风险因素指项目能否为当地的社会环境、人文条件所接纳，以及当地政府、组织、社会团体、群众支持项目的程度，项目与当地社会环境的相互适应关系方面所面临的风险因素。主要包括社会环境敏感因素、社会对项目的包容性、项目建设敏感时点等。

风险发生阶段可包括项目前期决策、准备、实施、运营四个阶段，备注可标注风险的特征（例如长期影响还是短期影响、持久性影响还是间断影响等）和其他需要说明的情况。该项目以发放表格的形式，对了解该项目的××名行业内专家进行调查，参照《编制大纲》，选取风险因素，并对各风险因素风险可能性和影响程度进行打分。

2. 社会稳定风险识别方法

中咨公司项目组根据港口行业特点和经验，总结在港口工程建设和运营中出现过的影响社会稳定的情况，制定了《港口工程项目社会稳定风险因素对照表》，采取了对照表法对该项目的风险因素进行识别。风险因素对照表主要包括风险类型、风险因素、参考评价指标、是否为该项目风险因素和备注。风险因素对照表包括政策规划及审批程序、征地征海拆迁及补偿、技术经济、生态环境影响、项目管理、经济社会影响、项目安全生产、海域使用、通航安全、职业卫生健康等类型。

3. 社会稳定风险估计方法

社会稳定风险估计是指通过系统性的分析和评估，对可能引发社会不稳定的因素进行科学预测和量化分析。以下是一些常用的社会稳定风险估计方法。

(1) SWOT 分析法。SWOT 分析法即对一个事物或问题的“优势（S）、劣势（W）、机会（O）、威胁（T）”进行分析。通过该方法，可以系统地识别社会稳定的内部优势和劣势，以及外部的机会和威胁。

(2) Delphi 法。Delphi 法是通过专家咨询和匿名调查的方式，收集专家意见，然后汇总并反馈给专家，直至专家意见收敛于某种共识。这种方法适用于社会稳定风险因素相对复杂、难以量化的情况。

(3) 层次分析法（AHP）。AHP 是一种多因素决策分析方法，将问题层次化，通过构建判断矩阵，进行定量分析。适用于分析多个影响因素之间的相对权重，帮助决策者更好地理解各因素对社会稳定风险的贡献程度。

(4) 因子分析法。因子分析法是通过对多个相关变量进行数学统计分析，找出其中的共性因子，以降低变量的维度。通过因子分析，可以识别出影响社会稳定的主要因素，并进行综合评估。

(5) 模糊综合评价法。模糊综合评价法是一种考虑不确定性和模糊性的多指标决策方法。它将各个因素的影响程度量化为模糊数，通过模糊数的运算，得出社会稳定风险的综合评价结果。

(6) 系统动力学。系统动力学是一种用于分析和模拟复杂系统行为的方法。它适用于分析社会稳定风险的长期演变趋势，帮助理解社会系统内部因素之间的相互作用关系。

(7) 大数据分析。利用大数据技术，收集、整理和分析大规模数据，挖掘社会稳定风险的线索和规律。大数据分析可以帮助发现潜在的社会稳定风险因素，提前预警和干预。

选择合适的方法取决于具体问题的性质、数据的可获得性以及分析的深度要求。通常，综合运用多种方法可以得到更全面、准确的社会稳定风险估计结果。

三、风险调查

（一）调查内容

该项目采用公众参与方法，公开向公众调查和听取公众意见，以尽可能反映多方面的观点，提出关键事实和问题，确保真实反映公众满意的意见、要求和建议，以便在社会稳定风险分析中准确判定主要风险，提出化解社会稳定风险的措施，帮助××港××港区××码头扩建工程项目的建设符合大众的利益，避免造成社会稳定风险。同时将收集的意见汇总，提供给相关部门，使业主单位与公众有互相沟通的机会，促进该项目最大限度地发挥社会、经济效益，尽可能避免和减少不利的影响因素。

根据《稳评办法》和《编制大纲》要求，针对该项目的实际，结合建设方案，本次社会稳定风险调查内容如下：拟建项目的合法性；所在周边的自然环境现状和社会环境状况以及项目实施可能对当地社会经济的影响；利益相关方对拟建项目的意见和诉求；拟建项目所在地政府有关部门、基层政府和基层组织、社会团体的态度；同类项目曾引发的社会稳定风险等。

（二）调查范围

凡项目涉及到切身利益的利益相关方，以及容易引发社会稳定风险的因素，都应纳入调查范围。为此，在××港××港区及附近村庄、企业进行了广泛的公众参与调查，对可能受影响的当地居民及个体水产养殖户、企事业单位及其工作人员等进行了调查，重点调查了港区周边的企事业单位和村庄，多方面听取公众的意见。由于N港区整体开发拆迁工作已基本完成，项目建设区范围内居民已全部迁出，20××年××月共发放××份社会稳定风险调查表（个人）和××份社会稳定风险调查表（企业），主要集中在项目附近的居民和相关企业。

（三）公众参与情况

按照国家发展改革委发改办投资〔2013〕428号文件要求，参照环境保护部发布的《环境影响评价公众参与暂行办法》（环发〔2006〕28号）的规定，公众参与贯穿本次评价全过程。为了充分了解该项目的建设给该地区社会稳定带来的影响，尤其是对居民及工作人员带来的影响，调研人员分别进行了广泛的调查，调查的地点选择在港区周边一些村庄。主要调查对象为受项目影响的企事业单位及其员工和当地群众。

1. 网上公示

根据国家环保总局“关于印发《环境影响评价公众参与暂行办法》的通

知”的要求，××原油码头有限公司在××市环保局的官方网站（××环保网）上对《××工程××港××港区B万吨级原油码头扩建工程》的情况进行了2次公示。20××年××月××日针对该项目工程内容上的基本情况在××市环保局进行了第一次公示。20××年××月××日对该项目环评报告书基本情况进行了第二次公示。以上两次公示确保网站上公开的有关信息在整个审批期限之内均处于公开状态。在周围居民从网上了解了该项目的具体情况后，公示之日起至目前建设单位与评价单位没有接到反对意见。

2. 报纸公示

20××年××月××日在《××日报》上对《××工程××港××港区B万吨级原油码头扩建工程》的环境影响评价进行了公示，包括项目环评的简单情况和向公众征求意见等内容。从报纸公示至目前，建设单位与评价单位没有接到反对意见。

3. 现场公示

××原油码头有限公司在港区周边的陆域环境保护目标××村对该工程的情况进行项目现场公示。周围的民众在了解该项目的基本情况后，评价单位与建设单位没有收到反对意见。

（四）项目资料及调查相关成果分析

1. 社会概况与社会影响

（1）社会概况。××市位于××省××部，东经××°××′～××°××′，北纬××°××′～××°××′。东临××，西接××，南与××毗邻，北与××市接壤。南北长约××km，东西宽约××km，总面积××km。××市经济平稳较快增长，全面完成“××”规划开局之年的主要目标。初步核算，20××年全市实现地区生产总值（GDP）××亿元，按可比价格计算，比上年增长××%。其中，第一产业增加值××亿元，增长××%；第二产业增加值××亿元，增长××%；第三产业增加值××亿元，增长××%。人均生产总值××元，增长××%。全年地方财政收入突破××亿元，港口货物吞吐量突破××亿t，进出口总值突破××亿美元。该项目位于××市××政府辖区，周围社会治安状况良好，未发生过群体性事件。××市政府、××市××

区政府积极支持该项目的建设。

（2）经济影响分析。《可研报告》采用“有无对比法”进行了经济效益费用测算和评价。“无项目”方案为利用临近码头，该项目的效益主要体现在船舶在港费用节约和货值利息节约。经济内部收益率为××%，经济净现值（i_s=××%）为××亿元，经济效益很好。

（3）社会影响效果分析。

1）项目对物流成本的影响。该项目的建设将提高××港液体散货码头通过能力和作业效率，降低临港工业和腹地企业货物运输费用，加快货物周转量，保障和促进腹地外向型经济的持续快速发展；同时，通过减少船舶在港停时，降低船舶营运成本，从而能够降低整个社会的物流成本。

2）项目对扩大就业，提高居民收入的影响。该项目的建设，对所在地区扩大就业、提高居民收入将产生积极的影响。修建港口，将提供大量直接和间接的就业岗位，根据港口定员方案，可以提供就业，同时与之配套的物流、服务、安全检查、环卫等也相应提供一些间接就业岗位，从而引起关联效应，提高当地居民的收入。

3）项目对所在地区居民生活水平和生活质量的影响。该项目作为社会公共基础设施工程，尤其是施工期间大量施工人员的进场，食品需求和日常生活用品的消耗均将从当地购买，提高当地的消费水平，让所在地区的居民获得实际利益。

4）项目对所在地区文化、教育、卫生的影响。该项目实施后，对所在地区的文化、教育和卫生等将产生较好的影响，油品泊位设施的建设、营运将带来新文化、新思想，由于就业人员的增加，将带动文化、教育和卫生事业的发展。

5）项目建设对所在地区不同利益群体的影响。该项目的建设，主要获益的是港口生产管理人员及临港工业的从业群体，相对来说受损的是被拆迁居民。但这主要考虑拆迁的机会成本。从目前当地政府对被拆迁居民群体的利益考虑和安排来说，拆迁的机会成本基本已经得到比较妥善的考虑，基本上照顾了各相关利益群体的要求，是个多赢的项目。

6）项目对当地基础设施、社会服务容量和城市化进程的影响。由于该项目需要增加服务网点，为当地居民增加了社会服务容量。该项目的建设将加快当地城市化进程，由于直接和间接就业人员的增加，将推动房地产业的同步建设。

（4）社会适应性分析。

1）与项目相关的不同利益群体对项目建设和运营的态度。该项目的建设涉及当地的利益群体主要有建筑业、运输业以及服务业等。根据项目的性质分析，当地的建筑业、运输业、服务业将对该项目抱有积极参与的态度。

2）项目所在地各级组织对项目的态度。拟建项目的所在地各级地方政府对该项目的建设和运营抱着强烈支持的态度。由于项目的建设对当地经济所产生的积极影响，各有关组织都表示全力支持，涉及的主要部门有港务、交通、电力、水务、工商、税务等。该项目的建设能够带来较为可观的经济效益，能够增加就业机会，增加当地的税收。项目投产后，带动了当地港口物流业的发展，促进了当地经济的发展。因此，当地对该项目的建设持积极配合的态度。

3）地区文化状况对项目的适应程度。该项目所在地××市是一个具有现代气息、环境幽雅的经济较为发达的城市，当地居民受教育的程度较高，文化教育状况能够适应项目所要求的教育水平，根据目前××市的技术和文化教育状况，能适应项目所要求的技术条件，能保障项目所要求的技术要求，可以保证项目建设和运营的顺利实施。

2. 自然环境和建设条件

（1）岸线利用。该工程拟建位置位于 N 港区中作业区，码头位置与《××港总体规划》中选定的大型油品泊位位置一致。拟建码头为开敞式码头，蝶形布置，码头长度为××m，作为原油码头使用。该工程本着集约使用岸线的原则进行港口岸线布置，符合《石油井下取样器》（SY/T 5165—2021）中关于码头长度计算的规定，满足防洪及通航安全的要求。平面布置与规划一致，充分考虑整体协调性，合理预留未来发展空间，不影响周边港口岸线、航道的使用。

（2）土地及海域利用。该工程拟建位置位于 N 港区中作业区，码头位置与《××港总体规划》中选定的大型油品泊位位置一致。本设计不含陆域罐区，码头通过已建B万t原油码头引桥与后方陆域衔接。该项目码头工程不涉及征地。该项目海域使用类型属于交通运输用海，码头用海方式属于透水构筑物用海，航道及港池用海方式为开放式用海。码头及栈桥用海××m，港池与调头水域用海×× m。

(3) 自然条件。拟建工程位于××港××港区中作业区，地处××省××市××区。地理坐标××°××′××″N，××°××′××″E。水上距××港M港区××海里，距××港××海里。工程区年平均气温为××℃，历年极端最高气温为××℃，历年极端最低气温为－××℃。年平均降水量为××mm，单日最大降水量为××mm，月平均降水量为××mm。年最大降雨量为××mm，年最小降雨量为××mm。由于该海区处于季风气候区，因此降水量的分配具有季风气候的特征，年平均出现大雨××d，出现中雨××d，出现小雨××d。常风向为××，频率为××%；次常风向为××，频率为××%。年平均相对湿度为××%。全年中××～××月相对湿度最大，月平均在××～××%，其中××月最大，××月至翌年××月相对湿度较小，月平均在××～××%。平均潮位为××m，最高潮位为××m，平均高潮位为××m，最低潮位为－××m，平均低潮位为××m，平均潮差为××m，最大潮差为××m。设计高水位为××m，设计低水位为××m，极端高水位为××m，极端低水位为 －××m。常浪向是偏××向，其××向浪频率为××%。本海域半日潮流居主导地位。潮流基本为往复流形式运动，岸边流向平行于海岸。

该工程在大地构造上处新华夏系的××区。区内基岩广泛出露，其岩性主要是××晚期花岗岩（似斑状花岗闪长岩）和元古界变质岩系；长期处于剥蚀环境，缺失古、中生界，第四系不发育。近岸水深条件较好，底质为砂砾，基岩埋藏较浅。水下地貌类型为水下沙滩及淤泥质浅滩，水下地形自东至西略微倾斜，岸边岩性主要为砂土，岸坡坡度较小，岸坡稳定性较好。场区抗震设防烈度为7度，设计基本地震加速度值为××g，地震动反应谱特征周期为××s。

(4) 交通条件。N港区陆路交通便利，铁路直通港区，物资集疏运条件较好。××公路直通港口，与×× 国道交叉，××高速，××高速，××国道，××、××省道和沿海公路纵横境内，公路运输便捷。港区公路距××市区学校××km、××市××km、××港××km。港区水路至××市××n mile，至××港区××n mile，至××港××n mile。××铁路直达港口，与××线于××接轨，进而与××线、××线等铁路干线连通。同时，由××站向西经××、××至××，形成了另一条与陇海线并行的东西铁路大动脉。××港区海上运输可直达我国沿海各主要港口，并与美国、俄罗斯、日本、韩国、加拿大等80多个国家和地区的重要港口通航。目前××已形成了具有强大辐射能力的交通网络和较好的运能结构。

(5) 施工条件。××港××港区水陆交通便利，市政道路与港内道路连接通畅，可直接到达该项目工程位置，该项目所在港区距××港××港区约××km。与该工程邻近的A万t级原油码头已经建成投产、B万t级原油码头即将建成投产，施工用水、电、通信可依托港区现有设施就近接管、接线。

××地区砂石料等地方建筑材料储量丰富，质地良好，可供该工程使用。工程建设所需的钢材、木材、水泥等可在当地的市场采购。港区工程建设条件优越，位于该项目后方罐区北侧现有的沉箱预制场，可满足该工程沉箱及混凝土梁板构件预制的需要。××港经过多年的连续建设，当地常驻多家具有相应资质，经验丰富并且配备大型专用施工设备的专业化航务、疏浚施工企业，具备承建该工程建设的能力。

3. 环境影响

(1) 水环境影响。

1) 现状质量。国家海洋局北海预报中心于20××年××月在工程海域进行了水环境质量现状调查，调查海域水中pH值、溶解氧、化学需氧量、石油类、无机氮、磷酸盐、汞、铜、锌、铅、镉均能满足相应功能区划水质标准的要求，无超标现象，调查海域海水水质质量良好。调查该海域沉积物中有机碳、硫化物、石油类、铜、铅、镉、锌、铬和汞均满足功能区划海洋沉积物质量标准的要求，调查海域沉积物质量良好。

2) 施工期影响预测及拟采取的环保措施。综合分析疏浚产生的悬浮物对水环境的影响，在模型中对疏浚区域内各代表性位置进行悬浮物影响区域计算，综合其所有最大可能影响范围，浓度大于××mg/L悬浮物最大可能影响面积约为××km、浓度大于××mg/L悬浮物最大可能影响面积约为××km、浓度大于××mg/L悬浮物最大可能影响面积约为××km。悬浮物不会对码头西南方向的××滩涂养殖区产生直接影响，并且随着工程结束，对工程周围水体的影响也将消失。

主要环保措施：施工现场应设置泥沙沉淀池，用来处理施工泥浆废水，禁止混凝土养护废水直排入海；陆域施工生活污水采用临时化粪池收集处理后经槽车送城市污水处理厂统一处理；施工船舶生活污水、船舶含油污水由具有相应资质的部门统一接收外运处理。

3）营运期影响预测及拟采取的环保措施。生活污水通过设在泡沫液罐房内生物处理槽生活污水处理设施预处理收集后，暂时委托××保洁服务中心处理，远期用环保车运送至××港区污水处理厂进行处理；码头面初期雨水污水通过设置在码头装卸工作平台阀门区设置局部封闭围坎收集，定期用环保车运送至××港区污水处理厂进行处理。

该工程到港船舶生活污水经接收上岸后暂时委托××保洁服务中心处理，远期送至××港区污水处理厂进行处理。到港船舶在港停留期间产生的机舱油污水必须由陆域设施进行接收。该工程营运期船舶油污水交由××市××船舶油舱清洗接收有限公司接收处理。

以上污水均不在港区排放，不会对周围水环境产生不利影响。

（2）海洋生态影响。

1）海域生态现状。对比20××年××月和20××年××月两次春季调查可以看出：

a. 浮游植物：

a）20××年××月调查海域中浮游植物隶属于硅藻、甲藻两个植物门，其中硅藻占总种数的××%，甲藻占总种数的××%；优势种主要为柔弱伪菱形藻和尖刺伪菱形藻。20××年××月调查海域中浮游植物隶属于硅藻、甲藻和金藻和蓝藻4个植物门，其中硅藻占出现浮游植物总种数的××%，甲藻占出现浮游植物总种数的××%，金藻和蓝藻分别占出现浮游植物总种数的××%；优势种主要为派格棍形藻、细弱圆筛藻和夜光藻。

b）20××年××月调查海区浮游植物生物量（湿重）平均为××mg/m，调查区浮游植物的个体数量平均为××个/m。20××年××月调查海区浮游植物生物量（湿重）平均为×mg/m，浮游植物的个体数量平均为××个/m。无论生物量还是个体数量20××年××月均高于20××年××月，这可能与20××年的调查范围较广有关。

c）20×年××月调查海域浮游植物多样性指数均值为××，浮游植物的生境质量等级为"差"；20××年××月浮游植物多样性指数均值为××，浮游植物的生境质量等级为"一般"，相对20××年××月生境质量等级有所改善，这可能与季节变化有关。

b. 浮游动物：

a）20××年××月优势种为中华哲水蚤（节肢动物门），20××年××月调查海域优势种类为双刺纺锤水蚤（节肢动物门）和强壮箭虫（毛颚动物门），20××年的优势种类较20××年丰富。

b）20××年×月调查海区浮游动物生物量（湿重）平均为××mg/m，调查区浮游动物的个体数量平均为××个/m。20××年×月调查海区浮游动物生物量（湿重）平均为××mg/m，浮游动物的个体数量平均为××个/m^3。无论生物量还是个体数量20××年××月均高于20××年××月，这可能与20××年的调查范围较广有关。

c）20××年××月调查海域浮游动物多样性指数的变化范围为××～××，平均值为××，20××年××月浮游动物生物多样性指数平均为××，其范围为××～××。两次调查海域的独有动物生境质量等级均为"差"。

c. 底栖生物：

a）20××年××月调查海域底栖生物以环节动物出现的种类数最多（占××%），节肢动物次之（占××%），调查海域常见种类有拟特须虫、索沙蚕、指节扇毛虫等。20××年×月调查环节动物出现的种类数最多，占底栖生物种类组成的××%；节肢动物次之，占底栖生物种类组成的××%，调查海域的常见种类有寡鳃齿吻沙蚕、拟特须虫、双栉虫、指节扇毛虫等。两次调查种类组成无显著差别。

b）20××年××月调查海域底栖生物量变化范围在××～××g/m之间，平均为××g/m；生物量组成以节肢动物略微占优势，其次为软体动物和环节动物。20××年×月调查海域底栖生物生物量变化范围在××～××g/m^2之间，平均为××g/m；生物量组成以软体动物和节肢动物占优势，其生物量分别占底栖生物重量组成的××%和×%。20××年××月的生物量高于20××年××月。

c）20××年××月调查海域底栖生物多样性指数均值为××，底栖生物的生境质量等级为“优良”，20××年××月调查海域底栖生物多样性指数均值为××，底栖生物的生境质量等级也为“优良”。

2）影响预测及拟采取的环保措施。该工程造成的底栖生物总经济损失为××万元，施工悬浮物浓度的增高造成渔业资源损失约为××万元，建议采取人工放流当地生物物种的生态恢复和补偿措施。具体人工放流种类以现状调查中底栖生物、潮间带生物、游泳生物以及鱼卵、仔稚鱼的优势种作为放流的对象，具体包括梭鱼、真鲷、日本对虾、三疣梭子蟹、沙蚕、大竹蛏等，放流费用共计768.38万元，放流地点为工程附近的水域。

（3）环境空气影响。

1）现状质量。评价区域的NO_2和SO_2质量良好，各评价指数均符合《环境空气质量标准》（GB 309—2012）中二级标准的要求，超标率为××%。PM_{10}、TSP最大占标率分别为××%、××%，最大超标率分别为××%、××%。各站位非甲烷总烃含量满足××mg/m的评价标准，超标率为0%。由监测结果可以看出，监测区域内TSP和PM_{10}超标现象十分明显。

2）施工期影响预测及拟采取的环保措施。在距施工现场下风向100m范围内，各不同施工环节总悬浮颗粒物单次监测在××～××mg/m之间，日均值基本满足《环境空气质量标准》（GB 3095—2012）中的二级标准；浓度影响值随风速的变化而变化，总的趋势是小风、静风天气作业时，影响范围小，大风天作业时污染较大；经采取适当的环保措施后，对1000m以外的环境空气质量影响微小。大风天气作业时污染较大，但是对于500m以外的环境空气影响较小。本次评价中距离工程最近的环境保护目标——××小学相对该工程距离××km，可以认为工程施工对各敏感点的空气质量不会产生明显影响。主要环保措施：施工场地要定期洒水、清扫；水泥和其他易飞扬的细颗粒散体材料，应安排在临时仓库内存放或严密遮盖，运输时防止洒漏、飞扬，卸运尽量在仓库内进行。

3）营运期影响预测及拟采取的环保措施。该工程营运期间产生的 NMHC 不会对周边环境造成影响，也无须设置环境防护距离。该工程营运期卸船作业产生的非甲烷总烃发生量很小，卫生防护距离小于××m，考虑该工程输油管线距离最近的环境敏感目标约为××m，码头距离最近的环境敏感目标约为××m，该工程不需设置卫生防护距离。

主要环保措施：除在工程设计上选用性能和材质较好的管道、阀门及泵机外，营运中还须重视设备管线的日常维护、管理，努力提高设备运行完好率，杜绝管线、阀门和泵机的跑、冒、滴、漏，实行清洁生产。对于滴漏码头地面的原油，应及时用棉纱、吸油材处理，从而减少进入空气环境 NMHC 的数量；要经常检查管道的焊接处，确保营运过程中管道安全，不对外排放物料气体。

（4）声环境影响。

1）声环境质量现状。除××小学监测站位出现夜间超标的情况，其余各监测点噪声值均达标，该区域声环境质量较好。

2）施工期影响预测及拟采取的环保措施。该工程施工的机械噪声主要来自打桩和挖掘机的机械噪声，为多个点状噪声源叠加，施工的主要机械为自卸卡车、挖掘机。由预测结果可以看出，施工机械的作业噪声白天在××m 以外，夜间在××m 以外。本次评价最近的环境空气敏感点××小学距施工现场××km，因此工程施工期对声环境保护目标的影响很小。主要环保措施：加强机械、车辆的维修、保养；做好陆域施工机械和运输车辆的调度和交通疏导工作。

3）营运期影响预测及拟采取的环保措施。运用噪声衰减公式计算结果可知：根据工程营运后各输油泵房、空气压缩机房等设施的噪声值白天经过××m 衰减，夜晚经过××m 衰减，可以满足《工业企业厂界环境噪声排放标准》（GB 12348—2008）中的昼间 65dB、夜间 55dB 的三类标准的要求。该工程距离港界处约××m，噪声源衰减到场界后，工程建设产生的噪声在港界处完全能够达标。主要环保措施：高噪声设备安装消声器；加强机械、车辆和设备的保养维修。

（5）固体废物影响。施工期固体废物的主要来源为施工期施工船舶垃圾、生活垃圾、废弃建材等。其中施工期的废弃建材可以回收利用，施工单位应注意集中收集，由废品回收单位进行回收再利用。船舶垃圾由垃圾船接收后送入城市垃圾处理厂统一处理。码头施工人员活动过程产生的生活垃圾集中收集后送入城市垃圾处理厂统一处理。

营运期间到港船舶垃圾及时接收并予以分选检疫，送××市××船舶油舱清洗接收有限公司接收处理；普通的生活垃圾和生产垃圾上岸运送至城市垃圾处理场处置；部分垃圾应作为危险废物妥善处理，根据固体废物处理的有关规定，应交由有资质的处置单位处理。

（6）环境风险影响。

1）溢油预测。在码头前沿发生操作性事故时，在静风条件下涨潮期油膜向码头西南水域漂移，最大漂移距离约为××km，约××h 油膜抵达××浅海养殖区，约××h 抵达××滩涂养殖区漂移，约××h 抵达××赶海园水域；落潮期油膜向码头东偏北水域漂移，最大漂移距离约为××km，约××h 油膜向××港区外堤东侧水域，至期末油膜抵达××港南部浅海养殖区南侧约××m。

在航道交叉处发生海损溢油时，在静风条件下涨潮期油膜向西南漂移，最大漂移距离约为××km，约××h 油膜抵达××浅海养殖区，约××h 抵达××滩涂养殖区、赶海园水域，落潮期油膜向北漂移，最大漂移距离约为××km，约××h 油膜抵达××港南部浅海养殖区，约××h 抵达大竹蛏种质资源保护区；在不利风况条件下涨潮期油膜向西偏南漂移，油膜漂移最大距离约为××km，约 2h 油膜抵达××浅海养殖区，约××h 抵达××滩涂养殖区、赶海园，并继续向××岸滩漂移，落潮期油膜向溢油点北侧水域漂移，油膜漂移最大距离约为××km，约××h 油膜抵达××浅海养殖区、大竹蛏种质资源保护区，并继续向北漂移，对养殖区、保护区水体产生不利影响。

2）码头事故。码头发生火灾事故时，燃烧伴生的SO_2、CO超LC50浓度的范围内无敏感目标，但超短时间接触容许浓度范围内涉及敏感目标。码头作业平台一旦发生火灾事故，应组织下风向环境敏感点人员撤离。当发生码头事故时，油品不断地挥发，将污染码头周围的空气。在所预测的几种气象条件下，泄漏挥发最大落地浓度均小于半致死浓度，因此发生泄漏事故不会对敏感点居民造成致死伤害。

3）管线泄漏预测。当发生泄漏时，油品不断地挥发，将污染管道周围的空气。在所预测的几种气象条件下，泄漏挥发半致死浓度出现的距离不大，因此在发生泄漏事故时，建设单位在启动应急预案时应及时通知管道周围群众向事故上风向撤离。同时，需立即启动包括稀释、筑堤、倒流、覆盖、堵漏、抢修等在内的补救措施，这样泄漏的原油量一般不会很大。因此，该项目风险是可以控制的，风险属于可接受范围。

4）风险事故的预防及应急措施。施工作业期间所有施工船舶须按照国际信号管理规定显示信号；施工作业船舶在施工期间要加强值班瞭望，施工作业人员应严格按照操作规程进行操作；严禁施工作业单位擅自扩大施工作业安全区。同时，该项目配备了必要的溢油应急设施。此外，对于评价范围内的敏感点，应该进行定期宣传和警示，当事故发生时，应该及时通告。

4. 相关政策和规划的符合性

（1）发展规划符合性。

1）××省国民经济和社会发展第十二个五年规划纲要。在《××省国民经济和社会发展第××年规划纲要》中提出：鼓励建立稳定的省外煤炭供应基地和油气供应基地，同时加快港口和内河航道建设，推进××省××物流枢纽和国际航运中心建设，到20××年实现沿海港口货物吞吐量突破××亿t。因此，该项目的建设符合××省“加快港口建设，提高港口通过能力”的要求。

2）××经济区发展规划。《××经济区发展规划》是国务院以国函〔20××〕××号文件批复的，是“××五”开局之年第一个获批的区域发展规划，也是我国第一个以海洋经济为主题的区域发展规划。《××经济区发展规划》中提出：积极推动××临港产业聚集区建设，集中培育海洋先进装备制造、汽车零部件、油气储运加工等临港工业；加快集疏运体系建设，密切港口与腹地之间的联系，加快发展现代港口物流业；在立体交通体系规划方面，提出××港要提高大宗散货和油品港口地位，进一步扩大集装箱业务，服务大宗散货中转储运和集装箱支线运输。

3）××经济带区域发展规划。20×× 年××省公布的《××经济带区域发展规划》将打造三大经济区。其中，××经济区将重点发展石油化工等产业，依托××石化等骨干企业，围绕做大规模总量和提升效益水平，以原油及天然气为原料，延长油气化工产业链，大力推进重点项目建设，加快优势企业发展，形成以原油加工为龙头，以有机化工原料、合成材料、精细化工为主体的石油化工产业集群。该工程将主要服务于××—××石油管线，该项目的建设有利于促进××经济带区域的发展。

4）全国沿海港口布局规划。《全国沿海港口布局规划》明确××沿海以××、××、××为主布局大型、专业化的石油（特别是原油及其储备）、天然气等大宗散货的中转储运设施。

5）××省沿海港口布局规划。根据《××省沿海港口布局规划》，××港的性质和功能定位：是我国北方地区能源、原材料重要中转运输口岸及集装箱支线港，将以煤炭、矿石和原油等大宗散货中转运输为主，兼顾集装箱等其他运输，形成东北亚国际航运中心的骨干。

6）××港总体规划。《××港总体规划》明确××港是我国综合运输体系的重要枢纽和沿海主要港口，是国家重要的能源和原材料运输口岸，其中××港区以石油及液体化工品、大宗干散货运输为主，兼顾其他散、杂货运输，预留集装箱运输功能。因此，该项目建设符合××港口总体规划目标和方向。

（2）相关产业政策的符合性。根据国家发展改革委发布的《产业结构调整指导目录（20××年本）》规定，沿海万吨级、内河千吨级以上深水泊位属于水运行业的鼓励类项目。该项目属于为国家政策鼓励的水运行业和石油、天然气行业建设项目，其建设符合国家产业政策。

5. 相关前置性专项审批

该项目已经依据法律法规的相关要求，积极开展下列相关审批工作。

（1）交通运输部行业意见。交通运输部于20××年××月以《交通运输部关于××港××港区B万吨级原油码头扩建工程项目申请报告的意见》（交函规划〔20××〕××号）出具了该项目申请报告的意见，明确该项目的建设符合《××港总体规划》，同意建设1个B万t级原油码头，码头设计年通过能力××万t；同意该项目可研报告提出的设计方案。

（2）环境影响。环境保护部于20××年××月以《关于××原油码头扩建工程环境影响报告书的批复》批复了该项目的环境影响报告书。批复明确：该工程符合《××市城市总体规划（20××—20××）》和《××港总体规划》及规划环评要求。工程所在区域油品码头分布较为密集，地方政府应高度重视并落实区域环境风险防范与应急能力建设，全面落实报告书提出的各项生态保护、污染防治及环境风险防范措施，配合地方政府做好区域环境风险防范后，环境不利影响能够得到控制和缓解，同意按照报告书中所列建设项目的性质、规模、地点、环境保护措施进行建设。并要求工程建设必须严格执行配套的环境保护设施与主体工程同时设计、同时施工、同时投入使用的环境保护“三同时”制度。工程竣工后，建设单位必须向××环境保护厅书面提交试运行申请，经检测同意后方可进行试运行。在工程试运行期间必须按规定程序向环境保护部申请环境保护验收，验收合格后方可正式投入运行。

（3）用海。国家海洋局于20××年××月以《国家海洋局关于××原油码头扩建工程用海预审意见的函》出具了该项目的用海预审意见。意见明确：该项目用海已通过国家海洋局预审，同意按规定申请项目核准，并要求妥善处理与利益相关方的关系，并协调意见或协议提交国家海洋局。

（4）选址。××省住房和城乡建设厅于20××年××月以《建设项目选址意见书》选字第××号文颁发了该项目建设的选址意见书，选址意见书明确：该项目的建设符合城乡规划要求。

（5）安全预评价。国家安全生产监督管理总局于20××年××月以《关于〈××原油管道及配套工程××港区B万吨级原油码头扩建工程安全预评价报告〉备案的函》（文号略）对该项目进行了备案。

（6）通航安全影响。××海事局于20××年××月以《关于〈××原油码头扩建工程通航安全影响论证〉的审核意见》出具了该项目的通航安全影响论证报告的审核意见。意见明确：原则同意论证报告的结论、意见和专家意见，认真落实并进一步优化。按照相关规定和“三同时”原则，建设、完善安全及防污染配套设施设备，落实安全保障措施。抓紧落实配套锚地，加快配套航道改建工程的实施。

（7）职业病危害预评价。××市安监局于20××年××月以《建设项目职业卫生“三同时”审查意见书》同意《××原油码头扩建工程职业病危害预评价报告书》，并要求尽快开展职业病防护设施设计有关工程。

（8）国家发展改革委的批复。国家发展改革委于20××年××月以《国家发展改革委关于对××扩建工程项目核准的批复》（文号略）批复了该项目的核准申请报告。批复的主要内容：为提高××港原油接卸转运能力，完善外贸进口原油运输系统，适应腹地石油化工企业发展需要，同意建设××港××港区××码头扩建工程，建设规模：新建1个B万t级原油泊位及相应配套工程，码头××m，设计年通过能力××万t，投资估算××亿元。

6. 利益相关方调查

如果公众对建设项目不了解，就无法对项目作出合理的决策，因此，让公众了解项目概况是公众参与的第一步。为此公众调查表中附了××港××港区××码头扩建工程的位置及工程概况。公众参与调查表发放地址选择在港区周边一些村庄。让被调查人员自由填写调查表。回收的调查表和意见全部纳入统计分析中，不做任何选择和修改。

调查结果统计：

（1）在调查过程中，××位调查人与××家企业认为该工程的建设是有利的，对当地经济发展具有直接的促进作用，分别占××%与××%；××位调查人认为该工程的建设利大于弊，占××%；××位调查人认为该工程的建设不利，占××%。

（2）××位调查人与×家企业认为该项目建设不会引起社会稳定事件，分别占××%与××%。

（3）如果项目建设给调查人造成损失，××位调查人与××家企业表示愿意听从政府安排，配合业主单位，分别占××%与××%；××位调查人表示一旦造成损失，有条件同意建设，占××%。

（4）××位调查人与××家企业认为项目建成后对其生活与工作不会产生影响，分别占××%与××%；××位调查人与××家企业认为项目建成后对其生活与工作会产生一定影响，分别占××%与××%；××位调查人说不清楚项目建成是否会对其生活与工作产生影响，占××%。

（5）在不给当地的居民和企业造成损失的前提下，××位调查人与××家企业全部支持该项目的建设，分别占××%与××%；××人表示不支持该项目建设，占××%；××人表示无所谓，占××%。

通过本次调查了解到，群众集中反映的主要问题是项目建成后对经济社会的影响以及施工期间对生态环境的影响。经过项目组和业主的详细解释和沟通，群众了解工程情况后，首先肯定了该项目对经济发展的有利之处，绝大部分民众对工程建设表示支持，同时也提出一些有关他们比较关心的问题，这些问题主要集中在对工程可能带来的负面效应上。例如，渔民担心渔业减产，担心工程对周围环境的影响问题，因此他们希望工程业主单位要采取一定的措施，避免或减少他们所担心的问题发生。经过调查，项目组认为，总体上公众对项目持肯定意见。

项目组将公众的意见反映给业主单位，业主单位表示这些意见和建议是真实可信的，一定会认真采纳、贯彻和实施，争取把每一点落实到实际工作中；业主单位明确表示一定严格执行国家相应的法律、法规以及规范性文件提出的各项措施与要求，在建设中和建成投产后注重安全、环保、节能和卫生等工作，确保该项目处在较低的社会稳定风险程度中。目前，业主单位通过采纳公众调查的意见和建议，在项目设计和实施中已考虑到可能产生的安全、环保、节能和卫生问题，同时积极制定了相关风险防范和化解措施，优化施工期间的组织方案，保证工程的平稳顺利开展。

7. 同类项目曾引发的社会稳定风险案例

由于原油码头很少发生原油泄漏事故，目前暂未有公开报道由于油码头原油泄漏导致群众上街游行或打砸抢烧等社会稳定事件，故引用青岛黄岛油库油罐爆炸起火事故，为预防类似事件提供参考。

（1）事件概况。1989 年 8 月 12 日，由于非金属油罐本身存在的缺陷，遭对地雷击产生感应火花致使黄岛油库老罐区 5 号混凝土油罐爆炸起火，大火烧掉原油 4 万多立方米，占地 1667mm 的老罐区和生产区的设施全部烧毁，造成直接经济损失 3540 万元。600t 原油流入海里，使附近海域和沿岸受到一定程度的污染。在灭火抢险中，10 辆消防车被烧毁，19 人牺牲，100 多人受伤。

（2）措施。

1）党中央和国务院对这起震惊全国的特大恶性事故给予了极大关注，领导人打电话向青岛市人民政府询问灾情，并亲临火灾现场视察指导救灾；

2）全国各地紧急调运了 153t 泡沫灭火液及干粉。北海舰队也派出消防救生船和水上飞机，直升机参与灭火，抢运伤员；

3）山东省和青岛市的负责同志及时赶赴火场进行了正确指挥；

4）山东省各地市公安消防部门，青岛市公安消防支队及部分企业消防队，共出动消防干警 1000 多人、消防车 147 辆。黄岛区组织了几千人的抢救突击队，出动各种船只 10 艘；

5）给予事故相关责任人警告、记大过等处分。

对于这场特大火灾事故，国家有关领导指示："需要认真总结经验教训，要实事求是，举一反三，以这次事故作为改进油库区安全生产的可以借鉴的反面教材。"

（3）经验。通过对此次事件的分析，在社会稳定方面，该项目可以借鉴的是：

1）各类油品企业及其上级部门必须认真贯彻"安全第一，预防为主"的方针，各级领导在指导思想上、工作安排上和资金使用上要把防雷、防爆、防火工作放在头等重要位置，要建立健全针对性强、防范措施可行、切实解决问题的规章制度。

2）对油品储运建设工程项目进行决策时，应当对包括社会环境、安全消防在内的各种因素进行全面论证和评价，要坚决实行安全卫生设施与主体工程同时设计、同时施工、同时投产的制度。切不可只顾生产，不要安全。

3）充实和完善油气设计规范和防火防爆安全管理规定，严格保证工程质量，把隐患消灭在投产之前。

4）研究改进码头工艺等油库区防雷、防火、防地震、防污染系统；采用新技术、高技术，建立自动检测报警联防网络，提高油库自防自救能力。

5）强化职工安全意识，克服麻痹思想。对随时可能发生的重大爆炸火灾事故，增强应变能力，制订必要的消防、抢救、疏散、撤离的安全预案，提高事故应急能力。

四、风险识别、分析和评估

（一）风险识别

风险识别是为了发现、列举和描述可能影响到既定项目或项目阶段性目标实现的风险因素清单。围绕该项目的建设和运行是否可能使群众的合法权益遭受侵害，从该项目生命周期内可能对外产生的负面影响，项目与当地经济社会的相互适应性等方面，全面、动态、全程识别该项目建设和运行可能诱发的社会矛盾和社会稳定风险事件（包括对社会稳定可能造成重大负面影响的各种群体性或个体极端事件），识别影响该项目总体目标顺利实现的各种社会稳定主要风险。

中咨公司项目组根据港口行业特点和经验，总结并制定了在港口工程建设和运营中出现过的影响社会稳定的主要风险，汇总形成风险因素对照表，类型包括政策规划及审批程序、征地征海拆迁及补偿、技术经济、生态环境影响、项目管理、经济社会影响、项目安全生产、海域使用、通航安全、职业卫生健康。该项目依据有关法律法规及项目可研报告和有关风险调查资料，在与××名专家讨论意见的基础上，依据风险因素对照表，识别了该项目的主要风险，对照表中包含了 9 大类 36 个风险因素，详见表 6-11。

表 6-11　　　　风险因素对照表

类型	序号	风险因素	评价指标	是否为主要风险	说明
政策规划及审批程序	1	立项、审批程序	项目立项、审批的合法合规性	否	该项目按照相关规定办理了合法的审批程序

续表

类型	序号	风险因素	评价指标	是否为主要风险	说明
政策规划及审批程序	2	产业政策、发展规划	项目与产业政策、总体规划、专项规划之间的关系等	否	该项目符合《××沿海港口布局规划》《××港总体规划》和《全国海洋功能区划》，符合《产业结构调整指导目录（2011年本）》的规定
	3	立项过程中公众参与	规划、环评审批过程中的公示，负面反馈意见等	否	该项目已在××市环保局网站公示，对公众反馈意见已经采纳
征地征海拆迁及补偿	4	土地房屋征收及补偿	项目征地、拆迁及补偿工作	否	该项目不占用土地，不涉及征地拆迁及移民安置问题
	5	海域征收及补偿	项目使用海域征收及补偿工作	否	该项目总用海面积××m^2，其中码头透水构筑物用海××m^2，港池与停泊水域用海为××m^2。该项目已通过国家海洋局预审。该项目涉及征海，少部分渔民对海域的依赖性比较强，在施工期可能对渔业有微小影响
生态环境影响	6	大气污染物排放	项目界内、沿线、物料运输期间各污染区排放与环保排放标准限值之间的关系，与人体生理指标的关系，与人群感受之间的关系，包括施工期、运营期两个阶段	否	建设场地周围无敏感点。施工粉尘、施工机械废气、施工船舶废气对敏感点不会产生影响。运营期工程不会对周边区域环境空气质量带来明显不利影响
	7	水体污染物排放		否	工程回旋水域疏浚作业产生的悬浮物将对水环境产生影响，但这些影响是暂时的，随着施工结束影响将很快消失。疏浚作业严格按规定采取措施后回填入指定区域，影响相对较小。码头接收的含油废水和生活污水、陆域生活及含油污水，经后方库区新建的含油污水和生活污水处理设施处理后回用于库区绿化，对周边环境影响较小

续表

类型	序号	风险因素	评价指标	是否为主要风险	说明
生态环境影响	8	海洋生态影响	项目界内、沿线、物料运输期间各污染区排放与环保排放标准限值之间的关系，与人体生理指标的关系，与人群感受之间的关系，包括施工期、运营期两个阶段	否	该项目对海洋生态环境的影响主要发生在施工期。施工期生态影响主要在挖泥、基槽挖泥的施工范围内，施工作业内容将直接破坏底栖生物生境，但这些影响都在可承受范围之内。随着施工期结束，这些不利影响也会逐渐消除
	9	噪声影响		否	工程施工期和运营期对声环境保护目标的影响很小。满足《工业企业厂界环境噪声排放标准（GB 12348—2008）》中的三类标准的要求。该工程距离港界处约××m，噪声源衰减到场界后，工程建设产生的噪声在港界处完全能够达标
	10	固体废弃物	固体废弃物能否纳入环卫收运体系，保证日产日清；建筑垃圾、大件垃圾、工程渣土、有毒有害固体废弃能够得到规范处置	否	施工期固体废物的主要来源为船舶垃圾、生活垃圾、废弃建材等。其中施工期的废弃建材可以回收利用，施工单位应注意集中收集，由废品回收单位进行回收再利用。船舶垃圾由垃圾船接收后送入城市垃圾处理厂统一处理。码头施工人员活动过程产生的生活垃圾集中收集后送入城市垃圾处理厂统一处理。 营运期间到港船舶垃圾及时接收并予以分选检疫，送××市××船舶油舱清洗接收有限公司接收处理；普通的生活垃圾和生产垃圾上岸运送至城市垃圾处理场处置；部分垃圾应作为危险废物妥善处理，根据固体废物处理的有关规定，应交由有资质的处置单位处理

续表

类型	序号	风险因素	评价指标	是否为主要风险	说明
生态环境影响	11	溢油影响	是否存在溢油事故风险，造成海洋生态污染等	是	该工程在卸船作业过程中，有可能发生原油泄漏事故，原油一旦大量泄漏，会在码头面地面上流淌、积聚，形成一定厚度的液池，将对海洋生态、渔业资源、人体健康造成较大不利影响，对项目周边的养殖区和经济鱼类造成较大损失
	12	外海抛泥	是否存在工程场地淤泥清除及外抛至远海	否	该项目淤泥外抛，不会对附近海域造成不利影响
项目管理	13	项目“五制”建设	法人负责制、资本金制、招投标制、监理制和合同管理制	否	该项目业主单位有法人负责制、资本金制、招投标制、监理制和合同管理制等项目管理制度，且比较完善
	14	项目单位六项管理制度	审批或核准管理、设计管理、概预算管理、施工管理、合同管理、劳务管理等	否	该项目业主单位制定有审批或核准管理、设计管理、概预算管理、施工管理、合同管理、劳务管理等相关管理制度
	15	施工方案	施工措施与相邻项目建设时序的衔接，实施过程与敏感时点的关系，施工周期安排是否干扰周边居民生活	否	本地区有经验丰富的水运施工企业，陆域施工队伍也较多，且具有在××的施工经验。因此，该工程的施工队伍、施工力量完全可以承担工程的施工任务
	16	文明施工和质量管理	违反文明施工和质量管理的规定，造成环境污染、停水、停电、停气，影响交通突发情况等	否	该项目施工期间可能对周边环境造成一定的污染，工程车辆以及土方车辆会对周边交通造成一定的影响

续表

类型	序号	风险因素	评价指标	是否为主要风险	说明
项目管理	17	社会稳定风险管理体系	项目单位和当地政府是否就项目进行充分沟通，是否对社会稳定风险予以充分认识并做到各司其职，是否建立社会稳定风险管理责任制和联动机制，是否制定相应的应急处置预案等	是	社会稳定风险管理体系是防范和控制社会稳定风险的有效措施，也是该项目正常运行的有效保障
	18	资金筹措和保障	资金筹措方案的可行性，资金保障是否充分	否	该项目资金筹措方案满足《国务院关于调整固定资产投资项目资本金比例的通知》(国发〔2009〕27 号）的要求，资金保障充分
经济社会影响	19	就业和群众收入影响	项目建设、运行对周边居民总体就业率的影响和特地人群收入水平，以及收入不均匀程度变化等产生较大影响	否	该项目的建设和投入对当地群众收入不会产生负面影响，项目周边的机构和人群基本都是该项目建设的直接和间接受益人群，同时该项目的建设和投入使用将创造一定的就业机会，带动当地的经济发展和居民收入
	20	流动人口管理	施工期流动人口变化、运行期流动人口变化管理的影响	否	施工期间，施工队伍以及相关流动人员可能形成社会不稳定因素，对周边居民的正常生活和治安管理造成一定的影响
	21	对周边交通的影响	施工方案对周边人群交通出行的考虑，运行期项目周边公共交通变化情况	否	项目施工期间的作业车辆的水平运输车辆路线造成的车流量增加可能对周边交通情况造成一定的影响，但影响不大，营运期原油采用管道运输，不会对周边交通产生影响

续表

类型	序号	风险因素	评价指标	是否为主要风险	说明
经济社会影响	22	相关生活成本	项目建设、运行引起当地基本生活成本（水、电、燃气、公交、粮食、蔬菜、肉类）的提高等	否	该项目不会对当地基本生活成本有显著影响
	23	社会治安和公共安全	施工队伍规模、管理模式，运行期项目雇佣员工情况分析	否	××港经过多年的连续建设，已经形成了较好的施工依托条件。项目实行董事会领导下的总经理负责制，人力资源配备合理
项目安全生产	24	施工安全	施工期存在的危险、有害因素和安全管理制度	否	现有施工技术力量强，施工经验丰富的施工队伍，且施工设备齐备，施工企业对该区域的地质水文情况及施工环境比较熟悉，积累了大量的工程施工经验
	25	运营安全	运营期作业时存在的危险、有害因素和安全管理制度	否	该项目建设单位经营油码头设施多年，具有丰富的经营经验。建设单位在加强施工质量监督和监理，投产后认真执行各项安全规章制度基础上，该工程存在的各种潜在危险、有害因素是能够得到控制的，能够满足工程建成后的整体安全要求
	26	消防安全	项目可能发生火灾的概率，以及相关防范、控制措施	是	该工程作业对象为易燃易爆货种，在运营过程中易发生原油泄漏事故。原油一旦大量泄漏，会在码头地面上流淌、积聚，形成一定厚度的液池，该项目码头泄漏液池面积为工作台阀门操作区用拦油坎围起的面积。若遇到雷击、火源，液池将被点燃，发生火灾。此外，停靠在码头的船舶船舱在特定情况下，也可能发生火灾。一旦发生，处于液池之中及火焰所触及的人员和设备将遭受致命的破坏，而液池周围的人员和设备设施将因距液池远近而遭受不同程度火焰热辐射危害

续表

类型	序号	风险因素	评价指标	是否为主要风险	说明
海域使用	27	用海区域	项目海域使用选址关于区位条件、交通状况、社会经济条件和腹地状况的合理性	否	该项目选址区域的区位条件、交通状况、社会经济条件和腹地状况等方面内容均适宜工程建设
	28	用海方式	项目码头和陆域用海方式是否合理	否	用海方式包括填海造地，建设非透水构筑物、透水构筑物和港池
	29	用海面积	项目用海面积的合理性	否	该项目总用海面积为××m^2，其中码头透水构筑物用海面积为××m^2，港池与停泊水域用海为××m^2。该项目平面布置符合港口、道路相应设计规范的要求，满足项目正常营运和安全要求
工程方案	30	码头参数	项目码头长度、前沿高程、低标高、停泊水域宽度、回旋水域的设计参数是否满足要求	否	该项目相关设计参数均能满足相关设计规范的要求
	31	水文气象	船舶进出港受相关水文气象条件（能见度、风、水流、浪、冰）的影响	否	该项目自然条件良好，受风、水流、浪影响较小
	32	航道条件	航道的宽度、水深、弯曲度以及交叉状况对船舶通航的影响	是	航道位于该项目水域东侧，航道有效宽××m，底标高－××m，为满足大型船舶进出港及N港区可持续发展，需在现有航道基础上实施航道二期建设
	33	锚地条件	锚地的水深和容量对船舶通航安全的要求	是	锚地拟对××港××港区规划的二号锚地进行扩建，建议业主协调相关部门予以落实
	34	导助航设施	项目配置的导助航设施是否满足通航安全要求	否	××港导助航系统由海上助航标志、陆上导标组成，其导航定位近岸段以导标为主、浮标为辅，远岸段以浮标为主，满足通航安全要求

续表

类型	序号	风险因素	评价指标	是否为主要风险	说明
工程方案	35	通航安全	港口交通管理水平	否	该项目泊位的建设投产后，××港仍将有油品泊位相继投产运营，大船船舶交通流将不断增加，大小船舶混杂航行将增大该水域通航风险。在有限的通航环境下，船舶会遇距离近，存在一定的安全隐患，需注意协调施工船舶与其他通航船舶的安全避让
职业卫生健康	36	环境因素	项目职业卫生健康所涉及环境因素的影响	否	该项目确定的职业病危害因素有苯、甲苯、二甲苯、戊烷、硫化氢、汽油、工频电场和噪声，虽然苯、硫化氢为《高毒物品目录》中的高毒物质，但是苯、甲苯、二甲苯、戊烷、硫化氢、汽油均为原油中的成分，只有在特定的催化剂作用下才会大量分离出来，该项目正常生产过程中，原油只在密闭的管道中输送，作业场所中的苯、甲苯、二甲苯、戊烷、硫化氢、汽油等危害基本不会达到对作业工人产生职业中毒的浓度。危害因素的浓度或强度均符合国家标准

根据前述风险调查工作，依据社会稳定风险调查所获得的信息资料，应用专业知识和经验，运用风险对照表法和专家调查法进行风险识别，识别出影响该项目目标顺利实现的各种社会稳定风险，通过分类整理，明确判断出影响该项目的主要风险。该项目项目共识别出 5 个主要风险，详见表 6-12。

表 6-12　　主要风险表

序号	风险类型	主要风险
1	生态环境影响	溢油影响
2	项目管理	社会稳定风险管理体系

续表

序号	风险类型	主要风险
3	项目安全生产	消防安全
4	工程方案	通航条件
5		锚地条件

（二）风险分析

风险分析是识别风险的限度和影响范围、识别风险和项目之间的依赖关系、确定风险发生的可能性和既定目标的相关影响。风险估计是指在对不利事件所导致损失的历史资料分析的基础上，对特定不利事件发生的可能性以及风险事件发生所造成的损失作出估计，并确定风险等级，以便作出风险应对措施的过程。该项目社会稳定风险主要发生在项目实施和运营阶段，其中需重点关注、必须采取防范和化解措施的社会稳定风险如下。

1. 溢油影响

该项目在卸船作业过程中，有可能发生原油泄漏事故，原油一旦大量泄漏，会在码头面地面上流淌、积聚，形成一定厚度的液池，将对海洋生态、渔业资源、人体健康造成较大不利影响，对项目周边的养殖区和经济鱼类造成较大损失，如不采取应对措施，可能导致社会稳定风险事件。

2. 社会稳定风险管理体系

项目业主单位与当地政府就该项目开展充分沟通，风险预防和应急机制有待进一步明确。

3. 消防安全

该工程作业对象为易燃易爆货种，在运营过程中易发生原油泄漏事故。该项目码头泄漏液池面积为工作台阀门操作区用拦油坎围起的面积。若遇到雷击、火源，液池将被点燃，发生池火灾。此外，停靠在码头的船舶船舱在特定情况下也可能发生火灾。一旦发生，处于液池之中及火焰所触及的人员和设备将遭受致命的破坏，而液池周围的人员和设备设施将随着距液池的远近遭受不同程度的火焰热辐射的危害。

4. 通航条件

航道位于该项目水域东侧，目前航道有效宽××m，底标高－××m，无法满足××万t级油轮进出港的航道条件，为保持N港区可持续发展，需在现有航道基础上实施航道二期建设。

5. 锚地条件

该工程拟选用××港××港区二号锚地及规划设立的大型油轮锚地。二号锚地位于一号锚地西侧约××km处，位于航线北侧，锚地天然水深为－××m，目前锚地主要为×× 万t级以上（含××万t级）、×× 万t级以下油轮服务，无法满足××万t油轮停泊的要求，需要对现有二号锚地进行扩建。规划设立的大型油轮锚地尚未开工建设。

（三）风险估计

社会稳定风险估计是对识别出的社会稳定风险因素的风险程度做进一步的分析、预测和分析，预测可能引发的风险事件，分析其引发风险事件的可能性，以及影响程度（后果），综合判断其风险程度。

在上述风险因素对照表的基础上选择主要风险，在分析原因的基础上，对主要风险的风险程度做进一步的分析、预测和评价，剖析引发风险的直接和间接原因，预测和估计可能引发的风险事件，分析其引发风险事件的可能性，采取专家打分方式，判断各主要风险的风险程度。项目组对识别出的5个主要风险进行了风险程度估计，其中风险可能性和影响程度由专家通过打分汇总综合确定，见表6-13。

表6-13　　主要风险及其风险程度汇总表

序号	主要风险（w）	风险概率（p）	影响程度（q）	风险程度（R）
1	溢油影响	一般	一般	可接受
2	社会稳定风险管理体系	一般	一般	可接受
3	消防安全	一般	一般	可接受
4	通航条件	一般	较小	可接受
5	锚地条件	较低	较小	可接受

从汇总表中可以看出，根据风险判断标准，在采取措施前该项目5个主要风险的风险程度均为“可接受”。

（四）社会稳定风险判断及汇总

对该项目社会稳定风险的发生阶段、可能导致的风险事件及风险程度进行分析，其中风险的发生阶段可包括项目前期决策、准备、实施、运营四个阶段。我们对 5 个主要风险可能引发的风险事件、发生阶段及风险程度进行了列表分析，该项目社会稳定风险汇总如表 6-14 所示。

表 6-14　　社会稳定风险汇总表

序号	风险类型	主要风险	风险事件	发生阶段	风险程度
1	生态环境影响	溢油影响	该工程在卸船作业过程中，有可能发生原油泄漏事故，原油一旦大量泄漏，会在码头地面上流淌、积聚，形成一定厚度的液池，将对海洋生态、渔业资源、人体健康造成较大不利影响，对项目周边的养殖区和经济鱼类造成较大损失，如不采取应对措施，可能导致社会稳定风险事件	运营阶段	可接受
2	项目管理	社会稳定风险管理体系	项目业主单位与当地政府就该项目开展充分沟通，风险预防和应急机制有待进一步完善	实施阶段 运行阶段	可接受
3	项目安全生产	消防安全	该工程作业对象为易燃易爆货种，在运营过程中易发生原油泄漏事故，原油一旦大量泄漏，会在码头面地面上流淌、积聚，形成一定厚度的液池，该项目码头泄漏液池面积为工作台阀门操作区用拦油坎围起的面积。若遇到雷击、火源，液池将被点燃，发生池火灾。此外，停靠在码头的船舶船舱在特定情况下也可能发生火灾。一旦发生，处于液池之中及火焰所触及的人员和设备将遭受致命的破坏，而液池周围的人员和设备设施将随着距液池的远近遭受不同程度的火焰热辐射的危害	运行阶段	可接受
4	工程方案	通航条件	航道位于该项目水域东侧，目前无法满足 B 万 t 级油轮进出港的航道条件，为保持 N 港区可持续发展，需在现有航道基础上实施航道二期建设	运行阶段	可接受
5	工程方案	锚地条件	该工程拟选用××港××港区二号锚地及规划设立的大型油轮锚地。二号锚地主要为×× 万 t 级以上（含×× 万 t 级）、×× 万 t 级以下油轮服务，无法满足××万 t 油轮停泊的要求，需要对现有二号锚地进行扩建。规划设立的大型油轮锚地尚未开工建设	运行阶段	可接受

五、风险防范和化解措施以及项目业主接受情况

风险防范和化解措施是选择并执行一种或多种改变风险水平的措施，包括改变风险事件发生的可能性或后果严重程度的措施。

（一）风险防范和化解措施

为了进一步从源头上防范、化解该项目实施、经营过程中可能引发的风险，项目业主及有关单位根据工程的特点，针对主要风险深入研究后提出一系列风险防范、化解措施，通过这些措施的落实能够把该项目的社会稳定风险化解在萌芽状态。该项目风险防范和化解措施汇总见表 6-15。

表 6-15　　风险防范和化解措施汇总表

序号	主要风险	实施时间	责任主体	协助单位	主要防范、化解措施
1	溢油影响	运营阶段	建设单位	××市环保局	（1）制定并严格执行溢油回收与阻止火势外溢的制度与措施方案，其主要内容包括及时动用溢油回收设施回收溢油。当溢油量较大时，宜在回收溢油的同时，使用便携式油气检测装置等。 （2）设置围油栏，阻止水面浮油的扩散，防止污染水域的扩大，使围油栏控制范围内的水面浮油层加厚，以利于用撇油器将浮油回收。使用围油栏先对油污范围进行控制，然后使用溢油回收设备对浮油进行回收。 （3）定期清除管件的锈蚀或油污，定期检查管道及管道连接处有无渗漏，在管道接点下方设置地沟等，防止原油跑、冒、滴、漏现象。 （4）加强油轮全程监控，规范油轮作业，禁止低标准船舶进入，提高到港油轮的安全技术状况。 （5）建立船舶交通管理系统，强化船舶交通管理，开展严格的安全检查，规范船舶航行锚泊和作业，强化现场监督管理。 （6）制定溢油事故应急小组，及时加强与地方政府部门、受影响的群众和相关媒体的沟通，保持信息的畅通，防止部分媒体恶意宣传和炒作而引起受损民众抗议和示威的事件发生。 （7）严格按照环境保护部的有关规定，落实环境影响报告书的相关要求

续表

序号	主要风险	实施时间	责任主体	协助单位	主要防范、化解措施
2	社会稳定风险管理体系	实施阶段 运行阶段	××区政府	建设单位	(1) 建立健全项目社会稳定协调小组工作机制，加强与当地政府基层管理机构保持经常性联系和沟通，及时协调化解有关社会稳定的风险因素。 (2) 项目建设单位按照有关要求组织制定社会稳定突发事件综合应急预案，并纳入当地有关政府应急预案体系，建立高效的应急联动工作机制
3	消防安全	运行阶段	建设单位	××市消防局	(1) 码头作业区防火、防爆的主要手段是控制和消除火源，码头营运过程中应制定严格的消防制度和监督、检查保障机制，包括严禁吸烟、严禁携带易燃易爆危险物品等措施，从源头上杜绝消防事故的发生。 (2) 加强对作业人员的安全意识和责任心的培养，避免和减少人为因素造成的消防事故，贯彻“预防为主、防消结合”的消防工作方针，认清油品码头的火灾危险性，确保消防安全。 (3) 建立健全各项消防安全制度和保障消防安全的操作规程，通过多种形式开展消防安全宣传教育，结合岗前培训对从业人员进行消防安全教育，提高员工的消防安全素质，组织开展消防业务学习和灭火技能训练，定期进行消防预案演练，提高自防自救能力。 (4) 加强出现事故后的协调和工作人员的心理辅助工作，防止出现情绪大幅度的波动，从而引发聚众闹事，造成财产重大损失和人员伤亡
4	通航条件	运行阶段	××市港航管理局	建设单位	(1) 积极关注并推动××港航道二期工程建设，争取与该项目同时建成投产，以保证该项目能够充分发挥经济效益。 (2) 完善交通安全保障服务能力和应急反应能力，在码头附近海域配备必要的导助航等安全保障设施。 (3) 加强航道内交通秩序的管理，注意避让其他船舶航行，防止与其他船舶碰撞，杜绝因与其他船舶发生冲突而引发社会稳定事件的发生。 (4) 在××港航道二期工程建设未完工之前，严格按照通航安全相关规定控制船舶通航

续表

序号	主要风险	实施时间	责任主体	协助单位	主要防范、化解措施
5	锚地条件	运行阶段	××市港航管理局	建设单位	（1）积极关注并推动××港二号锚地的扩建工程，并加快××万 t 级油品船舶锚地选划工作，争取与该项目同时建成投产。 （2）锚地位置应避免占用渔业养殖区，防止干扰当地渔民作业，避免和渔民产生冲突而引发抗议等事件。 （3）在××港航道二号锚地建设未完工之前，严格按照通航安全相关规定控制船舶停泊待航

（二）项目业主接受情况

项目业主单位已经对该项目的 5 个主要风险提出了具有针对性的风险防范和化解措施，措施中明确了相关政策法规的符合性和系统性。这些措施对相关风险的防范化解具有一定合理性和可行性，为确保项目的建设和运行提供了基础保障。

六、落实措施后的预期风险等级

（一）主要风险估计

对比未采用应对措施的主要风险估计结论，结合对风险防范及化解措施的分析，将该项目 5 个主要风险在实施防范化解措施后的风险可能性、影响程度和风险程度重新进行分析评估，结果见表 6-16。

表 6-16　　落实措施前后各主要风险变化汇总对比表

序号	主要风险	风险可能性		影响程度		风险程度	
		采取措施前	采取措施后	采取措施前	采取措施后	采取措施前	采取措施后
1	溢油影响	一般	较低	一般	一般	可接受	可接受
2	社会稳定风险管理体系	一般	较低	一般	较小	可接受	可接受
3	消防安全	一般	较低	一般	一般	可接受	可接受
4	通航条件	一般	较低	较小	很小	可接受	可忽略
5	锚地条件	较低	较低	较小	很小	可接受	可忽略

（二）项目社会稳定风险等级判断

（1）该项目符合现行国家相关法律法规以及国家有关政策的要求；符合港口布局相关规划；符合国家的产业政策和行业准入政策；项目目前已经开展安全预评价、职业卫生健康评价、通航安全论证、海域使用论证等审批工作，获得了国家发展改革委的批复。

（2）该项目环保措施较好，项目对所在地负面的社会影响基本没有，正面影响则较明显，项目周边的机构和人群基本都是该项目的直接或者间接受益群体。

（3）项目选址合理，所在区域为工业用地区域，不涉及征地拆迁；不存在影响文物等问题，符合土地利用规划要求。

（4）项目由具有综合甲级资质的设计单位设计论证并通过专家审查，可行性论证充分，技术成熟，配套设施完善，经济效益良好。

落实风险防范和化解措施前，5 个主要风险均为“可接受”等级。落实风险防范和化解措施后，风险程度减小到 3 个“可接受”和 2 个“可忽略”等级。

综上分析，落实风险防范和化解措施后，根据风险等级判断标准综合判定，该项目的风险等级为“低风险”。

（三）风险分析结论

利用风险对照表，通过专家打分从 9 大类 36 个风险因素中识别出该项目存在 4 大类 5 个主要风险，在落实风险防范和化解措施前，存在风险程度为 5 个“可接受”的主要风险。项目主要风险汇总见表 6-17。

表 6-17　　项目主要风险汇总表

序号	风险类型	主要风险	发生阶段	落实措施前	落实措施后
1	生态环境影响	溢油影响	运营阶段	可接受	可接受
2	项目管理	社会稳定风险管理体系	实施阶段 运行阶段	可接受	可接受
3	项目安全生产	消防安全	运行阶段	可接受	可接受
4	工程方案	通航条件	运行阶段	可接受	可忽略
5		锚地条件	运行阶段	可接受	可忽略

1. 溢油影响

该工程在卸船作业过程中，有可能发生原油泄漏事故。原油一旦大量泄漏，会在码头面地面上流淌、积聚，形成一定厚度的液池，将对海洋生态、渔业资源、人体健康造成较大不利影响，对项目周边的养殖区和经济鱼类造成较大损失，如不采取应对措施，可能导致社会稳定事件。

2. 社会稳定风险管理体系

项目业主单位与当地政府就该项目开展充分沟通，风险预防和应急机制有待进一步完善。

3. 消防安全

该工程作业对象为易燃易爆货种，在运营过程中易发生原油泄漏事故。原油一旦大量泄漏，会在码头面地面上流淌、积聚，形成一定厚度的液池，该项目码头泄漏液池面积为工作台阀门操作区用拦油坎围起的面积。若遇到雷击、火源，液池将被点燃，发生池火灾。此外，停靠在码头的船舶船舱在特定情况下也可能发生池火灾。一旦发生，处于液池之中及火焰所触及的人员和设备将遭受致命的破坏，而液池周围的人员和设备设施将随着距液池的远近遭受不同程度的火焰热辐射的危害。

4. 通航条件

航道位于该项目水域东侧，目前航道有效宽××m，底标高－××m，无法满足××万 t 级油轮进出港的航道条件，为保持××港区可持续发展，需在现有航道基础上实施航道二期建设。

5. 锚地条件

该工程拟选用××港××港区二号锚地及规划设立的大型油轮锚地。二号锚地位于在一号锚地西侧约××km 处，位于航线北侧，锚地天然水深为－××m 处，目前锚地主要为×× 万 t 级以上（含×× 万 t 级）×× 万 t 级以下油轮服务，无法满足××万 t 油轮停泊的要求，需要对现有二号锚地扩建。规划设立的大型油轮锚地尚未开工建设。

综上分析，落实风险防范和化解措施后，根据风险等级判断标准综合判定，该项目的风险等级为“低风险”。

附件：

（1）社会稳定风险调查表（个人）。

（2）社会稳定风险调查表（企业）。

（3）参加社会稳定风险分析人员名单。

（4）相关审批文件。

（5）总平面布置图（略）。

第七章

社会稳定风险评估报告编写和案例研究

第一节　评估报告编写

一、社会稳定风险评估工作的组织实施

（一）评估主体

1. 评估主体的确定

地方政府是社会稳定风险评估报告的编制责任主体。评估主体组织拟建项目的社会稳定风险开展评估论证工作，对项目单位组织编写的社会稳定风险分析报告进行评估，根据实际情况，采取多种方式听取各方面意见，分析判断并确定风险等级，提出社会稳定风险评估报告。社会稳定风险评估是由地方政府或其指定的机构组织完成的，并需要得到项目上报单位（地方发展改革委、行业主管部门及中央企业总部投资管理部门）的认可，作为上报可行性研究报告或项目申请报告的附件一并报送。

社会稳定风险评估报告应在拟建项目社会稳定风险分析报告编制的基础上，由地方政府通过征求各方意见，在调查研究的基础上实施完成。地方政府维稳主管部门可以自己组织评估，也可以是地方发展改革委或委托专业咨询机构组织评估。

2. 评估主体的任务和责任

评估主体要完成三项任务：①开展评估工作；②确定风险等级；③提出评估报告。评估主体要得到授权：由项目所在地人民政府或其有关部门指定。评估主体必须按规定程序和要求进行评估，遵守工作纪律和保密规定。

评估主体要对评估报告负责。不仅要对评估报告的内容负责，而且要对评

估报告编制的程序和质量负责。结果和过程同样重要。评估结论需要得到地方政府的认可，代表地方政府的意见，因此要由地方政府指定评估主体。不是简单的任务指定，更多的是强调责任归属。稳定压倒一切，维稳无小事，不能把重大工程社会稳定风险评估工作仅仅看成一项商业性咨询业务。

3. 评估主体开展评估工作应遵循的原则

（1）权责统一原则。由重大事项的承办部门具体组织实施社会稳定风险评估工作，按照“谁主管、谁负责”“谁决策、谁负责”“谁审批、谁负责”的要求，对评估结论负责。

（2）合法合理原则。评估重大事项必须依照法律、法规和政策，做到公开、公正，体现公平，符合大多数人民群众的意愿。

（3）科学民主原则。依照相关法律法规和政策制定科学、规范的评估标准，深入调查研究，多渠道、多方式、多层次征求意见，定性与定量分析相结合，充分论证，确保评估工作全面、客观、准确。

（4）以人为本原则。统筹考虑发展需要与人民群众承受能力，统筹考虑人民群众长远利益与现实利益，切实维护人民群众合法权益。

（5）公平效益原则。正确处理改革、发展、稳定的关系，把改革的力度、发展的速度与社会可承受程度统一起来，实现政治效益、经济效益的有机统一。

4. 评估主体开展评估工作的主要依据

评估的最主要依据就是项目业主单位负责编写的“社会稳定风险分析报告”。应把前置性批准文件作为社会稳定风险评估的重要依据，主要包括城乡规划、自然资源、生态环境保护、林业、水利等部门出具的规划选址、用地预审、环境影响评估、建设征地、房屋征收、移民安置、林地占用、水资源使用许可等项目审批、核准的专项审批文件。在评估报告中，应阐述社会稳定风险评估工作所依据的相关法律、法规和规范性文件；项目单位提供的可行性研究报告或项目申请报告中的社会稳定风险分析报告及有关材料；与项目有关的前置性批准文件等。

（二）评估要求

1. 评估的总体要求

（1）主体要恰当。完成重大工程建设项目社会稳定风险评估报告，首先要明确谁是评估主体。评估主体应由项目所在地人民政府或其有关部门指定。评估主体要对项目业主单位提交的“社会稳定风险分析报告”进行评估，完成评估报告。

（2）程序要合法。地方政府确定的评估主体出具的社会稳定风险评估报告，根据实际情况可以采取公示、问卷调查、实地走访和召开座谈会、听证会等多种方式听取各方面意见，分析判断并确定风险等级，提出社会稳定风险评估报告。

（3）评估要合规。评估报告应围绕项目建设实施的合法性、合理性、可行性、可控性进行评估论证，应包括拟建项目可能引发的社会稳定风险、各方面意见及采纳情况、风险评估的结论及对策建议、风险防范和化解措施以及应急处置预案等内容。

（4）责任要明确。要区分“评估报告”和“分析报告”的不同。“分析报告”由项目单位提出，由项目单位负责。“评估报告”由地方政府作出，由地方政府负责。地方政府或其有关部门指定评估主体具体实施评估报告的编写，应有承担该项业务的委托函，或者以政府会议纪要等方式予以认可。

2. 评估的工作要求

（1）坚持全面客观。应对投资项目社会稳定风险分析的内容和程序、分析方法，识别的风险、反映的意见，提出的预防、化解措施和应急处置预案，评判的风险等级以及风险分析报告进行全面分析、审核和评估。坚持全面调查与重点核查相结合、定量分析与定性分析相结合、经验总结与科学预测相结合，运用科学先进的且合适可行的方法与手段进行分析评估，秉承公正、客观、科学的态度，保证评估信息的准确性、使用方法的科学性、评估结论的正确性和预防、化解措施的有效性。

（2）坚持以人为本。以维护广大人民群众的根本利益为出发点和落脚点，充分考虑公民、法人和其他组织的合法权益、合理诉求，及早发现影响社会稳定的隐患，有针对性地采取措施，从源头上预防和减少矛盾，防范和化解社会稳定风险，保障项目的顺利实施。

(3) 坚持准确有效。评估报告要内容全面，重点突出，以严谨客观的分析论证为依据，全面回答有关各方所关注的问题，对项目可能引发的社会稳定风险、防范和化解措施及其可行性与有效性、项目的整体风险等级有明确的评估结论。

（三）评估程序

1. 制定评估工作方案

评估主体应首先制定评估工作方案。评估工作方案应明确风险评估的组织机构、责任分工、工作进度、工作方法与要求、拟征询意见对象及方法、社会稳定风险评估报告大纲等事项。评估工作方案可以采用附件的形式附在评估报告后面。

2. 收集和审阅相关资料

评估主体应全面收集并认真审阅社会稳定风险评估相关资料，主要包括但不限于以下文件：①项目可行性研究报告、项目申请报告及其社会稳定风险分析报告；②国家和地方相关法律、法规和政策；③拟建项目前期审批相关文件，包括城乡规划、国土资源、环境保护等部门出具的规划选址、用地预审、环境影响评价文件等；④相关规划与标准规范；⑤同类或类似项目决策社会稳定风险评估资料等。

3. 充分听取意见

根据需要补充开展民意调查；对受拟建项目影响较大的群众、有特殊困难的家庭要重点走访，当面听取意见。听取意见要注意方式方法，要有代表性。讲清项目相关法律法规和政策依据。让群众了解真实情况，表达真实意见。根据实际情况，采取公示、问卷调查、实地走访、召开座谈会、听证会等多种方式，充分听取、收集相关群众意见。

4. 全面评估论证

分门别类梳理各方意见，参考相同或类似项目引发社会稳定风险的情况，重点围绕拟建项目建设实施的合法性、合理性、可行性和可控性进行客观、全面论证；对拟建项目所涉及的风险调查、风险识别、风险估计、风险评判、风险防范和化解措施等内容逐项进行评估论证，特别是对风险因素、风险发生概率、可能引发矛盾纠纷的激烈程度、持续时间、涉及人员数量、可能产生的各种负面影响以及相关风险的可控程度进行评估论证。

5. 评价风险程度的可接受性

根据项目所在地人民政府确定的社会稳定风险评估指标或评判标准，在综合考虑各方意见和全面分析论证的基础上，对拟建项目主要风险的风险程度作出客观、公正的评判，确定项目社会稳定风险可接受性。

6. 形成评估报告

在充分论证评估的基础上，评估主体就拟建项目方案、风险分析、评估结论、应对措施等编制社会稳定风险评估报告。应包括以下内容：①基本情况；②评估内容；③评估结论。

7. 集体研究审定

重大项目实施前必须经当地政府集体研究审定。评估主体将评估报告、化解风险工作预案提交政府部门审批，由会议集体研究视情况作出实施、暂缓实施或不实施的决定。

二、社会稳定风险评估工作的具体任务

重大项目社会稳定风险评估是一项涉及面广、内容复杂的工作。这里将重大项目社会稳定风险评估过程划分为计划准备阶段、组织实施阶段和沟通反馈阶段。

（一）计划准备阶段

在对重大项目进行正式评估前，首先要明确以下几个要素，可概括为“5W＋2H”，即“who，what，when，where，why，how，how much”。这就意味着应当明确评估主体、评估对象、评估时间、评估地点、评估目的、评估方法以及评估成本等要素。

1. 组织评估小组

对重大项目进行评估，简单的项目指定专人负责即可；对一些重点项目或比较复杂的项目，应当成立一个专门的评估小组，要求具备多方面知识的专业

人员参加，相互之间明确分工，通力合作。大多数评估专家赞同项目评估应该由组织中负责该项目的最高层级来委托和支持；为了制衡起见，由外部机构或是第三方顾问来进行评估是最可取的。当评估工作由高层主管委托并由外部评估者执行时，实践者与研究者之间的一些自发性冲突便可以避免。另外，外部评估人员更可能对组织的基本前提提出质疑。由于其客观性，他们是更有效果的仲裁者；他们更可能将时间完全投入到问题的研究上。当然，内部人员也有一些有利条件，包括对组织有更为细致的了解，而且由于所处的位置而使得他们能够进行持续性的长期项目评估。

2. 明确评估对象

即确定具体的评估项目，有些项目比较单一，而且有些大项目则比较复杂，包含着许多层次的小项目，如某些交通项目由一系列不十分紧凑的项目板块组成。对此，应当根据项目的特点和性质，明晰在评估中需要着重解决的问题。

3. 选择社会稳定风险评估问题

这里的问题是指重大项目运转过程中，在经济性、效率性、效益性和公平性方面存在的不如人意的事项，包括项目对象的需求以及他们是否被充分地顾及和服务、服务的效果如何、项目是否达到预计的效果、项目的成本和效率怎样等。这些问题可能很多，在启动社会稳定风险评估之前，评估小组必须对这些问题进行筛选，在了解可能出现的各种问题的基础上，选出应在评估中予以重点关注的问题，从而为随后的社会稳定风险评估建立一个适当的工作范围。选择社会稳定风险评估问题时必须遵循以下原则：问题的相关性、问题的可评估性以及改进的可能性。

4. 拟定评估计划

任何一项社会稳定风险评估工作正式开展以前，都应当制定切实可行的计划，以助于控制评估全过程，保证评估的工作质量。因此，为了确定评估范围、评估假设、评估目标以及为实现目标而采用的方法，评估小组要根据项目的性质、特点、评估内容和时间要求，制定出切实可行的社会稳定风险评估计划。考虑外部专家开展的评估工作与项目内部人员主导的项目运作工作之间可能会存在冲突，因而如果条件适当，评估者与评估对象的承担主体（重大项目的出资方、执行方等）共同制定评估计划。在实施评估工作之前，如果能够详细厘清评估的需要和目标，评估对象的承担主体就有机会对评估本身作出反应，并对此作出贡献，譬如资料采集，这也就能够得到一个比较适用的工作方案，并在实际评估活动中得到他们的支持，促进评估工作的顺利进行。

（二）组织实施阶段

重大项目社会稳定风险评估的实施阶段主要是运用适当的评估方法，收集评估证据，综合分析收集到的信息，应用评估标准评估重大项目的社会稳定风险情况，得出评估结论，提出评估建议。

1. 现场调查和收集资料

这是项目评估的重要工作阶段。主要是对在前期准备过程中没有搜集到基础数据资料和一些重要的数据资料进行重新搜集。其主要来源有现有的记录和统计、重大项目作用对象的反馈、专业人员的评判、不同国家地区的实践经验以及其他来源。当然，现场调查和资料的搜集是一项复杂、细致的工作，在调查和搜集过程中，一定要注意数据资料的可靠性、准确性。

2. 审查分析和评估

按照社会稳定风险评估的要求，在社会稳定风险分析报告的基础上，进行补充调研，围绕着合法性、合理性、可行性、可控性开展评估工作，得出评估结论。

（三）沟通反馈阶段

在社会稳定风险评估结束以后，社会稳定风险评估人员应该拟定书面报告，向政府有关部门及领导反馈社会稳定风险评估结果，并在一定范围内通过一定形式对公众公布相关结果和数据。

三、社会稳定风险评估报告结构与深度要求

（一）评估报告结构

1. 基本情况

（1）项目概况。简述项目基本情况，主要包括项目单位、拟建地点、建设必要性、建设方案、建设期、主要技术经济指标、环境影响、资源利用、征地

搬迁及移民安置、社会环境概况（含当地经济发展及社会治安、群体性事件、信访等情况）、投资及资金筹措等内容。

（2）评估依据。社会稳定风险评估工作所依据的相关法律、法规和规范性文件等；国家出台的区域经济发展意见、国务院及有关部门批准的相关规划、采用的项目所在地人民政府确定的社会稳定风险评判标准或指标体系。

（3）评估主体。拟建项目的评估主体指定方、评估主体的组成及职责分工，具体说明其相关部门、社会组织、专业机构、专家学者、群众代表等参与评估工作情况。重大事项决策的提出、政策的起草、项目的报批、改革的牵头、工作的实施等有关部门是负责组织重大事项社会稳定风险评估工作的主体。涉及多个部门的，牵头部门为评估工作的主体，其他相关部门协助办理。对于工程建设项目，评估主体由项目所在地人民政府或其有关部门指定。评估主体组织对拟建项目的社会稳定风险开展评估论证，对项目单位组织编制的“社会稳定风险分析报告”进行评估，根据实际情况，采取多种方式听取各方面意见，分析判断并确定风险等级，提出社会稳定风险评估报告。评估主体要按规定程序和要求进行评估，遵守工作纪律和保密规定，对评估报告负责。

（4）评估过程和方法。简述评估工作的程序、步骤和主要过程，说明评估工作所采用的主要方法。

2. 评估内容及重点

评估主体应在对社会稳定风险分析报告整体把握的基础上，根据拟建项目的实际情况，重点围绕拟建项目建设实施的合法性、合理性、可行性、可控性（“四性”）进行评估论证。“四性”是一个总体性要求，是评估工作必须遵循的原则，贯穿于评估工作各个层面。不要求分别设置专章对“四性”分别进行论述。

（1）合法性。主要评估拟建项目建设实施是否符合现行相关法律、法规、规范以及国家有关政策；是否符合国家与地区经济社会发展规划、产业政策等；拟建项目相关审批部门是否具有相应的项目审批权并在权限范围内进行审批；决策程序是否符合有关法律、法规、规章和国家有关规定。合法性主要包括四项内容：①国家法律法规规范；②规划及准入政策；③审批权限合法；

④程序合法。

（2）合理性。主要评估拟建项目的实施是否符合新发展理念要求，是否符合经济社会发展规律，是否符合社会公共利益、人民群众的现实利益和长远利益，是否兼顾了不同利益群体的诉求，是否可能引发地区、行业、群体之间的相互盲目攀比；依法应给予相关群众的补偿和其他救济是否充分、合理、公平、公正；拟采取的措施和手段是否必要、适当，是否维护了相关群众的合法权益等。

（3）可行性。主要评估拟建项目的建设时机和条件是否成熟，是否有具体、翔实的方案和完善的配套措施；拟建项目实施是否与本地区经济社会发展水平相适应、是否超越本地区财力、是否超越大多数群众的承受能力、是否能得到大多数群众的支持和认可。论证能否提出既合理合法，又具有可行性的维稳方案。方案的可行性应从选择时机、配套条件、承受能力、认可程度等方面进行研究论证。

（4）可控性。主要评估拟建项目的建设实施是否存在公共安全隐患，是否会引发群体性事件、集体上访，是否会引发社会负面舆论、恶意炒作以及其他影响社会稳定的问题；对拟建项目可能引发的社会稳定风险是否可控；对可能出现的社会稳定风险是否有相应的防范、化解措施，措施是否可行、有效；宣传解释和舆论引导措施是否充分。可控性重点从负面影响后果的角度，从“不可行”的角度，分析会发生什么社会稳定风险，一旦发生是否可控，如何化解。

3. 评估结论

在全面分析评估论证的基础上，归纳汇总主要评估结论，并对项目审批、核准提出审查建议。内容包括：

（1）拟建项目主要风险。

（2）拟建项目合法性、合理性、可行性、可控性的评估结论。

（3）根据风险程度对主要风险进行排序。

（4）拟建项目主要风险防范、化解措施。

（5）根据需要提出应急预案建议。

（二）评估报告内容深度要求

1. 风险调查及各方意见采纳情况评估

内容要求：阐述对社会稳定风险分析报告中风险调查的广泛性、代表性、真实性等进行评估的过程和结果。说明评估主体根据实际需要直接开展或者要求项目单位开展补充社会稳定风险调查的情况。对收集的拟建项目各方面意见进行梳理和比较分析，形成能够反映实际情况的信息资料，并阐述其采纳情况。

编写说明：

（1）对风险调查的全面性进行评估，包括风险调查的内容和范围、调查的形式和方法是否恰当、合理、科学，是否达到广泛性和深入性的要求。

（2）对公众参与的完备性进行评估，包括拟建项目是否按照有关规定履行了公众参与、专家咨询、信息公开等程序性的要求。

（3）对风险调查结果的真实性和可信性进行评估，包括是否广泛听取了各方面意见，是否全面、真实地反映了相关利益群体合理和不合理、现实和潜在的诉求。

（4）在对社会稳定风险分析报告进行评估的基础上，根据实际情况，可以采取公示、问卷调查、实地走访和召开座谈会、听证会等方式进行补充调查，完善社会稳定风险调查相关内容。

2. 风险识别、分析和判断的评估

阐述拟建项目的风险识别评估结果。对风险分析报告中风险识别的完整性和准确性提出评估意见；根据风险调查评估结果，对拟建项目可能引发的主要社会稳定风险因素进行补充完善，提出风险因素识别评估调整对照表。阐述拟建项目的主要因素风险估计的评估结果。对风险分析报告中风险估计的客观性、分析内容的完备性、分析方法的适用性提出评估意见；预测估计各风险发生概率、影响程度和风险程度，编写评估后主要风险的风险程度汇总表。对照各方认可的可接受的风险程度标准，评估各风险是否都处于“低风险且可控”状态。

（1）关于风险识别的评估。对社会稳定风险分析报告有关风险因素识别的完整性和准确性提出咨询评估意见。主要内容包括：①通过对拟建项目有关社会稳定风险因素的调查分析及对风险分析报告中识别的风险因素进行复核，评估风险调查工作的全面性和深入性；②通过对建设项目有关社会稳定风险因素的调查分析及对风险分析报告中识别的风险因素进行审查，对风险分析报告中的风险因素，尤其是重要风险因素识别的全面性和判断的准确性进行评估；③通过对有关社会经济调查及统计资料的分析，结合项目经济影响评价、环境影响评价和征地拆迁移民安置影响评价等相关评估结论，判断拟建项目是否存在被遗漏的影响社会稳定的重要风险因素；④在上述分析的基础上，确定拟建项目可能引发社会稳定风险影响的主要因素并进行汇总，编制拟建项目社会稳定风险因素识别评估调整对照表，见表 7-1。

表 7-1　　风险因素识别评估调整对照表

序号	评估前识别的风险因素	评估调整的风险因素	备注示例
1			补充完善
2			第 2、3、4 项整合
3			
4			
5			取消
6			新增

（2）关于风险分析的评估。对社会稳定风险分析报告有关风险估计的客观性、分析内容的完备性、分析方法的科学性提出咨询评估意见。主要内容包括：①通过分析审核，对风险分析报告中选用的风险分析方法、确定的主要风险的发生概率及影响程度的分析是否得当进行评估；②通过分析审核，补充风险分析报告中遗漏的重要风险因素，对拟建项目可能存在的重要社会稳定风险影响因素，对其性质特征、未来变化趋势及可能造成的影响后果进行分析评估，形成评估后主要风险程度汇总表，见表 7-2。

表 7-2　　　　　　　　经评估的主要风险程度汇总表

序号	风险因素	风险概率	影响程度	风险程度
1	示例风险 1	较高	严重	高
2	示例风险 2	较低	可忽略	较小
…				

3. 风险防范和化解措施的评估

总体要求：对社会稳定风险分析报告中提出的风险防范、化解措施进行评估。针对拟建项目可能引发的社会稳定风险，进一步补充完善和明确落实各项防范、化解措施的责任主体和协助单位、具体负责内容、风险控制节点、实施时间和要求。

编写说明：

（1）对分析报告中提出的风险防范、化解措施是否与现行的相关政策和法规相符，进行合法性的评估。

（2）对分析报告中提出的风险防范、化解措施是否有遗漏，进行系统性、完整性的评估。

（3）对分析报告中提出的风险防范、化解措施是否具有明确的责任主体、职责分工以及时间进度安排，是否合理、可行、有效进行评估。

（4）结合风险识别和风险估计评估结论，补充、优化和完善风险防范、化解措施，进一步明确责任主体等内容，编制经评估的风险防范、化解措施汇总表，列明风险发生阶段、风险因素、主要防范及化解措施、实施时间和要求、责任主体及协助单位，并提出综合评估意见，见表 7-3。

表 7-3　　　　　　　经评估的风险防范、化解措施汇总表

序号	风险发生阶段	风险因素	主要防范、化解措施	责任主体	协助单位
1					
2					
3					
…					

4. 落实措施后的风险水平评估

总体要求：对风险分析报告中风险水平判断方法、评估标准的选择运用是否恰当、风险水平判断结果是否客观合理提出评估意见；结合补充的重要风险因素，综合以上评估结果，确定项目落实防范、化解风险措施后的项目风险水平。

编写说明：

（1）在风险防范、化解措施评估的基础上，对分析报告中采取措施后各主要因素风险变化的分析是否得当进行评估，提出评估意见。

（2）对分析报告中采用的风险水平判断方法、评判标准的选择运用是否恰当、评判结果是否合理提出评估意见。

（3）结合补充的主要风险因素和上述评估论证的结果，预测各主要因素风险可能变化的趋势和结果；通过分析变化情况，对落实措施后的风险水平进行综合判断，提出投资项目社会稳定风险水平评判结论。

第二节 评估报告编制案例

一、项目概况及评估主体

（一）项目概况

项目名称是F核电工程（简称该项目或项目），项目单位是××核电有限公司（简称核电公司）。项目概况如下。

1. 项目拟建地点

该项目是××核电基地的重要组成部分，位于××市××区××镇以东约××km，厂址为××。

2. 项目建设必要性

（1）国家能源安全的需要。核电作为一种清洁能源，技术已经成熟，安全可靠性得到了实践验证，供应能力较强，已成为我国能源电力战略的重要组成部分。

（2）满足能源需求增长和电力稳定供应的需要。项目所在的××省是全国能源资源缺乏的省区之一，缺煤、少油、乏气，水电已深度开发。“十四五”期间，××市电力和能源供应缺口继续扩大。核电××台机组先后建设与运营，不仅可以改善本省能源结构，增强电力保障能力，而且对优化全省经济结构，建设资源节约型、环境友好型社会，具有重要的现实与长远意义。

(3) 有利于节能减排和应对气候变化。核电作为成熟、稳定、高效的清洁能源，在节能减排和优化能源结构方面优势明显。与相同规模的带脱硫装置的燃煤发电机组相比，核电可有效地实现在装机容量得到增加的同时不增加节能减排的压力，有利于保护生态环境，推动资源利用方式向绿色低碳、清洁安全转变。

3. 建设方案

F核电基地厂址规划建设××台百万千瓦级压水堆核电机组，一次规划、分期实施。一期工程××台机组已投入商业运行；二期工程××台机组正在建设；工程总投资约为××亿元，建设周期为××个月，两台机组建设相隔××个月。

该核电项目主要技术特征如下：能动与非能动相结合的安全措施、大容积的双层安全壳、抗大型商用飞机撞击、完善的严重事故预防和缓解措施、全数字化仪控系统、堆芯测量从堆顶引入、安全壳内置换料水箱、破前漏（LBB）技术、疲劳监测系统。

4. 征地拆迁和移民安置

(1) 征地拆迁。本期工程两台机组永久用地面积约××m^2（无海域回填），工程临时用地按场内××m^2 统筹布置，可行性研究阶段不再考虑新增用地。以××号机组为中心最近的居民点，处于本期工程非居住区边界内。

(2) 项目用海。本期工程新增总用海面积约××m^2，主要包括工程填海、排水工程用海及温排水排放用海等，在前期用海基础上变更用海××m^2。

5. 经济社会环境概况

该项目所在市A市是沿海城市。A市年末常住人口××万人，其中城镇人口××万人，全市有××个民族。

(1) 经济方面。A市实施传统产业二次创业，重点发展新材料、新能源、节能环保、先进装备制造、信息技术、健康养生等新兴产业。地区生产总值增长××%，其中第一、二、三产业增加值分别增长××%、××%、××%。

(2) 社会生活方面。A市全面小康指数达到××。F核电厂厂址所在区域为农村地区，附近居民住房一般为2～3层砖混结构楼房，或者为单层砖混平房，极少为土坯房，区域内居民生活水平处于A市地区中等水平。

(3) 信访方面。A市综合治理和社会稳定情况良好，近年A市群众因F核电站项目上访××人次，涉及拆迁征地补偿安置××件，环境污染××件，其他××件。没有发生重大恶性案件和群体性越级上访事件。

(4) 人口方面。厂址半径××km范围涉及A市××个镇、××个乡、××个街道和××个开发区；厂址半径××km范围内总人口为××人，评价区内人口密度为××人/km，陆域面积约占总评价区域的××%，人口超过万人的人口中心有××个，其中超过10万人的有××个。距厂址最近的万人以上人口中心为某开发区主城区，集中居住的人口有××人。

（二）评估依据

(1) 法律法规。

1）《中华人民共和国环境保护法》《中华人民共和国海洋环境保护法》、放射性污染防治法、水污染防治法、环境噪声污染防治法、固体废物污染环境防治法、土地管理法、城乡规划法、环境保护法、环境影响评价法、安全生产法、电力法、突发事件应对法等法律。

2）中华人民共和国土地管理法实施条例、基本农田保护条例、水土保持法实施条例、电信条例、民用核设施安全监督管理条例等法规。

3）国家突发公共事件总体应急预案、核电厂厂址选择安全规定、本省人民政府突发公共事件总体应急预案、A市突发公共事件总体应急预案等制度。

(2) 社会稳定风险评估相关政策。

1）关于印发国家发展改革委重大固定资产投资项目社会稳定风险评估暂行办法的通知（发改投资〔2012〕2492号）。

2）国家发展改革委办公厅关于印发重大固定资产投资项目社会稳定风险分析篇章和评估报告编制大纲（试行）的通知（发改办投资〔2013〕428号）。

3）特别重大、重大突发公共事件分级标准（试行）等。

（3）国家和地方相关规划。

1）核电安全规划（2011—2020 年）。

2）核电中长期发展规划（2011—2020 年）。

3）其他规划（略）。

（4）项目前期职能部门审核意见。

1）国家发展改革委办公厅关于该项目有关情况的复函；

2）其他。

（5）项目评估委托文件。

（三）评估主体

F 核电工程社会稳定风险评估主体为 A 市发展改革委。受 A 市发展改革委的委托，中国国际工程咨询有限公司（简称中咨公司）承担了 F 核电工程的社会稳定风险的评估工作，组织了由核岛工程、核辐射防护、核环境保护、公共管理、社会发展、社会稳定风险管理、公众沟通、社会评价的专家构成的评估专家组，并邀请 A 市人民政府、生态环境局、自然资源局、海洋局、政法委、信访局、公安局、民宗委、扶贫办、经开区管委会、A 市 B 区政府、区发展改革局、C 镇政府、D 镇政府、E 街道办等政府部门以及项目周边部分村民代表、经开区企业代表及项目建设单位、《F 核电工程社会稳定风险分析报告》（简称《分析报告》）编制单位共同参加评估会议并提出意见。

二、评估过程和评估方法

（一）评估程序和步骤

1. 接受评估委托

受 A 市发展改革委的委托，中咨公司承担了 F 核电社会稳定风险评估工作。专家组认真阅读了《分析报告》等基础资料，根据委托单位提供的基础资料，初步确立了 F 核电工程社会稳定风险评估的思路和重点。中咨公司经与委托单位多次磋商，明确了 F 核电工程社会稳定风险评估工作方案，确定了项目社会稳定评估的主要内容和重点，落实了补充调查的范围、对象和方式，共同商讨并确定了评估专家组正式现场调研方案，提前准备项目评估所需的个人和机构调查问卷以及公告公示等文件资料。

2. 现场调研和评估会

中咨公司组织项目社会稳定风险评估专家组前往A市，开展项目现场调研。专家组召开项目社会稳定风险评估会，听取了项目单位和《分析报告》编制单位的汇报，实地踏勘了F核电基地现场，与A市政府、B区政府、经开区管委、C镇等政府有关部门、项目周边相关村等村委会干部，以及来自项目影响区域内群众代表进行了座谈，并对C镇及项目周边村等通过发放调查问卷、开展个别访谈、张贴公告公示等方式对项目社会稳定风险进行了补充调查。

在风险调查基础上，专家组围绕项目风险识别、风险估计、风险防范和化解措施、等级评判、项目涉稳风险可控性进行了论证，就问卷调查范围和对象是否充分反映利益相关方的诉求、社会稳定风险分析框架和风险评价方法等问题进行了深入讨论，形成项目稳评专家组意见，并就专家组意见与A市人民政府及相关部门进行了交流。

3. 后续补充调研和专题讨论

现场调研结束后，中咨公司汇总各位专家的补充资料清单，进行了补充调研，收集了B区政府、C镇等基层政府和村委组织的意见，并在A市发展和改革委员会官方网站进行了网络公示，以更大范围内征求利益相关方的意见。

4. 评估报告撰写和提交

项目专家组根据现场调研和补充资料情况，多次召开专题讨论会和视频会议，形成F核电工程社会稳定风险评估报告征求意见稿，征求委托单位意见，并在中咨公司内部进行报告审查。综合各方面意见，通过不断修改和完善，形成《F核电工程社会稳定风险评估报告》最终报送稿。

（二）评估框架和方法

1. 评估框架

2012年8月国家发展改革委发布了《重大固定资产投资项目社会稳定风险评估暂行办法》（发改投资〔2012〕2492号，简称《稳评办法》），2013年2月国家发展改革委印发了《重大国定资产投资项目社会稳定风险评估报告编制大纲》（发改办投资〔2013〕428 号，简称《评估大纲》）。中咨公司根据《稳评办法》和《评估大纲》要求，并参考《风险管理　指南》（GB/T 24353—2022）和《风险管理　风险评估技术》（GB/T 27921—2023）等国家标准，提出了“以问题解决为导向”的项目稳评框架，并对该框架涉及的项目社会稳定风险调查、风险识别、风险分析、风险评价和风险应对措施等主要环节进行了研究，以期指导项目稳评实际工作。

社会稳定风险评估主要针对投资项目可能引发的社会稳定风险，从可能引发社会稳定风险的问题出发，建立以问题解决为导向的稳评框架，是建立和完善投资项目社会稳定风险治理机制的重要基础。

以问题解决为导向的项目稳评框架是以项目所有社会稳定风险均处于“低风险且可控”状态为项目评判基本准则，即以预防和化解影响社会稳定的各项主要风险为主线，遵循发现问题、分析问题、解决问题的研究思路，在对可能引发社会不稳定后果的各种风险因素进行调查、识别和分析的基础上，评价各风险是否均处于低风险状态，且可采取有效措施来确保引发社会稳定风险的因素能够得到有效控制。风险防范和化解是一个循序渐进的过程，对于采取措施后仍然存在不属于“低风险”状态的风险，应进一步研究提出化解措施，直至所有风险（包括剩余风险）均处于“低风险”状态，或者进一步采取风险应对措施的代价超出预期或承受能力为止。

2. 评估方法

基于“以问题解决为导向”的项目社会稳定评估框架，中咨公司通过项目现场踏勘，召开不同层级的利益相关方座谈会（政府部门、基层组织和公众），发放针对个人和机构的调查问卷，开展入户调查和个别访谈，在 C 镇镇政府及其下属行政村村委会的公告栏进行现场公示，在 A 市发展改革委官网进行了网络公示，并分析了项目舆情，对 F 核电工程社会稳定风险进行了全面调查和问题发现。

在此基础上，通过专家会议和德尔菲方法，识别了项目存在的主要涉稳风险，根据风险概率—影响矩阵的原理，评价各风险发生的概率和影响大小以及风险水平。中咨公司对各主要风险提出切实可行的风险防范和化解措施，包括地方政府和项目单位和群体性事件应急预案，以及各基层组织对所辖区域的社会稳定风险提出了书面意见，努力解决项目涉稳的主要问题，从而实现项目各主要社会稳定风险处于“低风险且可控”的目标状态。

三、风险识别和估计的评估

（一）补充调查和评估

1.《分析报告》的社会稳定风险调查情况

《分析报告》在风险调查中通过文献法、公示公告、问卷调查、实地访谈、座谈会等调查方法，重点了解F核电厂厂址附近××km范围内的利益相关方，原F核电厂一期和二期工程建设被征地、征海和拆迁的居民，各级政府及有关部门及项目所在地媒体网络等对本期工程的意见和诉求，认为：

（1）当地政府和基层组织均持支持或有条件支持态度，认为本期工程符合地区产业发展战略定位，特别是在促进地方经济发展、创造税收收入、解决当地就业方面有着重要作用，同时也对本期工程在建设和运行期间的环境安全、工程质量管理、做好对厂址周边居民的扶持等问题表示关注。

（2）大部分群众（××%）对核电站项目持支持或有条件支持态度，被调查对象中 n 人反对工程建设，占被调查总人数的××%。××%和××%的被调查者认为本期工程对其生活和工作存在有利影响，××%和××%的被调查者认为本期工程对其生活和工作存在不利影响。

（3）被调查者认为，工程建设和运营在增加就业岗位、增加当地财政收入、带动本地企业发展、提升地方知名度及增加居民收入等方面有利，但对项目会发生核事故、放射性固体废物的处置、温排水是否会影响养殖等方面产生担忧。

（4）本期工程建设符合社会经济发展规划、行业规划和产业政策的要求；符合社会经济发展规律；可能因潜在安全风险、社会负面舆论热点等引起稳定的问题，在采取有效防范与化解措施后，社会稳定风险基本可控。从社会稳定风险分析角度考虑，本期工程建设基本可行。

2. 中咨公司补充调研情况

在该项目社会稳定风险评估过程中，中咨公司针对本期工程采用了实地踏勘、现场公示、公众座谈、个人访谈、问卷调查、专家咨询研讨会、媒体舆情检索等方式进行了独立补充调研，并通过召开论证会，听取了项目所在地并邀请A市人民政府、生态环境局、自然资源局、海洋局、政法委、信访局、公安局、民宗委、扶贫办、经开区管委会、A市B区政府、区发展改革局、C镇等政府部门以及项目周边村村民代表、经开区企业代表的意见。中咨公司共回收了××份有效调查问卷（个人问卷××份、机构问卷××份），被调研个人××%对该工程持赞成或基本赞成意见，××%持反对意见，××%无意见。

（1）普通公众关注的主要问题。公众关注的主要问题集中在以下5个方面：

1）对核安全的疑虑，担心核辐射、核污染等，对核电站建设运营对周边居民健康可能产生的影响表示担忧。

2）对核电厂征地拆迁范围及补偿不满。

3）对核电站建设过程中引起的交通安全隐患表示担忧。

4）针对核电站与当地利益共享机制建设提出建议，例如降低电价、解决就业、补贴村民等。

5）对核电站建设和运营过程对环境的影响和可能对生产生活产生的影响表示关切。

（2）各级组织及企事业单位关注的主要问题。各级组织对本期工程均持支持意见，主要建议包括以下5个方面。

1）核电安全。包括核电站建设期间和运营期间确保安全、避免事故，做好风险评估和化解工作，做好应急预案工作。

2）政策合规。进一步完善项目相关前期工作，包括项目用地、用海等论证报批文件。

3）环境影响。更加注重环境保护工作，加强项目建设和运营过程中的管控工作，优化工程设计，降低温排水对周边环境的影响。

4）农业生产。优化项目方案，减少核电站建设和运营对农作物种植和海产品养殖、采捕等的影响。

5）其他。做好配套基础设施建设工作，注重人才引进，关注项目相关网络舆情检测与引导工作。

(3) 网络和公示的信息反馈问题。中咨公司向A市委网信办咨询有关核电项目建设网络舆情情况，获悉A市涉该核电项目网络舆论正常。自项目社会稳定风险评估公示（现场和网络）以来，A市发展改革委和中咨公司均未收到民众的反对意见。

3. 风险调查的广泛性、代表性、真实性的评估

评估认为，《分析报告》针对F核电工程的风险调查按照有关规定较好地履行了公共参与、专家咨询、信息公开等程序性的要求，调查过程广泛听取和真实地反映了相关部门、利益关联群众的诉求意见，调查的内容较为恰当，调查的形式和方法较为合理科学，调查结果较为真实、可信。

《分析报告》在调查对象和抽样方法方面存在一些不足。从调查对象上看，由于机构调查对象主要集中于政府部门和事业单位，对影响范围内相关企业调查不足，并且缺少对××市范围内相关组织的调查；从抽样方法上看，《分析报告》没有对选取调查对象的抽样方法进行说明，并且在评估过程中发现，调查抽样过程中的随机性不足。

（二）风险识别的评估

《分析报告》在风险调查基础上，根据本期工程对厂址周围群众可能产生的不利影响，结合我国同类核电项目可能产生的社会稳定风险，运用风险对照表法，从政策规划和审批程序、土地房屋征收方案、技术和经济方案、生态环境影响、项目建设管理、当地经济社会影响、质量安全和社会治安、媒体舆论导向等方面重点分析查找各种风险因素，并通过分类整理，识别出影响本期工程的社会稳定风险因素，包括7个方面：①政策、规划和审批程序；②土地和用海及补偿；③经济社会影响；④环境影响；⑤项目管理；⑥安全卫生（核安全及其引发的公众焦虑）；⑦媒体舆论。

评估认为，《分析报告》识别的风险存在的不足，表现为《分析报告》识别的主要风险点与群众关心的主要问题不匹配。例如《分析报告》认为市政配

套压力和经济发展影响、监管不到位等引发的质量问题、媒体的不当宣传报道、自媒体传播虚假信息误导公众、公众参与不充分等是主要风险，与评估调查情况不符合。

1.《分析报告》识别的风险点不够细致全面

（1）《分析报告》未对政策规划和审批程序的相关风险予以明述。项目前期工作文件尚未完全取得、项目与海洋功能区划及近岸海域环境功能区划不相符等情况，项目的合法性、合规性尚存疑问，存在潜在政策性风险。

（2）《分析报告》未对工程建设征地征海相关内容予以重视，仅提出可能涉及包括征海、征地、移民安置等问题，没有把握可能存在的征海、征地区域的面积、人口和补偿等问题，没有掌握可能涉及的移民拆迁等问题。此外，《分析报告》尚未考虑被征拆居民同村其他村民攀比产生的不平衡心理，这种与往期项目直接相关而与本期项目间接相关的心理因素，可能会因为新项目的开工而爆发，从而转化为社会稳定风险。

（3）《分析报告》对一期和二期工程中遗留问题了解不全面，尤其是征地拆迁和补偿问题。前期工程建设农民安置计划中的失地农民人均一分集体留用地（种留地）因多种原因持续十余年未得到落实，失地村民不满情绪逐年累积，易诱发新的社会稳定风险，《分析报告》对此项风险认识程度不够。

（4）经济社会影响方面，《分析报告》忽略了项目周边居民渴望与核电公司共享发展利益的强烈愿望。在尚未建立有效的双方利益共享机制的情况下，导致公众不满情绪，易诱发社会稳定风险。

2.《分析报告》将识别的风险统一划分为线上、线下和复合型风险

这种分类方式有待商榷，可能造成识别的风险点相互重复或造成对风险因素的重视程度降低，例如，自媒体传播虚假信息误导公众、媒体的不当宣传报道本质上均属于媒体舆论同一类型风险。

评估重新梳理了项目的主要风险，认为该项目社会稳定风险因素主要包括项目合法合规性、核安全及其引发的公众焦虑、土地房屋征收和用海及补偿、经济社会影响、环境影响、项目管理及媒体舆论与项目沟通七大类。项目评估前后的主要社会稳定风险因素对照表如表 7-4 所示。

表 7-4　　　　核电工程评估前后主要社会稳定风险因素对照表

<table>
<tr><th rowspan="2">序号</th><th colspan="2">评估前</th><th rowspan="2">序号</th><th colspan="2">评估后</th></tr>
<tr><th>风险类型</th><th>具体表现形式</th><th>风险类型</th><th>具体表现形式</th></tr>
<tr><td>1</td><td>征海和补偿问题</td><td>征海补偿方案宣传解释不够、执行不到位，部分居民不满补偿标准和提出特殊要求，如提供就业岗位等，使居民对本期工程缺乏认同感，产生抵触情绪，阻挠施工、上访</td><td>1</td><td>土地和用海及补偿</td><td>（1）厂址周边未纳入征地范围的居民有部分要求征地搬迁；
（2）厂址周边居民、一期和二期被拆迁居民及工程未来可能涉及的被拆迁居民索取生产生活影响补偿；
（3）一期和二期工程被拆迁居民集中安置后人口集聚形成的潜在压力及可能存在的不稳定因素；
（4）村民在征地范围的认定、红线内外征与未征、前后三期工程征地补偿标准差异等方面存在疑问和攀比心理，易诱发风险；
（5）征海范围及补偿等相关问题尚不明确，易诱发风险；
（6）地方政府政策已经明确的失地村民发展留用地补偿持续十余年未得到落实，失地村民不满情绪逐年累积，易诱发风险</td></tr>
<tr><td>2</td><td>核电厂运行对海水养殖的影响</td><td>相关科普宣传不够，居民对核电养殖的影响没有信心，另外，核电对当地养殖品牌的影响没有明确论证，引发居民和渔民抵触、上访，阻挠电厂正常生产活动</td><td rowspan="2">2</td><td rowspan="2">经济社会影响</td><td rowspan="2">（1）项目周边居民对与核电公司实行利益共享有强烈愿望，在尚未建立有效的双方利益共享机制的情况下，导致公众不满情绪，易诱发风险；
（2）核电站取排水设施可能导致的海洋洋流改变、滩涂淤积影响海产品养殖、采捕，最终可能影响村民生产生活；
（3）电厂温排水造成周边区域海水水温升高，低放废水对生物辐射增加，化学废水对生物的影响，引起海洋水产业受到影响，渔民经济利益受到损害；
（4）受影响群体现有社会保障的水平和持续性存在不确定性；
（5）项目建设影响××经济技术开发区和厂址东侧的××港经济技术开发区内相关企业生产经营</td></tr>
<tr><td>3</td><td>市政配套压力和经济发展影响</td><td>流动人口、车辆等增加而管理不善，存在互适性问题；厂址半径划定××km 的规划限制区，对地方经济发展方向有一定影响，引发社会治安事件增加、交通事故增加等事故并限制规划区经济发展方向</td></tr>
</table>

续表

<table>
<tr><th rowspan="2">序号</th><th colspan="2">评估前</th><th rowspan="2">序号</th><th colspan="2">评估后</th></tr>
<tr><th>风险类型</th><th>具体表现形式</th><th>风险类型</th><th>具体表现形式</th></tr>
<tr><td>4</td><td>施工期环境影响</td><td>施工单位未按施工程序要求作业，建设单位未完全履行监督义务，施工对厂址附近居民产生粉尘、噪声、振动等，影响其正常的生产生活，引发阻扰施工、上访，要求不合理补偿等情况</td><td>3</td><td>环境影响</td><td>（1）施工期环境污染：施工期噪声、污水、废气及粉尘等污染因素的影响；
（2）运行期环境污染：核电站取排水作业和温排水导致海水升温对海洋环境及渔业资源的影响；
（3）核电站运行对自然保护区可能产生影响</td></tr>
<tr><td>5</td><td>监管不到位等引发的质量问题</td><td>项目管理制度不规范，核安全文化不深入，安全措施不到位，未按程序办事，产生设备制造、建设施工、设备调试等问题，易引发安全事件、质量事故、劳资纠纷等事件</td><td>4</td><td>项目管理</td><td>（1）劳资纠纷问题；
（2）承包费违规发标、违规操作、层层转包、违法转包、无资质施工、资金不能及时到位；
（3）职业病患者善后处置不到位；
（4）工程管理混乱影响群众生活、损害群众利益；
（5）施工人员与当地群众产生纠纷、冲突，甚至造成刑事治安案件，损害群众利益，影响群众生产、生活、宗教习惯，影响民族关系；
（6）施工过程中超挖超占、粗暴施工等引发群体事件风险</td></tr>
<tr><td>6</td><td>公众参与不充分</td><td rowspan="2">公众参与形式和覆盖面有欠缺，甚至流于形式，没有充分听取公众的意见和诉求；公众宣传不到位、信息透明度不够。易引起公众对本期工程误解，发生民众抗议、上访，甚至集聚游行等抵制抗议本期工程建设的行动</td><td rowspan="2">5</td><td rowspan="2">安全卫生（核安全及其引发的公众焦虑）</td><td rowspan="2">（1）项目管理制度不规范，核安全文化培育不深入，安全措施不到位，未按程序办事，在设备制造、建设施工、设备调试等方面产生问题，引发生产安全事故和核安全事故等事件；
（2）公众缺少核电相关技术知识，对核电存在误解，对核电安全存在质疑；
（3）核电运行和监测数据虽然已在相关网站进行了公开发布，但由于公众对数据获取渠道缺乏了解，仍有部分公众认为核电运行数据不公开、不透明</td></tr>
<tr><td>7</td><td>核与辐射安全引起的邻避效应</td></tr>
</table>

续表

<table>
<tr><th rowspan="2">序号</th><th colspan="2">评估前</th><th rowspan="2">序号</th><th colspan="2">评估后</th></tr>
<tr><th>风险类型</th><th>具体表现形式</th><th>风险类型</th><th>具体表现形式</th></tr>
<tr><td>8</td><td>媒体的不当宣传报道</td><td rowspan="2">媒体失实、片面报道并传播引起公众对涉核项目误解和心理恐慌；公众利用博客、微博、微信、百度官方贴吧、论坛/BBS等自媒体平台发布虚假错误信息，公众由于信息的不对称性，无法分辨信息真伪，从而引起心理恐慌。易引起公众对本期工程误解，发生民众抗议、上访，甚至集聚游行等抵制抗议本期工程建设的行动</td><td>6</td><td>媒体舆论与项目沟通</td><td>（1）媒体故意歪曲或倾向性报道，引发公众恐慌；
（2）相关宣传不深入，不到位，沟通不及时；
（3）村民对核电站取排水过程中添加次氯酸钠导致海水质量改变、影响海产品养殖，以及对项目施工期产生的废气、噪声、粉尘等污染心存疑虑</td></tr>
<tr><td>9</td><td>自媒体传播虚假信息误导公众</td><td>7</td><td>政策规划和审批程序</td><td>项目前期工作文件尚未完全取得、项目与海洋功能区划及近岸海域环境功能区划不相符等情况，项目的合法性、合规性尚存疑问，存在潜在政策性风险</td></tr>
</table>

（三）风险估计的评估

《分析报告》分别估计了各涉稳风险发生的概率和影响，认为“自媒体传播虚假信息误导公众”为较大风险，其他均为一般或较小风险，并借用《国家发展改革委办公厅关于征求对固定资产投资项目社会稳定风险分析篇章和评估报告编制大纲（征求意见稿）意见的通知》（发改办投资〔2012〕2873号）列示的社会稳定风险等级评判参考标准，采用综合风险指数等方法进行项目风险等级综合判断，认为本期工程的初始风险等级和采取措施后的风险等级均为低风险。

评估认为，《分析报告》对大多数风险因素的发生概率和影响大小的估计方法是恰当的，但使用综合风险指数法评判项目风险等级是不可靠的。该项目社会稳定风险评估根据国家发展改革委正式发布的《关于印发重大固定资产投资项目社会稳定风险分析篇章和评估报告编制大纲（试行）的通知》（发改办投资〔2013〕428号）的要求，以所有风险均处于“低风险且可控”作为项目社会稳定风险的接受准则，认为“土地房屋征收和用海及补偿”和“经济社会影响”为两个较大风险因素，其余风险因素的程度为“一般”，均须采取措施降低其发生概率或影响大小，从而降低其风险水平，见表 7-5。

表 7-5　　经评估的 F 核电工程主要风险因素及风险程度汇总

序号	风险因素		风险概率	影响程度	风险程度	总体风险程度
1	项目合法合规性	项目前期工作文件尚未完全取得、项目与海洋功能区划及近岸海域环境功能区划不相符等情况，项目的合法性、合规性尚存疑问，存在潜在政策性风险	较低	很大	一般	一般
2	核安全及其引发的公众焦虑	（1）公众缺少核电相关技术知识，对核电存在误解，对核电安全存在质疑	中等	较大	一般	一般
		（2）项目管理制度不规范，核安全文化培育不深入，安全措施不到位，未按程序办事，在设备制造、建设施工、设备调试等方面产生问题，有可能引发生产安全事故和核安全事故等事件	中等	较大	一般	
3	土地房屋征收和用海及补偿	（1）厂址周边未纳入征地范围的居民有部分要求征地搬迁	较高	较大	较大	较大
		（2）厂址周边居民、一期和二期被拆迁居民及工程未来可能涉及的被拆迁居民索取生产生活影响补偿	较高	较大	较大	
		（3）一期和二期被拆迁居民集中安置后人口集聚形成的潜在压力及可能存在的不稳定因素	中等	较大	一般	
		（4）村民在征地范围的认定、红线内外征与未征、前后三期工程征地补偿标准差异等方面存在疑问和攀比心理，易诱发风险	中等	较大	一般	
		（5）征海范围及补偿等相关问题尚不明确，易诱发风险	较高	中等	一般	
		（6）地方政府政策已经明确的失地村民发展留用地补偿持续十余年未得到落实，失地村民不满情绪逐年累积，易诱发风险	较高	较大	较大	

续表

序号	风险因素		风险概率	影响程度	风险程度	总体风险程度
4	经济社会影响	(1) 项目周边居民未能实现利益共享。项目周边居民对与核电公司实行利益共享有强烈愿望，在尚未建立有效的双方利益共享机制的情况下，导致公众不满情绪，易诱发风险	较高	较大	较大	较大
		(2) 核电站取排水设施可能导致的海洋洋流改变、滩涂淤积影响海产品养殖、采捕，最终可能影响村民生产生活	较低	较大	一般	
		(3) 电厂温排水造成周边区域海水水温升高，低放废水对生物辐射增加，化学废水对生物的影响，引起海洋水产业受到影响，渔民经济利益受到损害	中等	中等	一般	
		(4) 外来流动人口增加、流动人口聚集，产生一定治安问题，引发一定环境和卫生问题，甚至造成与当地居民的矛盾	较低	中等	较低	
		(5) 受影响群体现有社会保障的水平和持续性存在不确定性	较高	较大	较大	
		(6) 项目建设影响××经济技术开发区和厂址东侧的××港经济技术开发区内相关企业生产经营	较低	较大	一般	
5	环境影响	(1) 施工期环境污染：施工期噪声、污水、废气及粉尘等污染因素的影响	较低	中等	一般	一般
		(2) 运行期环境污染：核电站取排水作业和温排水导致海水升温对海洋环境及渔业资源的影响	中等	中等	一般	
		(3) 核电站运行对自然保护区可能产生影响	中等	中等	一般	

续表

序号	风险因素		风险概率	影响程度	风险程度	总体风险程度
6	项目管理	（1）劳资纠纷问题	较低	中等	较小	一般
		（2）承包费违规发标、违规操作、层层转包、违法转包、无资质施工、资金不能及时到位	较低	中等	较小	
		（3）职业病患者善后处置不到位	较低	中等	一般	
		（4）工程管理混乱影响群众生活，损害群众利益	较低	中等	较小	
		（5）施工人员与当地群众产生纠纷、冲突，甚至造成刑事治安案件损害群众利益、影响群众生产、生活、宗教习惯，影响民族关系	较低	较大	一般	
		（6）施工过程中超挖超占、粗暴施工等引发群体事件风险	较低	较大	一般	
7	媒体舆论与项目沟通	（1）媒体故意歪曲或倾向性报道，引发公众恐慌	较低	较大	一般	一般
		（2）相关宣传不深入，不到位，沟通不及时	较高	中等	一般	
		（3）村民对核电站取排水过程中添加次氯酸钠导致海水质量改变影响海产品养殖，以及对项目施工期产生的废气、噪声、粉尘等污染心存疑虑	较高	中等	一般	

四、风险防范和化解措施的评估

《分析报告》针对主要风险因素按照风险发生阶段的次序，逐条提出风险防范和化解措施，明确了责任主体和协助单位，并提出了重视社会稳定风险，建立维稳联动机制，制定相关应急预案，全过程做好社会稳定风险管理工作等建议。

评估认为，《分析报告》提出的风险防范措施与法规和政策相符，措施责任主体较明确，但风险防范措施缺少“完成时间节点”的说明，有关征地补偿、排水明渠等社会稳定风险因素的防范和化解措施针对性和操作性不足；F

核电工程部分系统和设备的设计和制造未经运行验证，建设单位必须重视系统功能的验证工作，加强设备制造的过程监督，确保工程质量和进度。建议重点从以下三个方面提出风险防范和化解措施。

（一）完善风险防范和化解措施

中咨公司针对该项目 7 大类 23 个具体表现形式的主要风险因素，从全生命周期提出以下风险防范和化解措施，见表 7-6。

表 7-6　　F 核电工程风险防范和化解措施汇总表

<table>
<tr><th>序号</th><th>风险发生阶段</th><th colspan="2">风险因素</th><th>主要防范和化解措施</th><th>完成节点</th><th>责任主体</th><th>协助单位</th></tr>
<tr><td rowspan="2">1</td><td rowspan="2">建设前</td><td rowspan="2">项目合法合规性</td><td rowspan="2">项目前期工作文件尚未完全取得、项目与海洋功能区划及近岸海域环境功能区划不相符等情况，项目的合法性、合规性尚存疑问，存在潜在政策性风险</td><td>（1）A 市政府主动上报省政府，配合上级政府尽快完成相关海洋功能区划、近岸海域环境功能区划的修订</td><td rowspan="2">施工阶段</td><td>各级政府</td><td>项目单位</td></tr>
<tr><td>（2）核电公司加快项目申报工作，尽早获取项目核准所需各项支持性文件批复，并在政府相关政策确定后，及时对项目建设方案进行必要调整</td><td>项目单位</td><td>各级政府</td></tr>
<tr><td rowspan="3">2</td><td rowspan="3">建设期、运营期</td><td rowspan="3">核安全及其引发的公众焦虑</td><td rowspan="3">（1）公众缺少核电相关技术知识，对核电存在误解，对核电安全存在质疑</td><td>（1）加强对核电基础知识的普及宣传，特别是应当采用当地公众能够接受的方式和内容，打消公众对核电的顾虑和恐惧</td><td rowspan="3">施工阶段、运行阶段</td><td rowspan="3">各级政府</td><td rowspan="3">项目单位</td></tr>
<tr><td>（2）整个项目的各个阶段做好公示和说明工作，加强与附近居民的沟通，化解群众的不安全感</td></tr>
<tr><td>（3）关注公众反应，认真听取公众的意见，及时解答问题或质疑。尤其针对调查中发现的个别反对声音，项目建设单位和地方政府应积极走访当事人，倾听反对者利益诉求，进行解释和说明，尽可能争取理解和支持</td></tr>
</table>

续表

序号	风险发生阶段	风险因素		主要防范和化解措施	完成节点	责任主体	协助单位
2	建设期、运营期	核安全及其引发的公众焦虑	（2）项目管理制度不规范，核安全文化宣传不深入，安全措施不到位，未按程序办事，在设备制造、建设施工、设备调试等方面产生问题，存在可能引发生产安全事故和核安全事故等事件的隐患	（1）制定安全应急预案，提高应急救援反应速度能力。做好场内应急演习和场外应急演习工作	施工阶段、运行阶段	项目单位	各级政府
				（2）做好常用、事故备件储备，加强质量控制，做好设备损伤检测，优化运行与加强仪表检控，加强设备的巡检			
				（3）针对该工程部分系统和设备的设计和制造未经运行验证的情形，建议建设单位重视系统功能的验证工作，加强设备制造的过程监督，确保工程质量和进度	试运行阶段		
				（4）加强流出物监测和环境监测，并对相关数据的公开获得途径（如官网地址等）进行宣传	运行阶段		
				（5）培养数量足够的合格的操作专业人员，为电厂安排稳定运行保驾护航	运行前		
				（6）重视培育安全文化，从源头防范风险，加强对现场施工参建人员的工业安全培训	施工阶段、运行阶段		
				（7）按照有关程序，若发生工业安全事故，应积极、主动、稳妥解决问题			

续表

序号	风险发生阶段	风险因素		主要防范和化解措施	完成节点	责任主体	协助单位
3	建设期、运营期	土地房屋征收和用海及补偿	(1) 厂址周边未纳入征地范围的居民有部分要求征地搬迁	(1) 对工程的安全信息进一步宣贯，与当地行政村干部、群众代表等积极沟通交流，消除厂址周边居民对安全等方面的疑虑	施工阶段、运行阶段	项目单位	各级政府
				(2) 工程相关的各项政策及标准应公开、透明，建立畅通的沟通渠道，加强宣传协调，提高公众参与度			
			(2) 厂址周边居民、一期和二期被拆迁居民及工程未来可能涉及的被拆迁居民索取生产生活影响补偿	(1) 工程用工尽量属地化。施工招聘当地劳动力，同等条件下优先解决当地大中专毕业生就业，经培训后从事运行管理			
				(2) 保卫、通勤、绿化、餐饮、保洁、宿舍管理等后勤服务所需人员优先招聘当地人员			
				(3) 制定有针对性的再就业培训计划，并积极落实			
	运营期		(3) 一期和二期工程被拆迁居民集中安置后人口集聚形成的潜在压力及可能存在的不稳定因素	针对移民集中安置可能形成的群体性事件压力，各级政府应当加强移民集中安置区的管理，对移民心理、情绪等进行动态跟踪，关心群众生活，注意工作方式、方法，建立群众意见实时反馈机制，防止突发事件	运行阶段	各级政府	项目单位
	建设期		(4) 村民在征地范围的认定、红线内外征与未征、前后三期工程征地补偿标准差异等方面存在疑问和攀比心理，易诱发社会稳定风险	(1) 在征地方案确定后尽快依法依规开展征地工作，在征地拆迁和移民安置补偿标准、方式和方法等方面积极回应受影响人群的利益关切，使工程相关的各项政策及标准公开透明，建立畅通的沟通渠道，注意公共协调，提高公众参与度，满足受影响人群的合理诉求	施工阶段		
				(2) 严格执行本省的相关建设用地补偿标准、补偿资金足额及时支付发放到位，并由当地行政村干部、群众代表组成的征迁补偿监督小组监督实施			

续表

序号	风险发生阶段	风险因素		主要防范和化解措施	完成节点	责任主体	协助单位
3	建设期	土地房屋征收和用海及补偿	（5）征海范围及补偿等相关问题尚不明确，易诱发风险	核电公司与A市政府密切配合，尽快确定征海范围及涉及的土地征收方案，明确征海征地位置、面积等技术参数	施工阶段	项目单位	各级政府
			（6）地方政府政策已经明确的失地村民发展留用地补偿持续十余年未得到落实，失地村民不满情绪逐年累积，易诱发风险	建议A市政府积极向上反映失地村民发展留用地政策长期未得到落实的问题及其可能诱发的社会稳定风险，并尽快协调各方利益妥善解决此问题及可能引发的其他相关问题		各级政府	项目单位
4	建设期、运营期	经济社会影响	（1）项目周边居民未能实现利益共享。项目周边居民对与核电公司实行利益共享有强烈愿望，在尚未建立有效的双方利益共享机制的情况下，导致公众不满情绪，易诱发风险	（1）调整优化企业社会责任履行方案，一方面将扶贫等工作转向当地，加大占地村的精准扶贫力度，通过提供就业机会、组织公益性活动、参与扶贫帮扶工作等途径，让更多受影响群体和当地居民共享核电项目收益；另一方面要特别关注老弱病残等弱势群体，尤其是积极与当地村委沟通，了解80岁以上老人等情况，定期关爱走访	施工阶段、运行阶段	项目单位	各级政府
				（2）将工程用工属地化的相关事宜，尤其是用工数据进行梳理总结，作为利益共享机制的一部分，及时与当地居民沟通，定期公开宣传。施工招聘、后勤服务招聘、培训等信息通过当地政务等渠道进行，为当地居民提供更加透明的用工招聘信息渠道			
				（3）政府在依法依规的前提下，主动与核电公司沟通、交流，及时通报公众需求，推进政府、企业、公众三方利益共享机制建设		各级政府	项目单位

续表

序号	风险发生阶段	风险因素		主要防范和化解措施	完成节点	责任主体	协助单位
4	建设期、运营期	经济社会影响	（2）核电站取排水设施可能导致的海洋洋流改变、滩涂淤积影响海产品养殖、采捕，最终可能影响村民生产生活	（1）优化取排水技术方案，使其满足海洋功能区划、近岸海域环境功能区划的要求，并减少对海洋生态环境、海水养殖及采捕作业的影响	施工阶段、运行阶段	项目单位	各级政府
				（2）根据周边村落现有登记渔船数量及渔业生产能力，考虑适当补偿因出海绕道而产生的额外燃油消耗费用			
				（3）针对取排水口附近渔民违规养殖捕捞等问题，进行集中有效治理，预防出此可能产生的其他影响			
	运营期		（3）电厂温排水造成周边区域海水水温升高，低放废水对生物辐射增加，化学废水对生物的影响，引起海洋水产业受到影响，渔民经济利益受到损害	（1）通过充分论证后合理布置取排水构筑物，使电厂温排水的影响范围尽可能降低	试运行阶段	项目单位	各级政府
				（2）加强温排水区域影响范围的监测。同时，要切实做好核电厂运行前水文观测资料的保存工作，留作核电厂运行后判断温排水影响范围变化的依据	试运行阶段、运行阶段		
				（3）在后续开展的海域环境影响专题研究中重点关注养殖采捕等活动受温排水影响的情况			
	建设期、运营期		（4）外来流动人口增加、流动人口聚集，产生一定治安问题，引发一定环境和卫生问题，甚至造成与当地居民的矛盾	（1）加强对承包商和分包商的管理。做好施工组织方案，施工期间要形成一个相对稳定的施工群体	施工阶段、运行阶段	项目单位	各级政府
				（2）做好流动人口的排查和档案登记工作			
				（3）建设期间严格要求和监督施工单位文明施工，减少扰民。施工建设过程中所产生的垃圾、废弃土石方、粉尘等有可能污染周围环境的，要采取相对应措施及时处理，不随意倾倒			
				（4）在村庄中租住者，应当注意自我约束，与村民和谐相处，不乱扔垃圾，不大声喧哗，不聚众闹事			

续表

序号	风险发生阶段	风险因素		主要防范和化解措施	完成节点	责任主体	协助单位
4	运营期	经济社会影响	（5）受影响群体现有社会保障的水平和持续性存在不确定性	（1）各级政府加大投入，提高受影响群体的社会保障水平	施工阶段、运行阶段	项目单位	各级政府
				（2）加快落实人均一分地的集体留用地（种留地）计划，提高失地农民的社会保障水平			
			（6）项目建设影响××经济技术开发区和厂址东侧的××港经济技术开发区内相关企业生产经营	建立渠道，广泛征求相关意见，积极回应相关单位的利益关切，妥善处理相关诉求			
5	建设期	环境影响	（1）施工期环境污染：施工期噪声、污水、废气及粉尘等污染因素的影响	（1）加强施工过程管理控制，切实、全面落实建设单位和各承包商、分包商制定的有关工程施工期间的管理制度和规定	施工阶段、运行阶段	项目单位	各级政府
				（2）全面落实针对F核电厂各阶段环境影响评价报告中提出的环境影响减缓措施			
				（3）委托有资质的单位加强施工期的厂界噪声监测、环境敏感点噪声监测、环境敏感点大气环境监测；一旦发现超标立即采取有效措施进行控制			
	运营期		（2）运行期环境污染：核电站取排水作业和温排水导致海水升温对海洋环境及渔业资源的影响	（1）优化排水方案，减少温排水对海洋环境的影响，做好温排水的监测工作			
				（2）全面落实针对F核电厂各阶段环境影响评价报告中提出的环境影响减缓措施			
			（3）核电站运行对自然保护区可能产生影响	（1）加强与自然保护区相关单位的沟通工作，通过宣传科普消除其顾虑，建立良好的关系			
				（2）全面落实针对F核电厂各阶段环境影响评价报告中提出的环境影响减缓措施			

续表

序号	风险发生阶段	风险因素		主要防范和化解措施	完成节点	责任主体	协助单位
6	建设期、运营期	项目管理	(1) 劳资纠纷问题	项目业主按合同及时支付工程进度款，施工企业按规定缴纳施工人员工资保证金。根据《中华人民共和国劳动法》，施工企业与农民工签订劳动合同，及时足额发放劳动工资，不得拖欠，同时政府相关部门进行监督、检查	施工阶段、运行阶段	项目单位	各级政府
	建设期		(2) 承包费违规发标、违规操作、层层转包、违法转包、无资质施工、资金不能及时到位	严格执行《中华人民共和国建筑法》，禁止转包主体工程、违规分包、转包工程	施工阶段		
	建设期、运营期		(3) 职业病患者善后处置不到位	关注职工身体健康，注意完善职工因公受伤、职业病等问题的规章，并妥善处理相关事件	运行阶段		
			(4) 工程管理混乱影响群众生活、损害群众利益	加强施工过程管理控制，切实、全面落实建设单位和各承包商、分包商制定的有关工程施工期间的管理制度和规定	施工阶段、运行阶段		
	建设期		(5) 施工人员与当地群众产生纠纷、冲突，甚至造成刑事治安案件，损害群众利益，影响群众生产、生活、宗教习惯，影响民族关系	工程施工企业及时将临时设施驻地地点、施工人员姓名、数量等信息上报工程所在地的政府备案、备查，向施工人员宣传当地的风俗民情，要求遵纪守法，加强自身安全防范，严防不法分子制造事端，进行破坏	施工阶段		
			(6) 施工过程中超挖超占、粗暴施工等引发群体事件风险	施工单位遵守文明施工和质量管理的相关规定，杜绝野蛮施工，施工单位施工机具、人员必须按指定路线进出，严禁穿越耕地、林地，禁止超占乱占土地；防范大型施工车辆途经乡村道路引起的破坏及对路边简陋房屋造成的断裂；明确谁侵犯农民的权益，由谁来补偿；项目单位加强施工监督检查			

续表

序号	风险发生阶段	风险因素		主要防范和化解措施	完成节点	责任主体	协助单位
7	建设期、运营期	媒体舆论与项目沟通	（1）媒体故意歪曲或倾向性报道，引发公众恐慌	（1）持续保持与大型媒体的良好关系，积极加强宣传及管理，树立企业良好形象	施工阶段、运行阶段	项目单位	各级政府
				（2）适度干预，积极引导媒体舆情。以疏为主，以堵为辅			
			（2）相关宣传不深入，不到位，沟通不及时	（1）设立专门的公共关系管理部门，强化公共关系管理工作，加强与政府、受影响人口、周边居民的相互交流与协商，强化核电、核安全等知识宣传，优化信息披露途径，提高信息公开效率，增强社会公众对核电、项目的认知信任度			
				（2）继续规范和严格管理公司对外宣传工作，统一对外宣传口径。及时、真实、准确、严谨地发布相关信息，抢占先机，畅通民意渠道，避免谣言滋生，将矛盾与冲突消灭在开始状态。做好公众参与，获得群众理解支持			
			（3）村民对核电站取排水过程中添加次氯酸钠导致海水质量改变影响海产品养殖，以及对项目施工期产生的废气、噪声、粉尘等污染心存疑虑	（1）做好宣传科普工作，通过规范权威的渠道将海水处理所涉及的相关添加剂名称、功用及影响公开化，打消村民相关顾虑			
				（2）核电公司在项目建设、运营过程中强化环境管理和污染治理，减少污染物排放，降低污染强度，并及时反应村民的利益关切，解决村民反映的问题	运行阶段		

(二)风险动态管理要求

社会稳定风险管理是一项系统工程，必须采取动态监测和控制。评估认为，项目业主和相关政府部门依据计划—实施—检查—处理（PDCA）闭环管理原则，制定预防风险责任制度，根据识别出的主要风险和制定的风险防范措施，逐项核对措施落实情况。同时，根据建设期、运行期、退役期实际情况，识别新的风险，制定新的措施，将风险管理工作常态化、制度化。

(三)应急预案要求

为了减少事故发生对公众的辐射影响，根据核安全导则《核动力厂营运单位的应急准备》（HAD 002/01）和《地方政府对核动力厂的应急准备》（HAD 002/02）的要求，事故应急应包括隐蔽、简单的呼吸道和体表防护、服用稳定性碘、撤离；避迁、控制食品和水、控制通道、区域去污和人员去污等措施。

为了快速有效地处理核事故发生后的各种问题，最大限度减少事故影响，在事故发生时便于执行上述应急措施，本期工程将与一、二期工程统一考虑，设立核事故应急机构，在厂内建立若干人员集合点并定期进行应急响应演习。本期工程项目的建设单位将与地方政府保持密切联系，积极协助地方政府成立必要的核应急组织，或对地方已有的核应急组织予以必要的支持和配合，以利于针对本期工程建立切实可行的场外应急计划，并设立相应的核应急监测机构。

按照我国核安全法规《核电厂厂址选择安全规定》（HAF 101）的要求，在厂址选择时必须考虑下述与厂址有关的因素，来评价执行应急计划的可行性：人口密度和分布、离人口中心的距离、在事故中难以隐蔽或难撤离的居民群，以及在核电厂预计寿命期内上述各项因素的变化；特殊的地理特征，例如岛屿、山地地形、河流以及当地的运输通信能力；外围地带和区域的经济、工业、农业以及生态和环境特征。建议项目单位将F核电工程尽快纳入F核电基地社会稳定风险应急体系，坚持定期演练培训，不断提高应急处置能力，并与省、A市政府及其相关职能部门以及镇政府制定的突发性公共事件应急预案进行有效衔接，以增强维稳工作的前瞻性和有效性。

(四)落实措施后的风险等级确定

通过采取上述社会稳定风险预防和化解措施，大多数社会稳定风险的概率和影响程度将有所下降，见表 7-7。各项措施严格落实以后，将没有“较大”程度的社会稳定风险，所有风险均为“一般”或“较小”风险，而且可控，项目属于“低风险”等级。

表 7-7　　采取措施前后 F 核电工程社会稳定风险程度对比表

序号	风险因素		风险概率		影响程度		风险程度	
			措施前	措施后	措施前	措施后	措施前	措施后
1	项目合法合规性	项目前期工作文件尚未完全取得、项目与海洋功能区划及近岸海域环境功能区划不相符等情况，项目的合法性、合规性尚存疑问，存在潜在政策性风险	较低	较低	很大	较小	一般	较小
2	核安全及其引发的公众焦虑	(1) 公众缺少核电相关技术知识，对核电存在误解，对核电安全存在质疑	中等	较低	较大	中等	一般	较小
		(2) 项目管理制度不规范，核安全文化培育不深入，安全措施不到位，未按程序办事，在设备制造、建设施工、设备调试等方面产生问题，引发生产安全事故和核安全事故等事件	中等	很低	较大	较小	一般	较小
3	土地房屋征收和用海及补偿	(1) 厂址周边未纳入征地范围的居民有部分要求征地搬迁	较高	较低	较大	较小	较大	较小
		(2) 厂址周边居民、一期和二期被拆迁居民及工程未来可能涉及的被拆迁居民索取生产生活影响补偿	较高	较低	较大	中等	较大	一般
		(3) 一期和二期工程被拆迁居民集中安置后人口集聚形成的潜在压力及可能存在的不稳定因素	中等	很低	较大	较小	一般	较小
		(4) 村民在征地范围的认定、红线内外征与未征、前后三期工程征地补偿标准差异等方面存在疑问和攀比心理，易诱发风险	中等	较低	较大	中等	一般	较小
		(5) 征海范围及补偿等相关问题尚不明确，易诱发风险	较高	较低	中等	中等	一般	较小
		(6) 地方政府政策已经明确的失地村民发展留用地补偿持续十余年未得到落实，失地村民不满情绪逐年累积，易诱发风险	较高	中等	较大	中等	较大	一般

续表

序号	风险因素		风险概率		影响程度		风险程度	
			措施前	措施后	措施前	措施后	措施前	措施后
4	经济社会影响	（1）项目周边居民未能实现利益共享。项目周边居民对与核电公司实行利益共享有强烈愿望，在尚未建立有效的双方利益共享机制的情况下，导致公众不满情绪，易诱发风险	较高	较低	较大	较低	较大	较小
		（2）核电站取排水设施可能导致的海洋洋流改变、滩涂淤积影响海产品养殖、采捕，最终可能影响村民生产生活	较低	较低	较大	较低	一般	较小
		（3）电厂温排水造成周边区域海水水温升高，低放废水对生物辐射增加，化学废水对生物的影响，引起海洋水产业受到影响，渔民经济利益受到损害	中等	较低	中等	较小	一般	较小
		（4）外来流动人口增加、流动人口聚集，产生一定治安问题，引发一定环境和卫生问题，甚至造成与当地居民的矛盾	较低	较低	中等	较小	较低	较小
		（5）受影响群体现有社会保障的水平和持续性存在不确定性	较高	较低	较大	较小	较大	较小
		（6）项目建设影响××经济技术开发区和厂址东侧的××港经济技术开发区内相关企业产生经营	较低	较低	较大	较小	一般	较小
5	环境影响	（1）施工期环境污染：施工期噪声、污水、废气及粉尘等污染因素的影响	较低	较低	中等	较小	一般	较小
		（2）运行期环境污染：核电站取排水作业和温排水导致海水升温对海洋环境及渔业资源的影响	中等	较低	中等	中等	一般	较小
		（3）核电站运行对自然保护区可能产生影响	中等	很低	中等	较小	一般	较小

续表

序号	风险因素		风险概率		影响程度		风险程度	
			措施前	措施后	措施前	措施后	措施前	措施后
6	项目管理	（1）劳资纠纷问题	较低	很低	中等	较小	较小	较小
		（2）承包费违规发标、违规操作、层层转包、违法转包、无资质施工、资金不能及时到位	较低	很低	中等	较小	较小	较小
		（3）职业病患者善后处置不到位	较低	很低	中等	较小	一般	较小
		（4）工程管理混乱影响群众生活，损害群众利益	较低	很低	中等	较小	较小	较小
		（5）施工人员与当地群众产生纠纷、冲突，甚至造成刑事治安案件损害群众利益，影响群众生产、生活、宗教习惯，影响民族关系	较低	很低	较大	较小	一般	较小
		（6）施工过程中超挖超占、粗暴施工等引发群体事件风险	较低	很低	较大	较小	一般	较小
7	媒体舆论与项目沟通	（1）媒体故意歪曲或倾向性报道，引发公众恐慌	较低	很低	较大	较小	一般	较小
		（2）相关宣传不深入，不到位，沟通不及时	较高	很低	中等	较小	一般	较小
		（3）村民对核电站取排水过程中添加次氯酸钠导致海水质量改变影响海产品养殖，以及对项目施工期产生的废气、噪声、粉尘等污染心存疑虑	较高	较低	中等	较小	一般	较小

五、评估结论与建议

评估工作在《分析报告》的基础上，经过座谈、访谈、实地调查和问卷调查等方式，结合评估报告编制的政策要求和技术规范，形成以下评估结论和建议。

（一）评估结论

1. 对《分析报告》的修改意见

结合国家发展改革委有关重大项目社会稳定风险评估工作的相关政策要求

以及评估调研了解的情况，评估认为分析报告总体上符合相关政策和技术规范的要求，内容较为丰富，资料较为齐全，但分析报告的框架结构存在不足，前后因果逻辑关系不够清晰，需进一步修改完善，对各章节顺序进行重新编排，调整和完善相关内容，以形成符合因果逻辑关系的分析报告。

2. 项目存在的主要风险因素

F核电工程比较突出的社会稳定风险因素集中在六个方面。

（1）项目的合法性、合规性尚存疑问。

（2）征地、征海及安置补偿可能诱发风险。

（3）项目建设和运营产生的环境影响可能诱发风险。

（4）公众交流、知识宣传普及和信息披露不足可能诱发风险。

（5）项目周边居民未能实现利益共享可能诱发风险。

（6）项目建设运营占用基础设施和公共资源可能诱发风险。

3. 项目合法性、合理性、可行性、可控性评估结论

（1）项目的合法性。F核电项目厂址已被列入《核电中长期发展规划（2011—2020年，调整）》的厂址保护目录，核电站建设属于《产业结构调整指导目录（2019版）》鼓励发展类项目。项目有关环境影响评价、节能评估、用地、用海等外部条件正在论证和办理中。

（2）项目的合理性。F核电工程建设和投运，有利于改变本省能源供应紧张状况、解决今后能源供应不足矛盾和缓解区外能源调入所造成交通运输压力，有利于节能减排和应对气候变化。

（3）项目可行性。F核电工程拟采用某国产技术方案，充分体现了国家对核电建设实行“自主设计、自主制造、自主建设和自主运行”的要求，项目单位完全具备项目建设和运营所需要的技术、经济人才和经验。

（4）风险可控性。采取预防和化解措施以后，该项目公共安全隐患较小，引发大规模群体性事件的概率很低，项目单位和地方政府均有比较成熟的社会稳定风险应急预案，而且已成功组织了大规模场内外联合应急演习，社会稳定风险具有可控性。

4. 采取风险防范和化解措施后的预期风险等级

在采取相应的风险防范和化解措施，并取得相应效果后，预计项目的社会

稳定风险是可控的，风险等级为“低”。

（二）评估建议

1. 加快项目前期工作，化解政策性风险

F 核电有限公司（简称核电公司）加快项目申报工作，尽早获取项目核准所需各项支持性文件批复；A 市政府主动上报自治区政府，配合上级政府尽快完成相关海洋功能区划、近岸海域环境功能区划的修订，核电公司据此及时调整项目建设方案。

2. 完善征地拆迁方案，落实安置补偿政策

（1）核电公司与 A 市政府密切配合，尽快确定土地征收方案，明确征地位置、面积等技术参数。

（2）A 市政府在征地方案确定后尽快依法依规开展征地工作，在征地拆迁和移民安置补偿标准、方式和方法等方面积极回应受影响人口的利益关切，满足受影响人口的合理诉求。

（3）A 市政府积极向上反映失地村民发展留用地政策长期未得到落实的问题及其可能诱发的严重风险，并尽快协调各方利益妥善解决此类问题。

3. 优化、调整用海方案，降低环境影响

（1）核电公司优化取排水技术方案，使其满足海洋功能区划、近岸海域环境功能区划的要求，并减少对海洋生态环境、海水养殖及采捕作业的影响。

（2）核电公司在项目建设、运营过程中强化环境保护和污染治理，减少污染物排放，降低污染强度。

4. 强化公共关系管理工作，构建三方互信机制

（1）核电公司设立专门的公共关系管理部门，强化公共关系管理工作，加强与政府、企事业单位、周边居民特别是受影响人口的相互交流与协商，加强核电安全知识宣传，优化信息披露方式，提高信息公开效率，增强社会公众对核电项目的认知信任度。

（2）A 市政府与核电公司共同开展核电宣传教育和信息披露工作，及时回应社会公众的质疑和关注，构建三方互信机制。

5. 基于企业社会责任，建立利益共享机制

（1）核电公司调整优化企业社会责任履行方案，设法将扶贫等工作转向当

地，加大对周边居民特别是占地村居民的帮扶力度，通过提供就业机会、组织公益性活动、直接参与扶贫工作等途径，使更多受影响群体共享核电项目收益。

（2）在依法依规前提下，A市政府主动与核电公司沟通交流，及时转达公众利益诉求，建立政府、企业、公众三方利益共享机制。

附录A　中咨公司项目稳评咨询业务导则[1]

A.1　总　　则

A.1.1　为规范重大工程社会稳定风险分析和评估咨询工作，从源头上防范和化解社会矛盾风险，保障重大工程顺利实施，服务改革发展稳定大局，维护人民群众合法权益，促进重大工程科学决策、民主决策、依法决策，加强重大工程社会稳定风险分析和评估咨询业务规范管理，制定本导则。

A.1.2　对于涉及征地拆迁、生态环保、资源开发、污水垃圾处理等容易引发大规模集体上访或群体性事件的重大建设项目，以及其他事关群众利益且可能对社会稳定有较大影响的重大投资政策、重大建设规划及重大工程项目决策，应在工程项目可行性研究阶段开展社会稳定风险分析和评估工作。本导则适用于公司接受有关部门和企业委托，开展重大工程社会稳定风险分析和评估相关咨询业务。

A.1.3　公司开展重大工程社会稳定风险分析和评估咨询工作，要全面贯彻习近平法治思想，全面贯彻总体国家安全观，增强“四个意识”、坚定“四个自信”、做到“两个维护”，坚持和加强党的全面领导，坚持以人民为中心，坚持把法治思维和法治方式贯彻到重大工程社会稳定风险分析和评估咨询工作全过程，以防范化解重大矛盾风险为主要目标，以提升风险分析和评估的科学化、专业化、法治化、社会化、智能化水平为工作重点，以全面客观、应评尽评、评用并重、全程管控为基本要求，推动公司承担的重大工程社会稳定风险分析和评估咨询业务高质量发展，为更好地统筹发展和安全、促进重大工程目标顺利实施、打造共建共治共享社会治理格局提供专业支持和保障。

A.1.4　公司接受委托开展重大工程决策研究论证时，应按委托要求开展重大工程社会稳定风险分析。通过调查分析，征询相关群众意见，查找并列出风险点、风险发生的可能性及影响程度，提出防范和化解社会稳定风险的方案

[1] 本导则供中咨公司内部使用，并根据情况变化适时进行修改完善。相关内容仅供参考。

措施，提出采取相关措施后的社会稳定风险水平评价结论和建议。

A.1.5 公司接受委托开展重大工程社会稳定风险评估，应在社会稳定风险分析的基础上，根据实际情况采取公示、问卷调查、实地走访和召开座谈会、听证会等多种方式听取各方面意见，分析判断并确定风险水平，提出社会稳定风险评估报告。评估报告主要包括项目建设实施的合法性、合理性、可行性、可控性，可能引发的社会稳定风险，各方面意见及其采纳情况，风险评估结论和对策建议，风险防范和化解措施以及应急处置预案等内容。

A.1.6 公司开展重大工程社会稳定风险分析和评估咨询业务，应充分发挥跨行业、多学科的综合优势及工程咨询专业优势，根据公司多元化咨询业务创新发展战略目标要求，积极利用业内优质资源，采用先进技术工具，在咨询业务的组织模式、人员组成、业务流程、分析方法等方面进行研究和创新，逐步形成具有公司特色、内容完善的重大工程社会稳定风险分析和评估咨询业务流程和方法体系。

A.1.7 公司秉承“敢言、多谋、慎断”的执业准则，“公正、科学、可靠”的行为规范，强化“品牌意识、前瞻意识、进取意识、廉洁意识、合作意识”，践行“求实、严谨、高效”的企业精神，按照建设国内有权威、国际有影响的中国特色新型高端智库和世界一流工程咨询机构的要求，推动重大工程社会稳定风险分析和评估咨询业务质量提升。

A.2 社会稳定风险分析咨询

A.2.1 编制依据和分析框架

A.2.1.1 *总体要求*

(1) 重大工程社会稳定风险分析，应根据《国家发展改革委重大固定资产投资项目社会稳定风险评估暂行办法》和国家、地方相关规定，对于需要开展稳评的重大固定资产投资项目，在可行性研究阶段同时进行社会稳定风险分析，作为项目可行性研究报告、项目申请报告中的独立篇章。

(2) 公司接受委托开展重大工程社会稳定风险分析报告编制工作，应当立足国情，实事求是，从拟建项目直接关系人民群众切身利益且涉及面广、容易引发的社会稳定问题出发，在合法性、合理性、可行性和可控性等方面进行重点分析，做到客观公正、方法适用、分析全面、措施可行、结论可信，确保取得实效。

（3）社会稳定风险分析报告的编制，应当遵循社会稳定风险分析的程序，开展风险调查、风险因素识别和风险估计，研究提出风险防范和化解的措施，估计落实措施后的风险状况，明确提出能作为开展拟建项目社会稳定风险评估工作重要依据的分析结论。情况较简单、外部性影响非常小、社会稳定风险非常低的项目可以从简分析；特别重大和敏感的项目，可形成单独的社会稳定风险分析报告。

A.2.1.2 编制依据

重大固定资产投资项目社会稳定风险分析报告编制，应依据法律法规规章和规范性文件、拟建项目所在地区的社会稳定风险评估要求，以及拟建项目建设方案等相关资料开展工作。

编制依据主要包括：

（1）相关法律、法规、规章、规范性文件以及其他政策性文件。

（2）国家出台的区域经济社会发展规划、国务院及有关部门和地方政府批准的相关规划。

（3）项目单位提供的拟建项目基本情况和风险分析所需的必要资料。

（4）项目单位的委托合同。

（5）其他依据。

A.2.1.3 分析框架

社会稳定风险分析主要针对投资项目可能引发的社会稳定风险，采用风险分析和管理的技术方法，调查和识别风险来源，分析评价风险大小，采取风险应对措施，以期实现规避和化解因工程项目所引发的社会群体性事件之目的。从可能引发社会稳定风险的问题出发，建立以问题解决为导向的重大工程社会稳定风险分析框架。以项目所有社会稳定风险均处于“低风险且可控”状态为项目可行的评判准则，以预防和化解影响社会稳定的各项主要风险为主线，遵循发现问题—分析问题—解决问题的研究思路，在对可能引发社会不稳定后果的各种风险因素进行调查、识别和分析的基础上，评价各风险是否均处于低风险状态，且可采取有效措施来确保引发社会稳定风险的因素能够得到有效控制。社会稳定风险防范和化解是一个循序渐进的过程，对于仍然存在不属于“低风险且可控”状态的社会稳定风险，应进一步研究提出化解措施，直至所有风险（包括剩余风险）均处于“低风险且可控”状态，或者进一步采取风险应对措施的代价超出预期或承受能力而得出项目不可行的结论为止。

以问题解决为导向的项目稳评分析框架，在目标设定、评价内容、风险调查和识别、风险分析和评价、风险应对措施研究等方面应体现以下特点。

（1）在目标设定上，以问题解决为导向的项目稳评分析框架，是以项目所有风险均处于“低风险且可控”状态为目标，以评价和确定项目各风险因素的风险程度或等级为制定风险应对措施提供依据。

（2）在评价内容上，以问题解决为导向的项目稳评分析框架强调项目稳评应包括：①风险调查；②风险识别；③风险分析；④风险评价；⑤风险应对措施研究。

（3）在风险调查和识别上，以“发现问题”为主线，重视基层公众参与和利益相关方分析，通过结构分析方法，全面确定特定项目的风险因素，突出行业、地域和项目特点；在此基础上，采用系统分析方法，进行归纳整理，筛选确定影响社会稳定的项目主要风险。

（4）在风险分析和评价上，以“分析问题”为主线，遵循风险概率—影响矩阵原理，由专家根据预先定义的风险变量尺度或标准，对自身熟悉的专业领域进行判断或打分，从而分析项目各风险出现的概率和影响程度。当项目的所有风险都处于“低风险且可控”状态时，项目可被接受。

（5）在风险应对上，以“解决问题”为主线，坚持区别对待的应对原则，对于不可接受的关键风险，提出循序渐进的风险化解方案，制定风险应急预案，直至项目的所有风险程度都处于“低风险状态且可控”，或者采取风险应对进一步措施的代价超出预期或承受能力为止。

A. 2. 2 风险调查

A. 2. 2. 1 风险调查内容

社会稳定风险调查重点围绕拟建项目建设实施的合法性、合理性、可行性和可控性等方面开展。调查范围应覆盖所涉及地区的利益相关方，充分听取、全面收集群众和各利益相关方的意见，包括合理和不合理、现实和潜在的诉求等。结合拟建项目特点，重点阐述以下部分或全部方面：调查的内容和范围、方式和方法；工程文案资料、拟建项目的合法性；拟建项目自然和社会环境状况；利益相关方的意见和诉求、公众参与情况；基层组织态度、媒体舆论导向，以及公开报道过的同类项目风险情况。

(1) 拟建项目的合法性。包括与国家和当地经济社会发展规划、行业规划、产业政策、标准规范的符合性，与土地利用总体规划、城乡规划的符合性，分析项目达到合法性要求还需依法取得的相关前置审批文件等。

(2) 拟建项目所在地周边的自然环境现状和社会环境状况，以及项目实施可能对当地经济社会的影响。包括可能对行业发展和区域经济的影响，对上下游已建或拟建关联项目的影响，对当地总体发展规划、经济社会发展、关联行业发展、就业机会的影响等；包括拟建项目占用地方资源（土地、能源、水资源、岸线、交通、污染物排放指标、自然和生态环境等）带来的影响，拟建项目的建设和运行活动对项目所在地文化、生活方式、宗教信仰、社会习俗等非物质性因素的影响，能否被当地的社会环境、人文条件所接纳等。

(3) 利益相关方（包括受拟建项目建设和运行影响的公民、法人和其他社会组织）对拟建项目建设实施的意见和诉求。深入细致地向利益相关方了解情况，对受项目影响较大者、有特殊困难的家庭重点走访，当面听取意见。听取意见要注意对象的广泛性和代表性，注意方式方法，以便群众了解真实情况、表达真实意见。对于听取的意见和诉求，要通过分析利益相关方的主要特征等，鉴别出主要利益相关方。

(4) 建设项目所在地政府及其有关部门、基层政府和基层组织、社会群体的态度。在规划选址、土地房屋征收补偿、移民安置、环境保护等方面，征求项目所在地政府、有关部门及基层组织、社会群体等对拟建项目的支持态度，了解项目所在地存在的社会历史矛盾和社会背景等。

(5) 媒体对拟建项目建设实施的态度。调查大众媒体包括网络媒体及移动媒体等新兴媒体对拟建项目的意见、诉求和舆论导向等。

(6) 同类项目曾引发的社会稳定风险。调查公开报道的同类项目曾经引发的社会稳定风险，同类项目的后评价报告，社会稳定风险产生的原因、后果和处置措施等。

A.2.2.2 风险调查要求

风险调查的目的主要是收集项目相关信息和发现社会稳定相关问题，为社会稳定风险分析工作奠定基础。风险调查工作的重点和难点是界定调查范围、选择调查对象、确定调查方式和方法。风险调查方式包括全面调查、抽样调查、个案调查和典型调查。调查的方法有观察法、访谈法、文献法、问卷法、实验法等。可根据项目的特点及项目所在地的实际情况，选择适用的方式方法进行调查。实际工作中可采取公告公示、实地踏勘、走访群众、召开座谈会、网上调查以及舆情分析等多种方式和方法，以达到广泛调查、充分收集各方面意见和诉求的目的。

(1) 风险调查内容围绕合法性、合理性、可行性和可控性展开。社会稳定风险调查应运用适当的方法，重点围绕拟建项目建设的合法性、合理性、可行性和可控性开展。社会稳定风险调查还应阐述拟建项目自然和社会环境状况、利益相关方的意见和诉求、公众参与情况、基层组织态度、媒体舆情导向和类似项目社会稳定风险情况等内容。

(2) 风险调查范围坚持全过程、全方位、全覆盖的原则。社会稳定风险调查应覆盖所涉及地区的所有利益相关方，充分听取、全面收集群众和各利益相关方的意见，包括合理和不合理、现实和潜在的诉求等。原则上，凡项目涉及利益相关方切身利益、容易引发社会稳定风险的因素，都应纳入调查范围，将利益相关方的合理合法诉求转化为稳评关注的目标。

从时间纬度看，必须坚持工程全生命周期过程风险分析的原则，调查影响风险变动的各种因素，考察项目提出、准备、建设、投产运营和退役期间可能出现的涉稳风险因素，也要查明历史遗留的社会矛盾和积怨。

从空间跨度看，必须坚持全方位风险调查的原则，调查应涵盖项目可能产生负面影响的所有区域。既要重点调查项目直接影响区，也不能忽视间接影响区。

从调查对象看，必须坚持全覆盖的风险调查原则，并重点关注基层组织和弱势群体的意见。调查对象应包括项目受损和受益者、直接和间接影响者，各类调查对象需要选择有代表性的样本。

社会稳定风险调查的重心应向基层下移。原则上，城市调查要深入到社区，农村调查要深入到行政村乃至自然村。调查样本大小与抽样方法有关，还应考虑调查目的、总体特征、可供支配的时间和资源等。当总体规模达到一定量级（如 10 000 以上）时，样本容量应根据某一置信水平下的 Z 统计量、半置信区间宽度、目标总体的比例期望值确定。

（3）公众参与应避免选择性或倾向性参与。社会稳定风险源于项目与当地社会的矛盾冲突。

在社会稳定风险调查中，理论上可以通过随机抽样调查，推论当地公众对项目建设的总体态度。但在实践中，咨询机构难以亲自抽取调查样本，需要通过项目建设单位和地方政府选取样本接受调查。由于项目建设单位和地方政府一般都希望项目被评为“低风险”等级而容易获得项目审批核准，而不希望评估主体听到过多或强烈的反对声音，从而常常安排项目受益的和易顺从的利益相关方接受调查，而有意无意地将“钉子户”和“困难户”排除在外，公众参与变成了选择性参与或倾向性参与，难以获得客观、公正的信息，应在咨询研究实践中尽力避免。

（4）现场调查应避免“走过场”的形式主义。现场调查主要采用问卷、访谈、座谈、观察、公告、公示等方法，以获取项目社会稳定风险的第一手信息。在项目调查实践中，需要避免“走过场”调查。因此，项目稳评应努力获取不加掩饰的“原生态”信息，如采取小规模的分组调研，分散在社区和乡村中，现场观察或个别“暗访”等，以尽可能全面倾听负面声音和发现潜在问题。同时，还要广泛采集网上舆论信息和媒体呼声等，通过各种渠道充分了解社情民意，以便全面客观地预判重大项目的社会稳定风险。

A.2.3 风险识别

A.2.3.1 风险识别内容

在风险调查的基础上，针对利益相关方不理解、不认同、不满意、不支持的方面，或在日后可能引发不稳定事件的情形，全面、全程查找并分析可能引发社会稳定风险的各种风险因素。重点阐述：在政策规划和审批程序、土地房屋征收方案、技术和经济方案、生态环境影响、项目建设管理、当地经济社会影响、质量安全和社会治安、媒体舆论导向等方面分析查找各风险因素，重点识别可能引发群体性事件的重大或较大社会稳定风险，避免泛泛地列示项目的一般特征风险。

A.2.3.2 风险识别方法

围绕拟建项目的建设和运行是否可能使群众的合法权益遭受侵害，从拟建项目各阶段可能对外产生的负面影响，项目与当地经济社会的相互适应性等方面，全面、动态、全程识别拟建项目建设和运行可能诱发的社会矛盾和社会稳定风险事件，包括对社会稳定可能造成重大负面影响的各种群体性或个体极端事件，识别影响拟建项目总体目标顺利实现的各种社会稳定风险因素。风险识别可选用对照表法、专家调查法以及访谈法、实地观察法、案例参照法、项目类比法等方法。

A.2.3.3 风险识别要求

（1）明确项目风险的构成要素。风险是由风险因素、风险事件和风险损失构成，它们之间的关系：风险是一种潜在的危险；风险因素是引起风险事件发生的机会或条件，是造成损失的内在的或间接的原因；风险事件（又称风险事故）是造成损失的事件，是引起损失的外在的或直接的原因；风险损失是指非预期的和非计划的价值减少。只有当风险事件确实发生，潜在的危险才转化成为现实的损失。

社会稳定风险产生于投资项目与当地社会的互动作用。受项目影响的利益相关方在物质利益、心理状况、生活和发展环境、公平正义等方面遭到损害后，对项目会作出反应，并提出利益诉求；如果不能得到满足，其行为将导致社会不稳定风险。

（2）通过结构分解明确风险因素。风险因素分析可以采用结构分析方法，即依据社会稳定风险调查所获得的信息资料，借鉴类似项目的历史经验，从不同阶段、不同空间、不同尺度、不同行为主体，寻找可能引发社会不稳定的风险因素，以充分揭示项目社会稳定风险的来源、发生条件和具体原因。

（3）特别关注重点风险。在全面分析确定项目风险因素后，应根据风险因素的类型、成因、表现、发生阶段和持续时间等特征，采用系统分析方法，确定影响社会稳定的主要风险及其影响因素。主要风险筛选应坚持“抓大放小”原则，筛除那些“风险水平低、对稳评目标足以忽略”的风险，着力找出项目的主要风险。在风险属性上，最终筛选确定的主要风险相互之间应相对独立。对于涉及大规模的征地拆迁和移民工程、严重的环境污染等社会敏感度高的投资项目，应提前做好重大、特殊风险的筛选工作。通过筛选主要风险，有针对性地制定特殊政策，从源头上控制和防范风险。

A.2.4　风险估计

A.2.4.1　风险估计内容

根据各项风险因素的成因、影响表现、风险分布、影响程度、发生可能性，找出主要风险因素。采用定性与定量相结合的风险分析方法，估计主要风险因素的风险程度；分析主要因素之间是否相互影响。重点阐述：按照风险可能发生的项目阶段（决策、准备、实施、运行），结合当地经济社会与拟建项目的相互适应性，从初步识别的各类风险因素中筛选、归纳出主要风险因素。对每一个主要风险因素进行分析、估计，两个或多个风险因素相互作用的影响，包括可能引发风险事件的原因、时间和形式，风险事件的发生概率、影响程度和风险程度，编制拟建项目的主要风险因素及其风险程度表（见表 A.1）。

表 A.1　　主要风险因素及其风险程度表

序号	风险类型	发生阶段	风险因素	风险概率	影响程度	风险程度	备注
1							
2							
3							
…							

A.2.4.2 风险估计方法

风险估计一般采用定性分析与定量分析相结合的方法，逐一对风险因素进行多维度分析，估计其发生的概率和影响程度。选取维度通常包括可能产生风险的项目阶段、地域、群体，以及风险的成因、影响表现、风险分布、影响程度等特性。主要风险因素的估计，可对风险概率、影响程度和风险程度进行定性和定量的分析评判，也可根据专家经验确定。根据风险程度进行排序，以揭示主要因素的风险程度。

A.2.4.3 风险估计要求

(1) 根据概率—影响矩阵原理对风险进行主观判断。无论是定性分析还是定量分析，其基本原理是风险概率—影响矩阵，即根据风险程度(R)=风险概率(p)×影响程度(q)，通过先行判断风险发生概率(p)和影响程度(q)，从而确定风险程度(R)。

风险主观判断可采用三档、五档、七档和九档等多个分档办法，一般采用五档分类，即将风险程度（R）划分为五个等级次序：重大（$R \geqslant 0.64$）、较大（$0.64 > R \geqslant 0.36$）、一般（$0.36 > R \geqslant 0.16$）、较小（$0.16 > R \geqslant 0.04$）、微小（$R < 0.04$），风险程度评价值是否达到0.36作为风险能否接受的阈值。

根据风险概率—影响矩阵分析框架，风险程度评价值为0.36，相当于0.6×0.6。实际上，当风险发生概率达到0.6（即60%），已属于较高频率；同样，影响程度为0.6，也意味着影响后果较为严重，表明这样的风险判别标准过于宽松，必须因地制宜地设定更严格的风险可接受程度评价标准。因此，投资项目社会稳定风险因素的风险程度评价值不能笼统地采用0.36、0.64等恒定数值作为标准，而应根据该风险的性质、事先定义的最大可接受风险发生概率及其影响，从而判断其风险程度（R）等级。

(2) 风险定量分析需要计算期望值和离散程度等指标。项目稳评实践中，对项目涉稳风险进行定量分析，依据专家打分的算术平均值确定风险概率和影响程度的期望值，很少考虑专家打分值的离散程度信息，更缺少置信度分析或一致性检验环节。风险指标数据的精度和可靠性是风险量化分析的前提。在对各风险因素的风险概率和影响程度的专家打分结果进行统计时，不仅要计算风险概率和影响程度等指标的期望值，还要计算风险指标的标准差等参数，分析数据的离散分布特点。必要时，还需通过假设检验，检验专家打分值的稳定性和假设错误时对项目维稳目标造成的后果。

（3）通过风险程度指标判断项目能否被接受。社会稳定风险程度不仅是风险分析的产出结果，也是风险评价和风险应对措施的输入，是“分析问题”和“解决问题”的共同纽带。风险程度包括项目自身的风险程度和可接受的风险程度：项目自身的风险程度是按照风险概率一影响矩阵原理进行计算的结果，可接受的风险程度是事先定义的风险程度评价标准。

以问题解决为导向的项目稳评分析框架将“分析问题”阶段（风险分析和评价）细分为五个步骤：①界定风险概率、影响程度等指标的赋值标准和风险程度的可接受水平；②通过专家主观判断，对项目各风险的发生概率、影响程度等指标进行赋值；③通过统计分析，计算风险概率和影响程度的大小及分布情况；④根据风险概率一影响矩阵，确定风险程度的大小；⑤将项目风险程度与事先定义的可接受的风险程度进行对比，判定各风险是否需要采取应对处理措施。

A.2.5 风险防范和化解措施

A.2.5.1 研究内容

为从源头上防范、化解拟建项目实施可能引发的社会稳定风险，应根据拟建项目的特点，针对主要风险因素，阐述采用的风险防范、化解措施；明确风险防范、化解的目标，提出落实措施的责任主体、协助单位、防范责任和具体工作内容，明确风险控制的节点和时间，真正把项目社会稳定风险化解在萌芽状态，最大限度减少不和谐因素，将项目所有风险均降至“低风险且可控”状态。编制并形成风险防范和化解措施汇总表，见表A.2。

表A.2 社会稳定风险防范和化解措施汇总表

序号	风险发生阶段	风险因素	主要防范和化解措施	实施时间和要求	责任主体	协助单位
1						
2						
3						
…						

A.2.5.2 具体要求

(1) 制定风险应对措施的总体要求。提出社会稳定风险应对处理方案。

风险应对贵在行动，提出和落实措施需要研究其可行性。风险防范化解措施方案应立足现实，在现行法律法规、政策体制框架内，限定在地方政府和项目单位的能力范围内研究制定。因此，风险应对措施不仅要具有技术可行性，还要研究风险措施的经济性，将预防、化解风险的代价与该风险可能造成的危害进行权衡，寻求以最少的费用获取最佳效果。

风险防范和化解措施建立在风险预判的基础之上，要有针对性和适当超前性。稳评提出的风险应对措施要具备操作和实施的条件，不能脱离项目实际、空泛而谈。同时，由于项目实施过程中可能出现前期未识别的风险或者某风险对社会稳定的影响超过预期，因此风险应对措施还应适当超前，留有余地，防止风险突变带来的问题。

(2) 发挥地方政府在风险应对中的关键作用。风险产生于多元风险主体的利益纠纷，化解风险需要兼顾各方利益得失，实现利益关系的再平衡。项目单位和地方政府的作用是提出措施并予以实施，带有主动性；受影响的利益相关方常处于被动地位，被迫接受相关措施带来的结果。因此，项目稳评需要明确项目单位和地方政府在落实措施中的角色和作用。

项目单位受制于追求自身发展和获取自我利益的天然本能，其组织编写的投资项目社会稳定风险分析报告，结论不可避免地带有特定的倾向性，措施建议往往带有单向性的思维，难以权衡各方利益关系。地方政府是承担投资项目社会稳定风险管控的第一责任人，肩负经济社会协调发展的管理职能，项目与社会之间矛盾和冲突的处理，离不开政府的关键作用。对于企业投资项目而言，当地政府是社会稳定风险防范和化解方案的制定者，也是项目与各利益相关方之间的潜在冲突调解人；对政府投资项目而言，政府兼顾投资者和调解人的双重角色。在稳评工作实践中，应要求地方政府对投资项目社会稳定保障措施提出明确的书面承诺，保证稳评报告提出的措施和任务将来能够落实到位。

(3) 按照由大到小次序，分类研究风险防范和化解措施。制定社会稳定风险应对措施需要分清轻重缓急，即按照风险程度由大到小的次序，实行分类应对的策略，制定不同的风险应对方案，包括风险控制、风险分散、风险转移和风险自担等，以实现项目稳评目标。

风险应对应坚持从大到小的原则，重点对“重大”和“较大”程度的关键风险，提出针对性的抑制或减轻措施，降低风险发生的概率或影响程度，从而降低风险程度。对于某些关键的社会稳定风险，如果其风险程度根本无望降至可接受水平，必须明确提出终止或放弃项目的建议。至于各项“低风险”，只要其风险因素处于可控状态，通过制定可行的风险应急处置预案，可由项目单位和地方政府自担风险。

（4）风险防范和化解是一个循序渐进的过程。社会稳定风险是不断演进的，其应对措施也不是一蹴而就的。对于不可接受的项目主要风险，应逐一提出风险应对处理方案。当风险程度排序最高的风险已经降为“低风险”后，接着应着手解决排在次席和后续的风险，不断地采取针对性的措施降低其概率和影响程度，直至项目所有社会稳定风险的风险程度，包括采取措施后的剩余风险程度都转化为“低风险”且其影响均处于可控状态。反之，任何一个风险在采取应对措施后，风险程度仍然不能有效降低，或者实施应对措施的代价超出项目单位和地方政府的可接受水平，应从社会维稳的角度对该项目予以否决。

A.2.6 风险总体评价

A.2.6.1 风险总体评价内容

对研究提出的风险防范、化解措施的合法性、可行性、有效性和可控性进行总体评价，根据分析结果预测各主要风险因素可能变化的趋势和结果，结合预期可能引发的风险事件和造成负面影响的程度等，综合判断项目落实风险防范、化解措施后的风险水平，评价各项风险防范、化解措施落实的可行性和有效性，阐述拟建项目社会稳定风险分析的主要结论，包括：

（1）拟建项目主要的风险因素。

（2）主要的风险防范、化解措施。

（3）拟建项目总体风险水平。

（4）落实风险防范、化解措施的有关建议。

A.2.6.2 风险总体评价要求

投资项目社会稳定风险评价的任务是对标预先设定各方都能接受的社会稳定风险评价基准值，查找需要采取应对措施的社会稳定风险。只有当项目的所有社会稳定风险都处于“低风险且可控”状态，投资项目才能满足维稳要求。

（1）根据地区及行业特点设定风险可接受程度评价标准。开展投资项目社会稳定风险分析和评估工作，需要根据国家投资主管部门对项目稳评的原则性要求，结合具体项目所处地域和行业特点，以及当地对不同种类风险的承受能力，制定合理的项目风险程度评价标准。

各地区的经济社会发展基础不同，其资源环境承载能力、现有开发强度和未来发展目标存在差异，对同样风险因素的社会敏感度各有不同，各地衡量社会稳定风险的标准存在差异。例如，我国经济发达的东部地区的环境承载能力较低，对污染因素可能引发的社会稳定风险较敏感；而相对欠发达的西部地区则更加重视 GDP 增长，对环境污染的敏感度相对较低。因此，对于东西部不同地区而言，其环境安全引发社会稳定风险的可承受能力存在差异。

投资项目可接受的风险程度还与所属的行业特性有关，主要风险发生的概率和影响程度具有一定的行业共性特征，社会稳定风险评判可借鉴同类项目的风险资料。例如，水利水电行业的投资项目常常涉及大规模的征地拆迁和移民安置，征地拆迁补偿标准、生产和生活安置、失地农民就业等因素容易引起群体性事件，仅从参加群体性事件的人数看，地方政府对水利水电行业的容忍程度往往超过一般的城市建设项目。

（2）可接受的风险评判标准是“低风险且可控”。虽然各地区、各行业的社会稳定风险的衡量标准难以统一，但稳评实践确实需要一个更加普遍、通用和直接的标准。风险评价标准应重点关注风险程度及可控程度，即风险程度是否处在“低风险”的状态之下，相应的应对措施是否保证风险在“可控”的范围之内。

在风险评价中，“低风险”是指当地政府和项目单位可接受的最大风险程度，可从风险事件发生后可能产生的影响（行为表现、参加人数、影响范围、持续时间等），以及为化解风险而不得不付出的代价来反映。在风险概率为

100%的条件下，风险程度等同于风险影响程度。因此“低风险”的临界值可定义为项目建设单位和当地政府为了化解风险影响后果所能够接受的最大代价，包括“经济成本”和“行政责任”。其中，“经济成本”是指在风险发生后项目建设单位愿意承担的经济损失。如果风险导致投资成本大幅上升或经营收入大幅减少，并且超过项目单位的承受能力，致使项目建设被迫中止或停止，对应的风险定义为不可接受风险（高风险或中风险）；如果风险导致投资成本有所上升或经营收入有所下滑，但对经济效益没有显著影响，则对应的风险定义为低风险（或一般风险）。“行政责任”是指在风险发生后当地政府能够承担的除经济成本之外的行政代价。比如，风险可致当地政府主要领导或相关行政主管部门的领导被追究责任，对应的风险定义为不可接受风险（高风险或中风险）；如果仅导致行政管理的直接责任人被追究责任，可将对应的风险定义为低风险（或一般风险）。

在项目生命周期中，风险总是动态变化的。社会稳定风险管理应包括源头治理、动态管理和应急处置。新的风险可能随着项目实施而出现。某项风险即使前期被评定为“低风险”，并不意味着该风险一定不发生或不演变。因此，项目稳评还应进行动态跟踪，研究制定维稳应急预案，并要求定期实际演练。在风险评价中，风险“可控”是指当社会稳定风险实际发生时，通过实施维稳应急预案能够将风险影响控制在可接受的水平。

（3）不可接受风险的确定和处理。拟建项目采取措施前的各项社会稳定风险水平，是项目可能导致社会稳定风险的真实反映，可以作为投资项目社会稳定风险分析评价的基准，是确定风险防范、化解措施的基础。项目稳评应根据各项涉稳风险的风险程度及其排序结果，通过风险应对措施研究，将项目所有不可接受的风险都化解为“低风险”状态。

A.3 社会稳定风险评估咨询

A.3.1 评估背景

A.3.1.1 项目概况

简述项目基本情况，主要包括项目单位、拟建地点、建设必要性、建设方案、建设期、主要技术经济指标、环境影响、资源利用、征地搬迁及移民安置、社会环境概况（含当地经济发展及社会治安、群体性事件、信访等情况）、投资及资金筹措等内容。

A.3.1.2 评估依据

社会稳定风险评估工作所依据的相关法律、法规和规范性文件等；国家出台的区域经济社会发展意见、国务院及有关部门批准的相关规划、采用的项目所在地人民政府确定的社会稳定风险评判标准或指标体系。

A.3.1.3 评估主体

重大工程社会稳定风险评估工作由评估主体组织实施，并对评估过程和评估结果负责。评估主体按照属地管理、分级负责，谁决策谁负责、谁主管谁负责原则确定。评估报告应阐述拟建项目的评估主体指定方、评估主体的组成及职责分工，并具体说明其相关部门、社会组织、专业机构、专家学者、群众代表等参与评估工作情况。

A.3.1.4 评估要点

社会稳定风险评估应在对社会稳定风险分析报告整体把握的基础上，根据拟建项目的实际情况，重点围绕拟建项目建设实施的合法性、合理性、可行性、可控性进行评估论证。

（1）合法性。主要评估拟建项目建设实施是否符合相关法律、法规、规范以及国家有关政策；是否符合国家与地区国民经济和社会发展规划、产业政策及强制性标准等；拟建项目相关审批部门是否具有相应的项目审批权并在权限范围内进行审批；决策程序是否符合国家法律、法规、规章等有关规定。

（2）合理性。主要评估拟建项目的实施是否符合创新、协调、绿色、开放、共享的新发展理念要求，是否符合经济社会发展规律和促进人的全面发展，是否符合社会公共利益、人民群众的现实利益和长远利益，是否兼顾整体利益和局部利益，以及不同利益群体的诉求；依法应给予相关群众的补偿和其他救济是否充分、合理、公平、公正；是否尊重公序良俗和体现以人为本，拟采取的措施和手段是否必要、适当，是否维护了相关群众的合法权益等。

（3）可行性。主要评估拟建项目的建设时机和条件是否成熟，是否有具体、翔实的方案和完善的配套措施；拟建项目实施是否与本地区经济社会发展水平相适应，是否超越本地区财力，依法应给予的补偿和救济等是否及时充分，是否超越大多数群众的承受能力，项目方案和配套措施是否周全，是否能得到大多数群众的支持和认可，是否会导致相关行业、相邻地区群众攀比等。

(4) 可控性。主要评估拟建项目的建设实施是否存在公共安全隐患，是否会引发群体性事件、集体上访，是否会引发社会负面舆论、恶意炒作以及其他影响社会稳定的问题；对可能出现的大规模集体上访、非法聚集事件、群体性事件、个人极端事件，潜在的网上网下跨界联动传导风险，以及可能引发的重大舆情事件等是否具备防范化解能力；措施是否可行、有效；宣传解释和舆论引导措施是否充分等。

A. 3. 1. 5 评估过程和方法

评估报告应简述评估工作的程序、步骤和主要过程；说明评估工作所采用的主要方法。

(1) 制定评估方案。根据项目具体情况制定评估方案，明确评估人员、内容、方法、程序、时限及经费保障等。

(2) 充分听取意见。听取意见要兼具广泛性和代表性，充分掌握利益相关方的真实诉求。通过宣传、沟通、解释等让群众了解真实情况、表达真实意见，着力消除群众疑虑。对受项目影响较大的主体要重点采访。

(3) 全面分析论证。分类梳理各方情况和意见，对项目方案的合法性、合理性、可行性、可控性进行认真研究，深入开展风险调查，全面、全程查找社会稳定风险点。对所有风险点逐一进行分析，参考相同或者类似项目引发的社会稳定风险情况，研判风险发生概率，以及可能引发矛盾纠纷的激烈程度和持续时间、涉及人员数量，可能产生的各种负面影响，相关风险的可控程度等，确定项目采取措施后所有风险是否均处于“低风险且可控”状态。

(4) 确定风险水平。在全面分析论证的基础上，按照项目实施后可能对社会稳定造成的影响程度将项目风险划分为高风险、中风险、低风险 3 个等级。大部分群众有意见，反应特别强烈，可能引发大规模群体性事件或者重大舆情事件的，为高风险；部分群众有意见，反应强烈或者参与评估的部门、单位和专业机构对重大风险处理意见存在较大分歧，可能引发较大矛盾冲突的，为中风险；绝大多数群众理解支持，少部分群众有意见的，为低风险。

(5) 编制评估报告。评估报告包括重大工程和评估过程，各方意见及其采纳情况，项目合法性、合理性、可行性及可控性分析论证，项目可能引发的社会稳定风险等级及评判依据，风险评估结论、应对建议及应急处置预案等内容。

(6) 组织报告评审。评估报告编制完成后，应当按照编审分离原则，组织党政部门代表、专业人员等进行集体评审。与该评审事项有直接利益关系的评审人员应当回避。评审人员应当出具本人签名的书面意见。

(7) 评估报告备案。社会稳定风险评估和备案工作应当在重大项目提交讨论决策前完成。评估报告由评估主体主要负责人签字并加盖单位印章，报主管部门备案后按程序报送决策机关。重大工程应当评估而未评估或者评估报告未按规定备案的，项目不得提交决策机关领导班子会议研究。

A.3.2 评估内容

A.3.2.1 风险调查评估及各方意见采纳情况

阐述对社会稳定风险分析报告中风险调查的广泛性、代表性、真实性等进行评估的过程和结果。说明评估主体根据实际需要直接开展或者要求项目单位开展补充风险调查的情况。对收集的拟建项目各方面意见进行梳理和比较分析，形成能够反映实际情况的信息资料，并阐述其采纳情况。

社会稳定风险调查评估具体要求：

(1) 对风险调查的全面性进行评估，包括风险调查的内容和范围、调查的形式和方法是否恰当、合理、科学，是否达到广泛性和深入性的要求；

(2) 对公众参与的完备性进行评估，包括拟建项目是否按照有关规定履行了公众参与、专家咨询、信息公开等程序性的要求；

(3) 对风险调查结果的真实性和可信性进行评估，包括是否广泛听取了各方面意见，是否全面、真实反映了各利益相关方合理和不合理、现实和潜在的诉求；

(4) 在对社会稳定风险分析报告评估的基础上，根据实际情况，可以采取公示、问卷调查、实地走访和召开座谈会、听证会等方式进行补充调查，完善风险调查相关内容。

A. 3. 2. 2 风险识别和估计的评估

1. 风险识别评估

对风险分析报告中风险识别的完整性和确定性提出评估意见；根据风险调查评估结果，对拟建项目可能引发的主要社会稳定风险因素进行补充完善并汇总。

风险识别评估具体要求：

（1）结合风险调查评估结果，对社会稳定风险分析报告中各风险因素识别的全面性和准确性进行评估。

（2）通过对有关社会经济调查及统计资料的分析，结合对项目经济影响评价、社会影响评价、环境影响评价、资源利用、土地房屋征收补偿和移民安置影响评价等相关评估结论，以及公众参与的完备性程度等的评估，判断拟建项目是否存在被遗漏的重要风险因素并进行补充识别。

2. 风险估计评估

对风险分析报告中风险估计的客观性、分析内容的完备性、分析方法的适用性提出评估意见；预测估计主要风险因素发生概率、影响程度和风险程度。

风险估计评估具体要求：

（1）对分析报告中选用的风险估计方法，对每一个主要风险因素所进行的分析推理过程，对预测估计的主要风险因素的风险发生概率、影响程度和风险程度是否恰当进行评估。

（2）补充风险识别中遗漏的重要风险因素，对拟建项目可能存在的重要风险因素的性质特征、未来变化趋势及可能造成的影响后果进行分析评估，形成评估后主要风险因素的风险程度汇总表，见表A. 3。

表A. 3　　经评估的主要风险因素及其风险程度汇总表

序号	风险因素	风险概率	影响程度	风险程度
1	示例风险1	较高	严重	高
2	示例风险2	较低	可忽略	较小
…	…			

A.3.2.3 风险防范和化解措施的评估

对社会稳定风险分析报告中提出的风险防范化解措施进行评估并补充完善，明确落实各项防范化解措施的责任主体和协助单位、具体负责内容、风险控制节点、实施时间和要求。

风险防范化解措施评估具体要求：

(1) 对分析报告中提出的风险防范、化解措施是否与现行的相关政策和法规相符，进行合法性的评估。

(2) 对分析报告中提出的风险防范、化解措施是否有遗漏，进行系统性、完整性的评估。

(3) 对分析报告中提出的风险防范、化解措施是否具有明确的责任主体、职责分工以及时间进度安排，是否全面、合理、可行、有效进行评估。

(4) 结合风险识别和风险估计评估结论，补充、优化和完善风险防范、化解措施，进一步明确责任主体等内容，编制经评估的风险防范、化解措施汇总表，见表 A.4，并提出综合评估意见。

A.3.2.4 落实措施后的风险等级确定

对风险分析报告中采用的风险等级判断方法、评判标准的选择运用是否恰当、风险等级判断结果是否客观合理提出评估意见；结合补充的重要风险因素，综合以上评估结果，确定项目落实防范、化解风险措施后的项目风险等级。

表 A.4　　经评估的风险防范、化解措施汇总表

序号	风险发生阶段	风险因素	主要防范、化解措施	实施时间和要求	责任主体	协助单位
1						
2						
3						
…						

落实措施后的风险等级评估具体要求：

(1) 在风险防范、化解措施评估的基础上，对分析报告中采取措施后各主要风险因素变化的分析是否得当进行评估，提出评估意见。

（2）对分析报告中采用的风险等级评判方法、评判标准的选择运用是否恰当，评判的结果是否合理提出评估意见。

（3）结合补充的主要风险因素，和上述评估论证的结果，预测各主要因素风险可能变化的趋势和结果；通过分析变化情况，对落实措施后的风险等级进行判断，提出项目是否处于“低风险且可控”的评判结论。

A.3.2.5 评估结论

根据上述评估内容，得出以下评估结论：

（1）拟建项目存在的主要风险因素。

（2）拟建项目合法性、合理性、可行性、可控性评估结论。

（3）拟建项目是否处于“低风险且可控”状态。

（4）拟建项目主要风险防范、化解措施。

（5）根据需要提出应急预案和建议。

A.3.3 评估结果运用及跟踪监测

A.3.3.1 评估结果运用

评估结论为“低风险且可控”的项目可以予以实施，但应采取有效措施应对潜在风险；评估为中风险等级的，应在采取有效防范化解措施、降低风险等级后，再予以实施；评估为高风险等级的，应当区别情况作出不实施项目，或者在调整项目方案、降低风险等级后再进行实施。项目审批部门认为评估报告不符合规定程序和要求或者存在隐瞒真实情况、弄虚作假等情形的，应要求评估主体重新进行评估。依法需要进行审批、核准的重大项目，申报单位在向决策部门报送的申报文件中，应当包含对该项目社会稳定风险评估报告的意见，并附评估报告。

A.3.3.2 实施跟踪监测

坚持边实施边化解，决策主体、项目所在地政府和评估主体应全程跟踪重大项目实施情况，实时掌握不稳定风险因素，严格落实风险防控和化解措施。项目实施引发一般社会不稳定问题的，应按照评估报告提出的应急处理预案，及时会同有关部门做好调解、处理和化解工作，确保项目顺利实施。引发重大社会不稳定事件或者存在重大矛盾风险的，决策主体或者评估主体应及时组织开展决策后风险跟踪监测评估，并将评估结果作为暂缓实施、调整实施或者终止实施的重要依据。

A.4 社会稳定风险分析和评估咨询工作的组织实施

A.4.1 明确社会稳定风险分析和评估的基本原则

社会稳定风险分析和评估咨询要以习近平新时代中国特色社会主义思想为指导，紧紧围绕建设社会主义现代化强国目标，坚持以人民为中心的发展理念，立足新发展阶段，贯彻新发展理念，构建新发展格局，促进高质量发展，实现共同富裕，正确处理安全与发展的关系，推动法治中国和平安中国建设。

A.4.2 项目负责人资格要求

承担社会稳定风险分析和评估咨询业务的项目负责人除具有项目经理资格外，还应符合以下要求。

（1）从事相关领域咨询工作 5 年以上，并主持过 10 个以上相关项目的咨询工作。

（2）具有从事社会稳定风险分析和评估咨询所依托的政策研究、发展规划、项目评估、项目管理、社会稳定风险分析和评估咨询、投融资策划咨询及后评价等相关咨询工作经历，具备承担社会稳定风险分析和评估咨询业务所必需的专业知识。

（3）具有组织相关咨询工作的管理协调能力。

A.4.3 咨询专家资格要求

参与社会稳定风险分析和评估咨询的专家，应满足以下要求：

（1）专家组成员的专业构成应满足社会稳定风险分析和评估咨询相关工作要求，重视吸纳社会管理、风险评估、产业政策、区域经济、农村发展、民族宗教、人类学、法律法规等相关领域的专家。

（2）有深厚的专业理论基础和实际工作经验，在本专业领域具有一定造诣，熟悉相关领域基本情况和发展趋势。

（3）参加过类似社会稳定风险分析和评估咨询工作，具有独立工作的能力，具有合作精神，责任心强。

A.4.4　社会稳定风险分析和评估咨询调研和座谈要求

A.4.4.1　项目经理接受任务后，应加强与有关方面的沟通协调，全面、准确地理解委托方对社会稳定风险分析和评估咨询工作的具体要求，同时组织专家座谈。

A.4.4.2　社会稳定风险分析和评估咨询的调研工作包括社会背景调研、现场调研和重点专题调研。

（1）社会背景调研。包括对相关领域状况和发展趋势的社会背景的调查研究。

（2）现场调研。应根据社会稳定风险分析和评估咨询的具体任务，对相关地区、领域、部门和各利益相关方进行现场调研和访谈。

（3）重点专题调研。应对社会稳定风险分析和评估咨询任务所涉及的专题内容进行有针对性的现场考察和调研。

A.4.4.3　通过调研和资料收集，对社会稳定风险分析和评估咨询涉及的基础数据资料的真实性和准确性进行核实和验证。如咨询研究工作过程较长，定量数据应及时更新。

A.4.4.4　重视调研过程中的公众参与。社会稳定风险分析和评估咨询工作应视不同情况尽可能全面听取有关方面意见。

A.4.4.5　社会稳定风险分析和评估咨询论证要求。在调查研究的基础上，通过召开社会稳定风险分析和评估咨询论证会，组织专家对社会稳定风险分析和评估咨询工作中所涉及的重要问题进行充分讨论，广泛听取不同领域专家意见，并及时与委托方进行沟通，以此作为社会稳定风险分析和评估咨询报告的编写依据。

A.5　质量保证及风险防范

A.5.1　完善质量控制制度

A.5.1.1　公司社会稳定风险分析和评估咨询业务的开展，应纳入公司ISO质量管理体系，加强质量管理，严格按照公司质量方针和质量目标管理，以保证提供满足委托单位要求的咨询服务成果。质量控制应坚持以下原则：

(1) 遵守国家有关法律、法规和政策、执行行业自律性规定，承担公司的社会责任，始终坚持执业尊严和荣誉，以高度负责的精神，维护国家和社会公共利益。

(2) 坚持“敢言、多谋、慎断”的执业准则，实事求是，不隐瞒真情，不讲假话，既要客观分析一切有利因素，也要把一切潜在的不利因素告诉委托方，竭诚为委托方服务，以高质量的服务赢得尊敬。

(3) 系统性、综合性分析的原则。方案论证应根据委托单位的要求，进行系统科学的分析。

A.5.1.2 严格按照 ISO 9001 质量保证体系的要求接受委托开展社会稳定风险分析和评估咨询业务，并在咨询产品形成全过程中设置 4 个质量控制和检验点：

(1) 咨询报告及专家评审意见，由项目经理进行检验，形成专家咨询意见。

(2) 承担社会稳定风险分析和评估咨询服务任务的业务部门进行评审检验，形成业务部门评审纪要。

(3) 公司跨部门会审制度或者公司评审会进行检验，形成公司会审意见或评审会纪要。

(4) 公司质量管理部门进行检验。

A.5.2 加强学习型组织建设

为实现知识体系的加快构建与有效利用，应将动态学习、知识发展与知识转移和共享作为加强社会稳定风险分析和评估咨询业务能力建设的重要任务。员工作为终身学习者，要不断地借鉴、吸收新的知识、经验和技能。要发展一批具有良好知识储备和经验的社会稳定风险分析和评估咨询专家，不断充实和更新公司的社会稳定风险分析和评估咨询知识和信息资源，为社会稳定风险分析和评估咨询工作提供基础积累，不断满足外部环境变化和竞争需要。要健全以知识为导向的管理体制，以知识的形成、应用、共享及推广为基础，以知识贡献水平为衡量标准和发展目的，建立一套涵盖知识管理全过程的知识评价体系，并将其纳入对部门和员工的绩效考核体系中。

A.5.3 社会稳定风险分析和评估咨询业务风险识别及防范

风险要素识别是应对社会稳定风险分析和评估咨询业务风险的第一步。风险存在于社会稳定风险分析和评估咨询项目周期的各个环节，需要系统连续地对咨询业务风险进行分析识别。内部风险主要包括获取资料风险、咨询方案设计风险、咨询理论方法风险、咨询业务管理风险等，外部风险主要包括政策风险、社会稳定风险、合同风险等。

在社会稳定风险分析和评估咨询业务的风险防范中，一方面要尽力满足各方利益诉求。社会稳定风险分析和评估咨询服务项目的实现需要使各方利益诉求得到合理满足；另一方面，要合理分担各类风险。首先要分析风险，判断风险是否可控；其次要分析公司和相关业务部门需要承担的风险，包括独立承担和与其他利益相关方共担的风险；最后要根据相关风险对于完成社会稳定风险分析和评估咨询合同任务以及对公司可能产生的影响，选择制定风险应对措施和方法。

A.5.4 建立社会稳定风险分析和评估咨询责任追究制度

按照实行咨询成果质量终身负责制的要求，建立社会稳定风险分析和评估咨询成果质量追溯机制。建立社会稳定风险分析和评估咨询从业档案制度，将委托合同、咨询成果文件等存档备查。将社会稳定风险分析和评估咨询业务承担部门及人员的违法违规信息，列入不良记录，建立违法违规失信联合惩戒机制。

附录B　风险分析评价主要方法工具

B.1　风险分析评价相关术语和基本原理

B.1.1　风险及相关概念

（1）风险。英国项目管理学会（APM）将“风险”定义为“对项目目标产生影响的一个或若干不确定事件”，英国标准学会（BSI）也将“风险”定义为“影响目标实现的不确定因素”，英国土木工程师学会（ICE）更明确定义“风险是一种将影响目标实现的不利威胁或有利机会。”国际标准化组织（ISO）则定义风险为“某一事件发生的概率和其后果的组合”。

在本指南中，将风险定义为未来发生不利或有利事件和影响的可能性。或者说，风险是未来变化偏离预期的可能性以及其对目标产生影响的大小。其特征是：风险是中性的，既可能产生不利影响，也可能带来有利影响。风险的大小与变动发生的可能性有关，也与变动发生后对项目影响的大小有关。变动出现的可能性越大，变动出现后对目标的影响越大，风险就越高。变动对目标的影响程度可以用绝对值来描述，即实际结果与预期结果之间的偏差（variance）；也可以用相对值来描述，即未来结果的变异程度（variability），一般用离散系数来表达，离散系数越大，变异程度越大。

（2）风险相关的概念。与风险相关的概念还有风险因素、风险事故和风险损失等。

1）风险因素（risk factor）是指促使或引起风险事故发生、增加发生损失概率和损失幅度的要素和条件，也称风险原因（source of risk）。风险因素是风险事故发生的潜在原因，是造成损失的间接的和内在的原因，包括物理风险因素、心理风险因素和道德风险因素。物理风险因素指能够直接影响事件的物理性能导致风险增加的因素，如设备质量、规格等。心理风险因素是指人的心理状态和心理认知的程度导致风险增加的因素。道德风险因素是指管理者的道德水平导致风险提高的因素。

2）风险事故（peril）是指风险事件本身，如火灾、洪水、坍塌等，意味着已经发生的事故。风险事故又称风险事件（risk events）、致损事故和风险灾害（hazard），是指引起损失的直接或外在的原因，是使风险造成损失的可能性转化为现实性的媒介，也就是说风险是通过风险事故的发生来导致损失的。

3）风险损失（risk loss）是指风险事故带来的财产损失、人身伤亡等物理的、身体的或经济的损失，是指非故意、非计划、非预期的生命价值、经济价值等减少的事实。

对于风险因素、风险事故和风险损失三者的关系，有两种解释理论即亨利希（H. W. Heinrich）的骨牌理论和哈同的能量释放理论。它们都认为，风险因素引发风险事件，风险事件造成风险损失，如图B.1所示。但骨牌理论强调人的因素发生导致风险因素、风险事件和风险损失三张骨牌相继倒塌。而能量释放理论则强调，物理因素起主要作用，事物面临的压力超过其承受能量极限时，便发生风险损失。

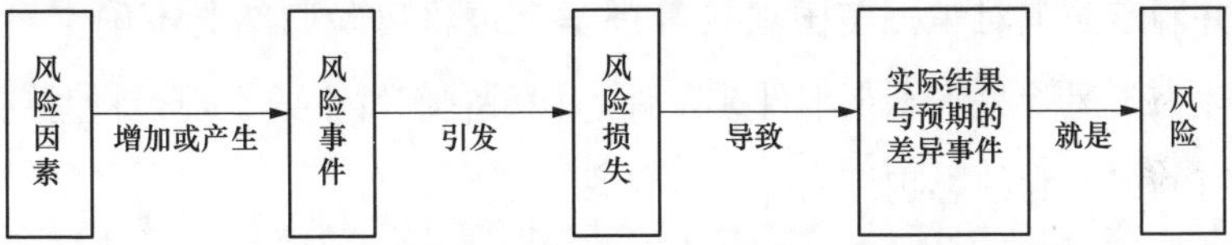

图B.1　风险因素、风险事件与风险损失的关系

(3) 风险与不确定性。美国经济学家弗兰克·奈特（Frank Knight）于1921年对风险进行了开拓性的研究，他首先将风险与不确定性区分开来，认为风险是介于确定性和不确定性之间的一种状态，其出现的可能性是可以知道的，而不确定性的概率是未知的。由此，出现了狭义的风险分析即基于概率的风险分析，以及未知概率的不确定分析两种决策分析方法。

理论上，不确定性与风险的区别体现在以下四个方面。

1）可否量化。风险是可以量化的，即其发生概率是已知的或通过努力可以知道的；而不确定性则是不可以量化的。因而，风险分析可以采用定量分析的方法，而不确定性分析只能进行定性分析。

2）可否保险。风险是可以保险的，而不确定性是不可以保险的。由于风险概率是可以知道的，理论上保险公司就可以计算确定的保险收益，从而提供有关保险产品。

3）概率可获得性。不确定性，发生概率未知；而风险，发生概率是可知的，或是可以测定的，可以用概率分布来描述。

4）影响大小。不确定性代表不可知事件，因而有更大的影响。而如果同样事件可以量化风险，则其影响可以防范并得到有效的降低。

许多学者认为，确定性是指在决策涉及的未来期间内一定要发生或者一定不发生，其关键特征是只有一种结果。不确定性则指不可能预测未来将要发生的事件。因为存在多种可能性，其特征是可能有多种结果。由于缺乏历史数据或类似事件信息，不能预测某一事件发生的概率。因而，该事件发生的概率是未知的。

然而，在现实的项目管理工作中，明确划分风险和不确定性并无多大的实际意义，无论风险还是不确定性都将给项目带来不利或有利的影响，都需要进行分析并制定防范对策。美国项目管理学会也将风险归结为不确定事件的后果，表述为“风险是不确定事件或条件，如果它们发生或出现，将对项目的目标产生有利或不利的影响。”

在投资项目评价分析的实践中，许多风险分析的专业人士认为没有必要区分风险和不确定性。世界银行风险分析专家泊里昆（Pouliquen）和儒特林杰（Reutlinger）反对区分风险与不确定，甚至干脆把两者视为一体，统称风险。著名风险分析专家D. 赫兹（D. Hertz）和H. 托马斯（H. Thomas）更是把风险定义为不确定性及不确定性的后果，他们认为风险反映了在决策或计划中对项目结构、结果或后果缺乏预测能力。因此，风险是失败或损失概率机会。

在实践中，大量的决策是基于客观事实加上主观判断作出的，常常也依据大量的定量分析。除个别不确定性外，通过主观判断估计发生可能性，一般的不确定性可以转化为风险。因此，在本指南中，对风险与不确定性也不加以区分。

B.1.2 风险的性质

（1）客观性。即风险是客观存在的，无论是自然现象中地震、洪水，还是现实社会中的矛盾、冲突等，不可能彻底根除，只能采取措施降低其不利影响。随着社会发展和科技进步，人们对自然和社会的认识逐步加深，对风险的认识也逐步发生变化。

（2）不确定性。可能造成损失、也可能带来收益是风险的基本特征。但是风险是否发生、风险事件的后果会怎样，通常都是难以确定的。通过历史数据和经验，可以对风险发生的可能性和后果进行一定的分析预测。

（3）相对性。对于项目的有关各方（不同的风险管理主体）可能会有不同的风险，而且对于同一风险因素，对不同主体的影响是不同的甚至是截然相反的；如工程风险对业主而言可能产生不利后果，而对于保险公司而言，正是由于工程风险的存在，才使得保险公司通过提供工程保险产品而有了获利的机会。

（4）可变性。随着事物的发展、技术的进步、研究工作的深入，风险是可能变化的。一个阶段面临的主要风险，到下一个阶段就可能不再存在，也有可能面临新的风险。或者上一阶段的风险可能依然存在，但已经不再是主要风险。

（5）可测性。通过各种分析手段，包括客观估计和主观估计，风险的概率是可以测量的。因此，人们可以利用风险预测结果，帮助科学决策，制定风险对策，降低风险不利影响。

B.1.3 风险的分类

由于现实生活中风险及其特征纷繁复杂，至今风险分类仍无权威的统一定论。在经济学、保险学和项目管理等领域，基于不同的分类标准，风险可以有多种分类方式。

（1）按照风险收益的特点，可以分为纯风险与投机风险。1969年，美国学者莫布雷（A. H. Mowbray）将风险分为纯风险（pure risk）与投机风险（speculative risk）。纯风险是指由于风险因素而导致的只有损失可能性而不能从中获利的风险，其经济收益非负即零。而投机风险则是指可能发生损失，又可能从中获利的风险。

纯风险只有两种结果：损失或不损失。如果风险发生，必然给风险承担主体带来损失；如果风险不发生，不会给风险承担主体带来收益，同时也不会给其他组织带来收益，没有人能够从中获得收益。而投机风险则会有三种结果：造成损失、不造成损失和带来收益。投机者可能获得收益，也可能不获得任何收益，还可能蒙受了损失，但是其他人将从中获利。

纯风险和投机风险可以在一定条件下相互转化，投资项目管理者要尽力避免投机风险转为纯风险。

（2）按照风险产生的原因，可以分为自然风险与人为风险。自然风险（natural risk）是由于不可控制的自然原因、社会因素而产生的风险，如地震、雷电、洪水、飓风等，也称之为非人为风险。而人为风险（或非自然风险）则是由于人为原因而产生的风险，如人的工作失误、疏忽、怠工等，或是主观故意或其他行为带来的损失，如纵火、爆炸等。人为风险又可以进一步细分为行为风险、经济风险、政策风险等。

信息经济学认为，由于信息不对称性的存在，使得交易者在交易时面临着因对方隐蔽信息或行动而导致的风险，包括道德风险与逆向选择。这是一种“人为”产生的风险。显然，人为风险的发生是有利益相关的两个当事主体，当一方存在利用自己的信息优势侵害另一方利益的可能性时，就会发生人为风险。

人为风险是一种纯风险，应主要采取风险回避的方式对其进行管理和监督。按照现代契约理论，通过合理设计委托代理合同，建立对代理人的激励约束机制，可以使人为风险降低，取得“双赢”的结果。

（3）按照风险的属性，可以分为社会稳定风险、政治风险和技术风险。社会稳定风险（social risk）是社会原因导致的风险，如因分配不公、拆迁移民、就业困难等导致的罢工、骚乱、游行、示威、群体性上访等。政治风险（political risk）是因为政治原因而带来的风险，如政局动荡、政权变迁、制度变革、战争等。技术风险（technical risk）是由于技术原因而带来的风险，如采用的技术不成熟、引进的设备不可靠，导致项目难以进行正常生产，或是由于技术进步，导致原有技术寿命周期缩短，产品失去竞争优势等。

(4) 按照风险的控制能力，可以分为可控风险和不可控风险。可控风险（controllable risk）是个人或组织采用一定的手段可以控制其发生和影响的风险，如普通建设项目的建设工期、费用和质量通常是可控的。相反，超过个人或组织的能力外，不能控制其发生和影响程度的风险就是不可控风险（uncontrollable risk)。如国家政策的变化，对企业而言是不可控风险。

(5) 按照风险的状态划分，可以分为静态风险和动态风险。静态风险（static risk）和动态风险（dynamic risk）是美国保险学者威利特(A. H. Willet，1951）提出的分类方法。静态风险是不随时间而变化，或虽随时间而变化，但变化是有规律的风险。静态风险有稳定性和不可回避性两个基本特征。无论风险承担主体的活动和行为如何变化，静态风险都会存在。同时，在风险面前，只能被动接受，而无法回避。如所有企业都面临着因发生自然灾害而导致损失的风险。相对而言，静态风险的变化较有规律，可以利用概率论中的大数法则进行预测，它是风险管理的主要对象。动态风险是随时间变化而使经济状态变动，从而导致经济损失的可能性。形成动态风险并不是变化本身，而是将来变化的时间和损失程度的不确定性。动态风险的主要特征是不规则性，即无规律可循，因而它难以采用大数法则进行预测，管理的难度也很高。

(6) 按照风险的性质，可以分为系统风险与非系统风险。系统风险（systematic risk）是指由于共同因素引发的系统中普遍存在而所有主体都要承受的风险，系统风险是无法避免的风险，不能通过系统内的多元化投资来规避。经济周期的波动、土地政策、环保政策和利率政策的变化和调整，会对所有投资项目产生影响。非系统风险（non-systematic risk ）则是指存在于个体的特殊风险，也称可分散风险，是系统风险之外的偶发性风险，可以通过多样化的组合投资来规避非系统风险。划分系统风险与非系统风险，有助于选择正确的投资策略和科学地计算投资回报率。

(7) 按照风险的独立性，可以分为独立风险和非独立风险。独立风险（independent risk）是独立于其他风险而可以单独存在的风险。非独立风险（dependent risk）则是依附于其他风险不能单独出现的风险。如技术风险与经济风险是彼此独立的，而市场风险则与经济风险关联。

（8）按照风险承担主体的承受能力，可以分为可接受风险和不可接受风险。可接受风险（acceptable risk）是风险主体自身可以承受的最大损失范围内的风险，超过这一程度的风险便是不可接受风险（unacceptable risk）。如大型水电项目大坝坍塌是不可接受风险，因泄洪而减少发电量是可接受风险。当然，风险的可接受程度与个体或组织的风险态度、财务或经济能力和管理能力相关，对同一风险，不同的主体会有不同的认识。

（9）按照风险的可管理性，可以分为管理风险和不可管理风险。管理风险（managerial risk），或称可保险风险（insurable risk）是可以通过管理工具和手段如购买保险等，加以控制并降低损失的风险。不可管理风险（non-managerial risk），或非保险风险，则是个体或组织不可能采用管理工具来抑制或降低损失的风险。

管理风险和不可管理风险可以相互转化，由于国内保险业发展还不够成熟，大量的工程保险产品还不能提供，随着保险公司产品的不断开发，过去的许多不可管理风险将变成可管理风险。当然，也会有部分保险产品由于亏损而退出了保险市场，可管理的风险又转化为不可管理的风险。

（10）按照风险的边界，可以分为内部风险和外部风险。内部风险（internal risk）是产生于组织内部的风险，外部风险（external risk）则是来自组织外部的风险。如对于企业而言，国家金融政策调整、通货膨胀是外部风险，而企业员工流失、生产失衡等则是内部风险。

以上分类彼此并不完全独立，其中存在许多的交叉，简单归纳见表 B.1。

表 B.1　　风险分类及特征

分类方法	风险类型	特征
按照特点划分	纯风险	只会造成损失，不能带来利益
	投机风险	可能带来损失，也可能产生利益

续表

分类方法	风险类型	特征
按照来源分	自然风险	由于自然灾害、事故，造成人员、财产的伤害或损失
	非自然风险（或人为风险）	由于人为因素而造成的人员、财产伤害或损失，包括政策风险、经济风险、社会稳定风险等
按照状态划分	静态风险	不发生变化或变化但有规律的风险
	动态风险	发生变化且无规律的风险
按照风险事件主体的承受能力分	可承受风险	风险的影响在风险事件主体的承受范围内
	不可承受风险	风险的影响超出了风险事件主体的承受范围
按照属性划分	技术风险	由于技术原因而造成的风险，如技术进步使得原有技术寿命周期缩短，选择的技术不成熟而影响生产等
	社会稳定风险	由于社会问题而产生的风险，如拆迁移民安置、失业等
	政治风险	由于政治原因而带来的风险，如政变、制度变革等
按照性质划分	系统风险	系统中普遍存在的共同风险
	非系统风险	个体存在的特殊风险
按照独立性分	独立风险	风险独立发生
	非独立风险	风险依附于其他风险而发生
按照风险的可管理性分	可管理风险（可保险风险）	可以通过购买保险等方式来控制风险的影响
	不可管理风险（不可保险风险）	不能通过保险等方式来控制风险的影响
按照风险控制能力分	可控风险	风险主体可以控制的风险，如管理风险、组织风险等
	不可控风险	风险主体不可以控制的风险，如政策风险、环境风险等
按照风险的边界划分	内部风险	风险发生在风险事件主体的组织内部，如生产风险、管理风险等
	外部风险	风险发生在风险事件主体的组织外部，只能被动接受，如政策风险、自然风险等

B.1.4 风险的来源

一般而言，风险的主要来源可以归纳为三个要素。

（1）不可控制的因素。这是超出决策者或管理者的能力而根本不可能人为控制的因素，如地质环境、气候条件、国家经济和法律政策等，这是外部风险，也是不可控制的风险。这类风险，企业往往只有被动接受，因此必须加强跟踪研究，提高对这类风险的认知。

（2）不好控制的因素。这是需要决策者或管理者花费巨大代价和大量时间才能改变的因素，如新产品的市场需求培育、竞争性产品的市场价格等，企业需要较高的成本，才有可能影响它们。因而，许多风险的控制是要付出高昂成本的。

（3）缺乏足够的信息或资源短缺。由于资金、时间、能力、知识或设施等条件的约束，研究工作不够深入，分析预测工作不准确，以致存在许多不确定的信息。这类风险可以通过增加资源投入的方式来降低，但是需要合理权衡风险收益与风险成本，如果成本大于收益，则不合理。同时，由于资源是有限的，有时也难以做到增加资源投入。

（4）认知能力的局限性。由于自然现象和社会发展的复杂性，人们对它们的认知存在着知识与信息的不完全或不完善性。它表现为两个方面，一是整个社会的认知能力的局限性，这是系统风险。随着社会的发展和科技的进步，社会的认知水平逐步提高，系统风险可以逐步降低。二是个体的认知能力的局限性，即社会中其他个体具有相关的认知能力和信息知识，但项目风险承担主体却不具备，这是非系统风险。个体的认知能力不足问题可以通过知识的外部采购和个体内部学习机制的建立来解决。

（5）客观事物的不可测性。物理学著名的测不准定律，证明了要同时精确测定粒子的速度和位置是不可能的。如果精确测定微观粒子的速度，就测不准它的位置；反之，要精确测定其位置，就无法准确地测定其速度。这是风险产生的本质原因，因而人们不可能通过事先预测的方法来消除风险。

（6）事物的可变性。理论上，基于复杂性理论，要对非稳定性系统的行为进行准确的预测是不可能的。我们身处于一个复杂变化的世界中，是一个高度复杂的系统，其复杂性包括空间上的结构复杂性和时间上的行为复杂性。系统中任何一个微小的变化都可能带来系统的明显变化，美国麻省理工学院气象学家通过计算机仿真实验，发现初始天气的微小变化可以彻底改变长期的天气状况，由此他提出了著名的蝴蝶效应理论：加利福尼亚的一只蝴蝶轻轻扇动翅膀，会在亚洲引发一场飓风。由蝴蝶理论说明，准确地预测是不可能的。

B.2　风险分析评价的主要任务

风险分析评价包括风险识别、风险估计、风险评价和风险对策研究四个阶段。

B.2.1　风险识别

B.2.1.1　风险识别的流程

风险识别一般可以划分为四个阶段，见图B.2。

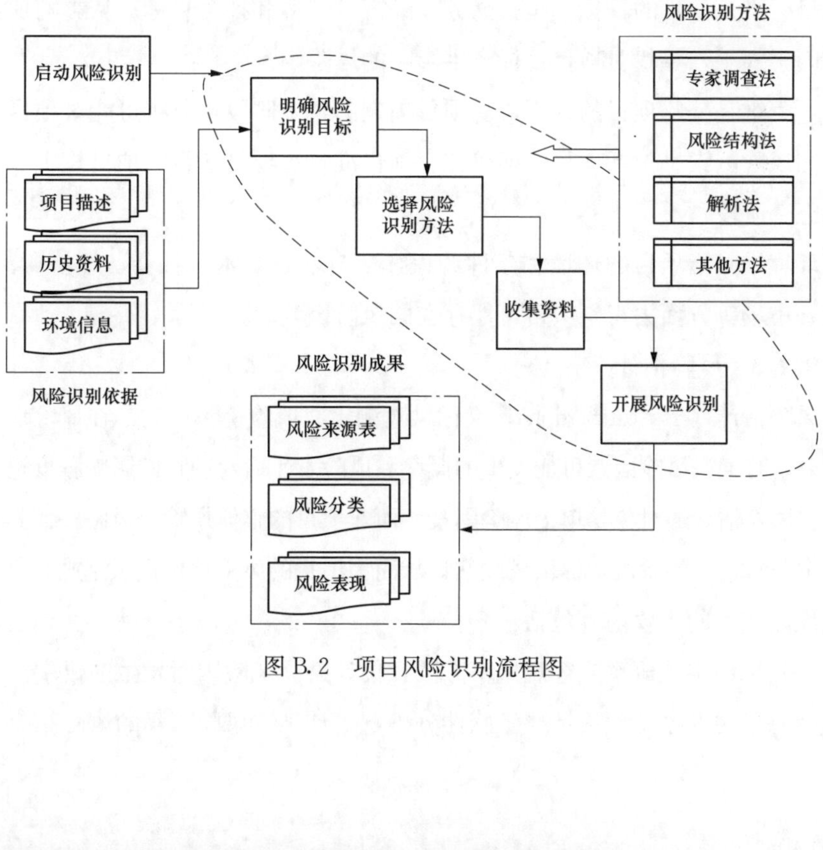

图B.2　项目风险识别流程图

具体为：

(1) 确定目标。即确定风险分析的范围和目标。

(2) 选择方法。根据项目所在行业、区域和自身的特点，以及相关数据资料的可得性，选择恰当的风险识别方法。

(3) 收集资料。收集与项目相关的资料，包括项目本身的有关市场、技术、财务等资料，类似项目的资料，以及对项目构成影响的环境、政策和社会等方面的信息。

(4) 开展识别风险。组织项目组或是专家组进行风险的识别，筛选主要风险，分析它们发生的原因和表现，编写风险识别报告，对主要风险进行分类，提出风险分析的下一步计划。

B. 2. 1. 2 风险识别的三维模型

投资项目由于其复杂性和目标多样性，其风险的识别可以采用三维逻辑框架来帮助进行，如图 B. 3 所示。它提供了一种全面识别项目风险的逻辑方法。

目标维是项目的目标，包括财务、经济、环境和社会目标。从影响项目目标的因素入手，寻找对项目目标产生影响的风险因素。

过程维是分解项目的过程，从项目周期的各个阶段，分析可能对项目产生影响的风险因素。包括项目前期研究、项目准备、项目建设、项目竣工、项目运营五个阶段。

环境维是指项目的环境和条件约束，从自然、技术、社会、经济、文化、政策、市场等方面去识别项目可能存在的风险因素。

B. 2. 2 风险估计

风险估计 (risk estimation)，又称风险测定、风险衡量。它是在风险识别的基础上，对某一风险因素可能发生的概率和风险发生后对项目的影响程度进行的估计。风险估计的对象是单个风险因素，而非项目的整体风险。风险估计是风险分析中非常重要的阶段，提供风险估计从而为项目的风险评价提供基础。

风险估计的主要内容包括：

(1) 采用主观概率或客观概率方法，估计某一风险因素发生的概率。

(2) 采用专家定性估计或敏感性分析，估计某一风险因素的风险结果，分

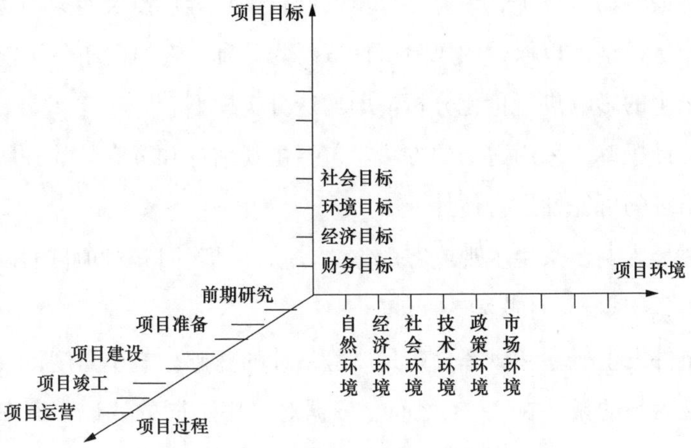

图 B.3　投资项目风险识别的三维模型

析风险因素对项目目标的影响程度。

风险估计主要方法有经验分析法、专家调查法、历史数据法、敏感性分析和临界值分析。不存在一种完美的方法，可以适用于所有项目和各种情况。每种方法都有各自的优缺点，适用于不同的范围。因此，需要根据项目的特点，选择适当的方法。

B.2.2.1　风险估计的流程

项目风险估计流程如图 B.4 所示。

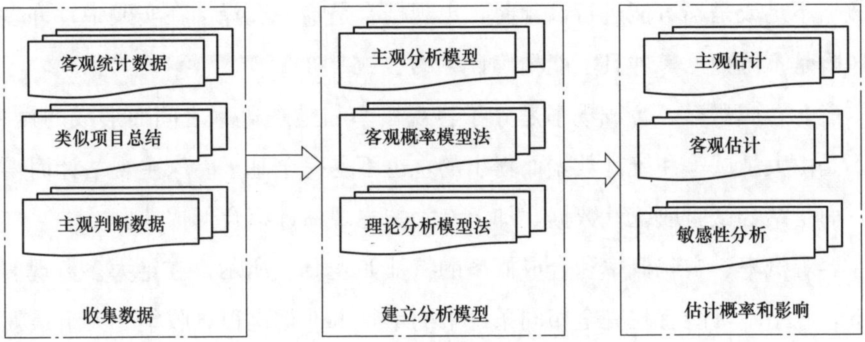

图 B.4　项目风险估计流程图

(1) 收集数据。收集和项目风险相关的资料，类似项目成功或失败的经验或教训，有关市场、技术、地质、环境的调查资料等，以及专家调查的数据。

(2) 构造模型。以取得的风险事件资料为基础，对风险事件可能出现的概率和可能产生的影响进行量化分析，即构造分析模型。

(3) 估计概率。采用适当的方法，包括主观估计和客观估计方法，对某一风险因素出现的可能性进行估计。

(4) 估计影响。采用主观或客观方法，估计风险因素对项目的影响程度。

B.2.2.2 风险估计基础

风险事件发生概率和概率分布是风险估计的基础。概率是度量某一事件发生的可能性大小的量，在 0～1 之间。依据对概率不同的认识，概率可以分为客观概率、主观概率和合成概率三类。

(1) 客观概率。客观概率是实际发生的概率，它并不取决于人的主观意志，可以根据历史统计数据或是大量的试验来推定。有两种方法：一种方法是将一个事件分解为若干子事件，通过计算子事件的概率来获得主要事件的概率；另一种方法是通过足够量的试验，统计出事件的概率。由于客观概率是基于同样事件的历史观测数据，只能用于完全可重复事件，因而并不适用于大部分现实事件。

(2) 主观概率。主观概率是基于个人经验、预感或直觉而估算出来的概率，是一种个人的主观判断，反映了人们对风险现象的一种测度。当有效的统计数据不足或是不可能进行试验时，主观概率是唯一选择。在实践中，许多项目风险是不可预见，并且不能精确计算的。

(3) 合成概率。合成概率是介于客观概率和主观概率之间而形成的概率。它不是由大量试验和统计数据而得出的，也不是完全基于专家主观估计而得到的，而是结合试验或统计数据，加上专家的主观估计综合形成的。

客观概率、主观概率和合成概率的特征如表 B.2 所示。在绝大多数现实情况下，几乎不可能有在完全相同条件下的重复事件，也很难收集一大组重复事件的历史统计数据，因而难以得到客观概率。特别是由于项目的不可重复性或唯一性，难以收集相同或类似项目发生类似风险事件的概率资料，多数时候主观概率是唯一处理实际决策问题的选择。因此，在实践上，很多项目中的风险问题，特别是复杂项目将主要采用主观概率。但是，由于认识的偏差，人们在进行主观概率判断时容易出现系统偏差，需要在专家的选择和调查组织方式上给予重视。

表 B.2　　客观概率、主观概率和合成概率的特征

客观概率	主观概率	合成概率
(1) 基于同样事件观测到的历史频率数据； (2) 只能应用于可重复事件； (3) 通常并不适用于大多数实现问题	(1) 是对事件的观念或判断的反映； (2) 是对事件可能性的确信度判断的反映； (3) 适用于所有事件； (4) 基于个人的判断	(1) 基于主观估计和客观估计综合而成； (2) 适合许多事件； (3) 基于统计数据和个人判断

B.2.2.3　风险估计的度量

风险估计的度量是对风险发生概率的数学标度。常用的标度有四类，应根据投资项目风险分析小组的认识来选择究竟采用哪一种标度方法。

(1) 标识。可以用不同的颜色来标度。如红色表示风险很严重，橙色表示风险比较严重，黄色表示有些严重，绿色表示不严重。

(2) 基数。即经过简单的排序，如很高、较高、中等、较低、很低。

(3) 序数。即用数字来表示先后顺序。如采用 1～5 标度，1 表示可能性很低，2 表示可能性较低，3 表示可能性中等，4 表示可能性较高，5 表示可能性很高。

(4) 比率。在 0～1 之间，表示风险发生的可能性。如 0 表示根本不可能发生，0.5 表示发生的可能性是 50%，1 表示肯定发生。越接近 0，表示可能性越低；越接近 1，表示可能性越高。比率标度赋值，可以采用线性的，如 0.1、0.3、0.5、0.7、0.9 表示风险的概率，分别表示很低、较低、一般、较高、很高等。也可以采用非线性的，如 0.05、0.1、0.2、0.4、0.8，分别表示很低、较低、中等、较高、很高。比率标度赋值的含义可以因组织而变，其选择与组织的风险态度有关，同样是 0.4，一个组织认为风险较小，而另一组织认为风险较大，表明后一组织比较厌恶风险，努力规避高的风险。

B.2.3 风险评价

B.2.3.1 风险评价基础

风险评价是在风险估计的基础上，评价风险的大小，判断风险等级的过程。投资项目的风险评价包括两个层次，一是单一风险因素的评价，即评价某一个风险因素发生的可能性和对项目的影响，主要方法有概率－影响评价矩阵、ESC风险评价矩阵等。二是项目整体风险的综合评价，即对项目涉及的主要风险发生可能性和它们共同对项目的影响进行评价，包括定量评价和定性评价两类方法，主要有层次分析法、风险概率叠加模型、风险策略分析、专家分析法、概率树分析、蒙特卡罗模拟等方法。

按照美国项目管理学会的定义，“风险是某一不确定事件或条件，如果发生或出现后对项目目标产生的有利或不利的影响。”[1]可见，描述风险有两个变量。一是事件发生的概率或可能性（probability），二是事件发生后对项目目标的影响（impact）。因此，风险可以用一个二元函数描述为

$$R(p,I)=p\times I$$

式中 p——风险事件发生的概率；

I——风险事件对项目目标的影响。

显然，风险的大小或高低既与风险事件发生的概率成正比，也与风险事件对项目目标的影响程度成正比。

B.2.3.2 风险评价矩阵

(1) 风险概率－影响矩阵。概率－影响矩阵（probability-impact matrix，PIM）是美国项目管理学会建议的一种风险评价方法。

概率－影响矩阵以风险因素发生的概率为横坐标，以风险因素发生后对项目的影响大小为纵坐标，发生概率大且对项目影响也大的风险因素位于矩阵的右上角，发生概率小且对项目影响也小的风险因素位于矩阵的左下角，如图B.5所示。

---

[1] Project Management Institute（PMI），A Guide to the Project Management Body of Knowledge（PMBOK），3 edition，2004，P137.

若用一条对角线将概率—影响矩阵一分为二，则右上部为关键和主要风险因素，而左下部为次要和较小风险因素。

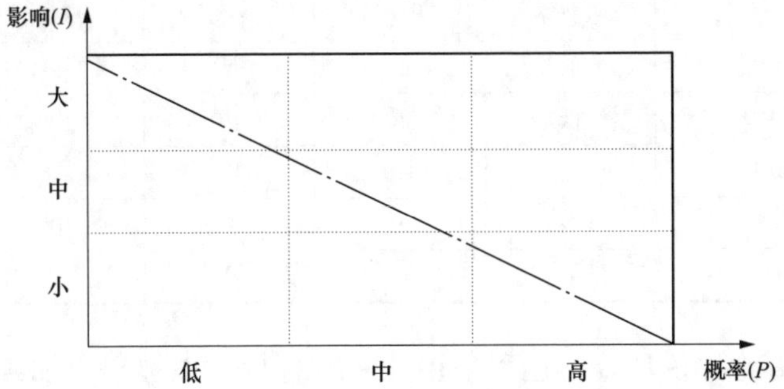

图 B.5 风险概率—影响矩阵

（2）ESC 风险矩阵。1995 年美国空军电子系统中心（ESC）提出了风险评价矩阵的改进建议，将风险的等级划分为高、中、低三个档次，给出了五个风险影响等级的划分标准，并同时给出了风险发生可能性的五个标准，具有操作简单、相对客观的优点，见表 B.3～表 B.5。

表 B.3　　风险影响等级的定义

风险影响等级	定义或说明
关键（critical）	一旦发生风险，将导致整个项目的目标失败
严重（serious）	一旦发生风险，将导致整个项目目标值严重下降
一般（moderate）	一旦风险发生，对项目的目标造成中度影响，但仍然能够部分达到
微小（minor）	一旦风险发生，对于项目对应部分的目标受到影响，但不影响整体目标
可忽略（negligible）	一旦风险发生，对于项目对应部分的目标不受影响，也不影响整体目标

表 B.4　　风险发生概率的解释

风险概率范围（%）	解释说明
0～10	非常不可能发生
11～40	不可能发生
41～60	可能发生
61～90	发生的可能性较大
91～100	很可能发生

表 B.5　　风险等级对照表

风险概率（%）	风险				
	可忽略	微小	一般	严重	关键
0～10	低	低	低	中	中
11～40	低	低	中	中	高
41～60	低	中	中	中	高
61～90	中	中	中	中	高
91～100	中	高	高	高	高

为了更好地评价风险，也可采用1～10标度，以提出更加细致的评分标准，如表B.6所示。

表 B.6　　项目风险量化的标准

分数	影响	发生的概率		可控程度
10	严重影响项目，导致项目取消，而且没有警示	非常高，频繁发生	大于或等于每小时一次	绝对不能控制，只能听天由命
9	严重影响项目，导致项目取消，但有警示	很高，经常发生	一天两次	利用现有的技术和条件几乎不可能控制；如需要控制，需要创造一定的条件
8	严重影响项目目标的实现，可能导致严重的拖延、超支或质量问题	高，经常发生	一天一次	利用现有的技术和条件控制难度很大，可能需要其他条件
7	项目的进度、成本或质量受到显著影响，可能导致有些工作不能完成，客户不会很满意	较高，经常发生	每周一次	利用现有的技术和条件有一定的难度，可能需要其他条件
6	项目的进度、成本或质量受到一些影响，工作仍然能够完成，但客户不满意	中等，时有发生	每月一次	利用现有的技术和条件能够控制
5	项目的进度、成本或质量受到轻微影响，客户有轻微不满意	中等，时有发生	每年两次	无征兆，利用现有的技术和条件容易控制

续表

分数	影响	发生的概率		可控程度
4	项目受到一些影响，客户也将认识这些影响	中等，偶尔发生	每年一次	无征兆，能够控制
3	对项目有比较小的影响，客户意识到这种影响	低，很少发生	每两年一次	有征兆，能够控制
2	影响如此之小，以至于只有少数客户发觉这种影响	很低，几乎从来不发生	每五年一次	有明显征兆，很容易控制
1	无影响	不发生	每十年还不到一次	一眼就能看出问题，控制不费力气

显然，风险等级标准应当针对特定的项目、特定的风险来专门设计，不可能有一个通用的标准适合所有项目的所有风险。在投资项目风险分析评价中推荐采用五级风险评价矩阵。

B.2.4 风险对策

在风险评价得知项目风险的大小后，投资决策者面临着风险决策的任务。即判断风险是否在可以接受的程度内，项目投资应当采取什么样的策略。由于个人和不同的组织具有不同的风险态度，人们对风险有不同的判断，因而可能产生不同的反应，并采取不同的策略。

B.2.4.1 风险态度

由于不同的投资者对于项目风险的态度（risk attitude）和承受能力是不同的，因而对于风险下的投资项目决策出现差异。有的投资者敢于冒大的风险，以争取获得高的收益；也有的投资者害怕风险，不愿意冒风险，而放弃项目。

按照不同人群对风险的不同态度，可以划分为三类：风险热爱者（risk-seeking）、风险中性（risk-neutral）和风险厌恶者（risk-averse）。一般地，较大多数人都是风险厌恶型者。在同等收益水平下，风险热爱者可以承担更大的风险；而在同样的风险下，风险厌恶者要求有更高的收益水平。风险中性者则介于风险热爱者和风险厌恶者之间，如图 B. 6 所示。

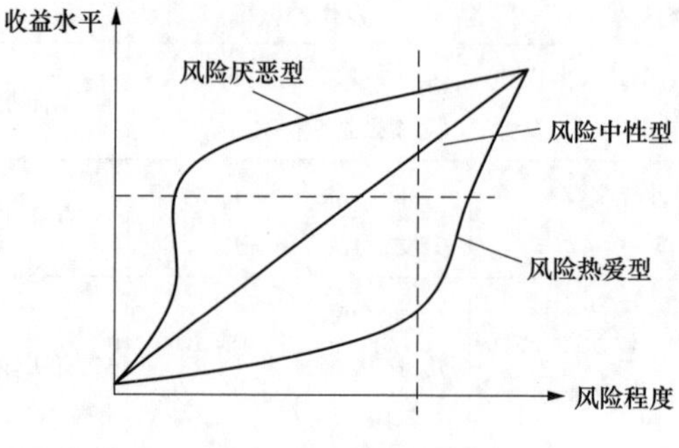

图 B. 6 三类风险偏好

B. 2. 4. 2 风险决策准则

（1）多目标决策准则。通常投资项目具有经济、社会、财务和环境的多重目标，需要采用多目标决策准则。即项目不能存在重大的社会稳定风险、不得对环境产生重大不利影响、经济评价指标中经济内部收益率不低于社会基准收益率，财务评价指标不低于投资者的最低要求值。

如果是政府投资，则项目的经济、社会、财务和环境效果都必须达到决策者的最低预期目标，用公式可以表述为

$$S_e \geqslant S_o$$
$$\cap H_e \geqslant H_o$$
$$\cap E_e \geqslant E_o$$

式中 S_e——项目的预期社会效果；

S_o——决策者要求的最低社会效果；

$\cap$——并列符号，表示需要同时满足；

H_e——项目的预期环境效果；

H_o——决策者要求的最低环境效果；

E_e——项目的预期经济效果或经济效益；

E_o——决策者要求的最低经济效果或效益。

对于经济效果可以货币量化的项目，可用项目经济内部收益率或经济净现值作为决策指标。

如果是私人投资的公共项目，除了满足上述条件外，还要同时满足私人在财务效益上的最低要求，即 $F_e \geqslant F_o$，可以采用财务内部收益率或财务净现值等指标作为决策指标。

由于经济、社会、环境和财务目标之间存在相互关联影响，当某一目标低于决策者的最低要求时，可以调整其他目标来改善落后的目标。如当某一项目对环境存在较大的不利影响时，可以通过调整建设方案，改变建设地点，增加环境保护投资，采取更有效的污染治理技术等措施，来降低项目的环境风险。采取这些措施，可能增加项目的投资，从而对项目的财务目标产生不利影响，有可能会带来项目财务或经济效益的降低。或是在某一项目因为移民数量较多、移民安置存在较大的社会稳定风险时，通过改善社区生产和生活条件、提高移民安置补偿标准、减少移民数量等措施来降低社会稳定风险，这样也可能会导致项目投资增加、工期延长等，从而也会直接影响项目的财务或经济效益。因此，社会稳定风险、环境风险问题最终都可以转化为经济问题和财务问题，这就可以将公共投资项目的多目标决策简化为在社会效果和环境效果满足基本要求下的经济决策或财务决策。

（2）风险决策准则。风险决策准则是面对风险条件下的投资项目决策依据，因为存在风险导致项目决策的指标不再具有单一确定的结果，而是存在多种可能性，使得决策变得复杂。包括最大盈利决策、最小损失决策、期望值决策等，采取何种决策准则，取决于决策者的风险偏好。

1）最大盈利决策。最大盈利决策是指在不同的项目中选择可能获得最大收益的项目，或者是按照项目的最大获利能力来对照目标值，如果大于目标值，则项目可行。

2）最小损失决策。最小损失决策指在不同的项目中选择可能损失最小的项目，或者是按照项目的损失值来对照目标值，如果小于目标值，则项目可行；反之，则项目不可行。

3）期望值决策。期望值决策指在不同的项目中选择可能获得收益期望值最大的项目，或者按照项目的期望值来对照目标值，如果大于目标值，则项目可行；反之，则项目不可行。

B.2.4.3 风险应对策略

（1）风险—控制矩阵。风险对项目最终的影响取决于三个因素，一是风险发生概率或出现的可能性。二是风险发生后对项目的影响，即风险后果的严重性。三是项目管理组织对风险发生的可控程度，即风险可控性。可控性越高，风险发生的可能性越小。相反，不可控性越高，风险发生的可能性越大。概率—影响—控制矩阵在概率—影响矩阵的基础上，增加了风险可控性指标，采用三维坐标来表示，如图B.7所示。

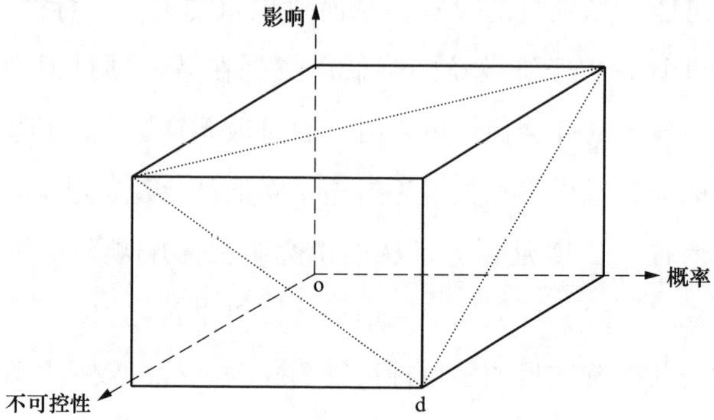

图B.7 概率—影响—控制矩阵

从图B.7可以看出，越靠近d点，风险的等级越高；越靠近o点，风险等级越低。

可以采用排序打分法来量化风险的大小。其步骤是：

1）确定风险评价的标准。分别建立风险概率、风险影响和风险控制三个指标的评分体系。可以采用各种标度，如1～9标度，从1～9，表示风险概率、风险影响和风险不可控性逐步提高。

2）然后对风险因素的发生概率、风险影响和风险不可控性分别进行评分。

3）将风险因素的上述三项得分相乘，即得到该风险的等级分值。分值越高，表示风险越大，风险可靠性越差，项目越需要谨慎对待，越需要制定有效的风险应对措施。

在概率—影响评价矩阵的基础上，还可以简化为风险—控制矩阵。如图B.8所示。在图B.8中右上角的风险，由于风险程度高，不可控程度高，需要

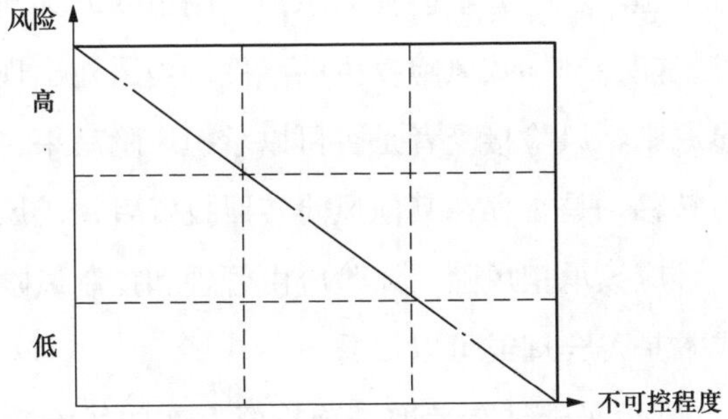

图 B.8　风险—控制矩阵

谨慎对待。如开展进一步的研究，以消除风险隐患。同时，研究风险应对预案，做好风险防范准备，万一发生风险事件，能够及时处理，以降低风险损失。

也有采用风险—预测矩阵，针对不同的风险程度和预测能力，采取不同的策略，见表 B.7。对于风险程度高、预测能力差的风险因素，应再进行深入的研究；对于风险程度中等、预测能力一般的风险因素，要密切关注；对于预测能力好、风险程度中低的风险因素，则可以不必更多地关注。

表 B.7　　风险—预测矩阵

风险预测能力	风险程度		
	高	中	低
差	深入分析	密切跟踪	关注
一般	密切跟踪	密切跟踪	不必过多关注
强	关注	不必过多关注	不必过多关注

（2）风险应对的基本策略。风险应对有四种基本策略：风险回避（risk a-voidance）、风险转移（risk transfer）、风险抑制（risk reduction）和风险自担（risk retention）。

在制定风险应对策略时，需要考虑以下原则：①风险与回报相适应原则，由投资人根据项目的风险程度确定相应的回报，由谁处理风险对整个项目最经济有效，谁可以享有处理风险的最大收益；②风险与能力相适应原则，风险由最具控制力的一方承担，若一方不能独立承担，则由双方共同承担；风险在谁的控制范围内，谁最能控制导致风险发生的事件；当风险出现时，谁最能管理风险；③风险意愿原则，风险接受者是否可以承担风险后果，是否愿意参与风险管理；如果风险转移，是否存在其他风险转回投资者；④风险成本原则，如果风险不能控制，谁应该承担风险；风险应由管理和控制风险成本最低的一方承担，风险转移成本是否合理或可以接受。

1）风险回避。风险回避是在考虑一项投资存在的风险较大，可能导致超过风险承担主体的承受能力时，而采用放弃或改变该投资，从而彻底规避风险的一种策略，通过断绝风险的来源而消除风险。对于投资项目而言，在决策阶段通过项目的可行性研究和全面的评价，如果项目的预期收益目标远低于投资者的期望值时，或者项目存在严重的社会、环境、技术、政策等方面的风险，可能导致投资项目的建设和运营的中断，从而威胁投资的安全时，决策者选择推迟或否决项目的建议。

风险回避包括预防性风险回避（proactive avoidance）和完全放弃（total abandonment）。风险回避是最简单、最彻底的风险控制技术，其最大的优点是将可能的损失概率降低到 0。但是，风险回避也是一种消极的风险控制技术。因为任何投资活动总是与风险相伴的，没有风险的投资活动是不存在的。通常风险与收益成正比，回避风险也意味着放弃投资获利的机会。因此，在决策时也要衡量其机会成本。风险回避一般适用于以下两种情况：某种风险可能造成相当大的损失，且发生的可能性大；或者是防范风险的对策代价昂贵，得不偿失。

2）风险转移。风险转移是应对风险的一种基本策略，又称风险分担（risk share）。即将项目可能发生的、而自己不愿意承担或是超过自己承受能力的风险，以某种方式转移给他人承担。风险转移包括保险转移和非保险转移两种类型，其中非保险转移又可以分为控制型风险转移和财务型风险转移。

保险转移是通过购买保险公司提供的投保产品，将项目的风险损失转移给保险公司承担；非保险转移是将项目中风险大的部分转移给项目的承包方或合作方。非保险转移是项目前期工作中应更多研究的风险对策，如采用新技术可能面临较大的风险，则在技术合同谈判中增加保证性条款，将风险损失全部或部分转移给技术转让方；在设备采购和施工合同中也可以采用类似转移部分风险的条款。

3）风险抑制。风险抑制也称风险减轻（risk reduction），是项目投资人既不愿意放弃投资机会，也不愿意采取风险转移与其他企业一同分享机会、承担风险，而是通过采取一定的措施，降低风险发生的概率，减少风险事件造成的损失。风险抑制技术包括改进前期研究、风险隔离（risk isolation）和损失取代（subrogation）。

加强投资项目前期的研究工作是最常用的风险抑制对策，通过寻求更充分有效的信息，提高前期工作的水平。主要措施包括改进预测分析工作，提高市场预测的准确度；加强技术研究工作，消除技术风险；开展地质勘探工作，消除地质风险；加入风险补偿系数，提高目标收益水平；寻求其他方案等。

风险隔离是风险抑制的一种特殊措施，具体方法是将风险单位分割成独立的小单位，通过限制每一可能最大的损失，从而控制风险损失的范围和程度。如对于一个投资项目，企业决策要投资建设，但为了将潜在的风险损失控制在一定的规模下，而成立一家子公司来运作该项目，其最大的损失是企业的注册资本。避免了风险发生后损失向企业的蔓延。

损失取代是接受风险转移的同时，获得了与之相关的利益追偿权。如保险公司在对投保人赔付的同时，获得了对第三方责任人索取赔偿以弥补它给予投保人赔偿的损失。

风险抑制通常并不能消除风险。同时，风险抑制存在一定的成本。如为了抑制技术风险而引进国外成熟的技术，则要花费一定的技术引进费、使用费或是技术提成费等。

4）风险自担。风险自担是将可能的风险损失留给项目业主自己独立承担。风险自担策略适用于已知有风险存在，但因可能获得高额利润、不愿意将获利的机会分给别人，而甘愿独自承担风险。或者风险损失较小，可以自行处置解决。风险自担可以是主动的，也可以是被动的。主动的风险自担，需要制定风险应急计划（catastrophic/contingency planning），以防范风险影响。由于在风险管理规划阶段已对一些风险有了准备，所以当风险事故发生时马上执行应急计划，这是主动接受。被动接受风险是指在风险事件造成的损失数额不大，不影响项目大局时，项目业主将损失列为项目的一种费用。费用增加了，项目的收益自然要受影响。自担风险是最省事的风险规避方法，在许多情况下也最省钱。当采取其他风险规避方法的费用超过风险事件造成的损失数额时，可采取自担风险的方法。

风险应急计划，主要有费用、进度和技术三种应急措施。费用应急措施，即预留部分预备费（contingence），用于项目建设过程中的不确定因素以及通货膨胀带来的建设成本增加。进度应急措施是为了保证项目的顺利实施而制定的进度风险控制计划。从网络计划的观点来看，进度后备措施就是在关键路线上设置一段时差或浮动时间。项目工序不确定程度越高，任务越含糊，关键路线上的时差或浮动时间也应该越长。技术应急措施是制定专门的风险防范预案，一旦风险发生，即采取相应措施，从而将风险损失减少到最小范围。

B.3 风险分析主要方法

B.3.1 专家分析法

专家分析是最广泛采用的定性风险分析方法，常用的方法包括风险调查表、风险对照检查表、风险专家综合评价法等，可用于风险识别、风险估计、风险评价、风险对策研究的各个环节。

B.3.1.1 风险调查表

风险调查表（risk questionare）是一种开放性的定性分析方法，通过专家的经验、知识和直觉，定性描述风险的来源与类型、风险特征、对项目目标的影响等，用于项目风险的识别与筛选，主要应用在风险分析的初级阶段，可以广泛地发放参与项目前期研究工作各方面的专家填写，经过汇总整理后，供下一阶段进行更深入的风险分析。

风险调查表可应用在风险识别、风险估计和分析评价诸多阶段，根据调查的目的和任务设计不同的调查表。典型的风险识别调查表示例见表 B. 8。

表 B. 8 风险识别调查表示例

编号： 专家： 时间：

项目名称	
风险名称	
风险类型	
风险描述	
风险对项目目标的影响（费用、质量、进度、环境等）	
风险的来源、特征	

风险影响估计调查表示例见表 B. 9。对于风险因素发生后对项目的影响，有时往往难以量化。这时需要采用专家估计法，依靠专家的经验，借助对风险问题的直觉，估计某一风险因素发生后对项目的影响程度。如某水利项目存在一定的建设风险与社会稳定风险，对项目建设进度影响的估计采用了专家定性分析法。

表 B. 9 投资项目的风险影响估计调查表示例

序号	风险因素名称	风险发生后对项目的影响程度					说明
		很大	较大	一般	较小	很小	
1	建设风险						
1.1	施工能力不足						
1.2	施工装备风险						
1.3	地质条件风险						
1.4	建设资金不足						
2	社会稳定风险						
2.1	移民安置方案不可靠						
2.2	移民资金不足						
2.3	项目缺乏有效沟通						
2.4	移民攀比心理增强						
…	…						

B.3.1.2 风险对照检查表

风险对照检查表（risk check-list）是一种规范化的定性风险分析工具。它是利用专家的丰富经验和知识，通过归纳大量项目的信息，在总结过去类似项目的风险信息基础上，将项目可能出现的风险列在一张表上，然后与当前项目的建设条件、环境状况等进行比较分析，供分析人员对照检查，判断项目是否存在表中所列的或类似的风险。该方法具有系统、全面、简单、快捷、高效等优点，容易集中专家的智慧和意见，不容易遗漏主要风险；对风险分析人员有启发思路、开拓思路的作用。当有丰富的经验和充分的专业技能时，项目风险识别相对简单，并可以取得良好的效果。显然，对照检查表的设计和确定是建立在众多类似项目经验基础上的，需要大量类似项目的数据。而对于新的项目或完全不同环境下的项目，则难以适应。否则，可能导致风险识别的偏差。因此，需要针对项目的类型和特点，制定专门的风险对照检查表。表 B.10 所示为投资项目风险对照检查表示例。

表 B.10　　风险对照检查表示例

风险因素	可能的原因	可能的影响	可能性		
			高	中	低
项目进度	资金不足	进度延误		*	
	设计变更			*	
	施工能力不足				*
	…				
投资估算	工程量估计不准	投资超支	*		
	设备价格变化			*	
	材料价格变动				*
	土地成本增加			*	
	…				
项目管理	项目复杂程度高	影响质量			*
	业主缺乏经验			*	
	可行性研究深度不足				*
	…				

B.3.1.3 专家估计的改进

（1）简化风险估计的标度。在重大投资项目中可能采用1～5标度的实际效果最好。越是复杂的项目、越是缺乏历史数据的项目，风险估计的标度应越简单。

（2）为了避免专家的不同理解，造成最后分析的混乱，在可能的情况下最好采用比率标度，即用风险发生可能性的百分数来表示。同时，对于风险的影响，也最好能建立统一的标度说明，并有定量的指标。根据实际经验，最好采用非线性标度。

（3）对于能够定量分析的风险因素，如投资、效益等，可以通过敏感性分析、临界值分析和蒙特卡罗模拟来分析风险的影响，以提高分析的准确性。

为此，重新设计了风险估计专家调查表，见表B.11。

表B.11　风险估计专家调查表

风险层次	风险发生可能性					风险影响严重性				
	很小 (0.05)	较小 (0.1)	一般 (0.2)	较大 (0.4)	很大 (0.8)	很小 (0.05)	较小 (0.1)	一般 (0.2)	较大 (0.4)	很大 (0.8)
1										
1.1										
1.1.1										
1.1.2										
…										
1.2										
1.2.1										
1.2.2										
…										
2										
2.1										
2.1.1										
2.1.2										
…										
3										
…										

B.3.1.4 专家综合评价法

专家综合评价法是通过调查专家的意见，获得风险因素的权重和发生概率，进而获得项目的整体风险程度。其步骤主要包括：

(1) 建立风险调查表。在风险识别完成后，建立投资项目主要风险清单，将该投资项目可能遇到的所有重要风险全部列入表中。

(2) 判断风险权重。利用专家经验，对这些风险因素的重要性及其对项目的影响大小进行评价，计算各风险因素的权重。

(3) 确定每个风险发生概率。可以采用1～5标度，分别表示可能性很小、较小、中等、较大、很大，代表5种程度。

(4) 计算每个风险因素的等级。将每个风险的权重与发生可能性相乘，所得分值即为每个风险因素的等级。

(5) 将风险调查表中全部风险因素的等级相加，得出整个项目的综合风险等级。分值越高，项目的整体风险越大。如表B.12所示，项目整体风险得分为3.2，介于一般风险（分值＝3）和较大风险（分值＝4）之间，属于较大风险。

表B.12　　投资项目风险因素调查表示例

风险因素	对项目目标的影响程度(I)	风险因素发生可能性(P)					风险程度(I×p)
		很大(5)	较大(4)	一般(3)	较小(2)	很小(1)	
地质条件	0.30		×				1.2
技术风险	0.15			×			0.45
投资超支	0.15	×					0.75
环境影响	0.25				×		0.5
运营收入	0.15				×		0.3
合计	1.00						3.2

B.3.2 风险解析法

B.3.2.1 概述

风险解析法也是一种专家风险分析方法，它是风险识别的主要方法之一，是将一个复杂系统分解为若干子系统进行分析的常用方法，通过对子系统的分析进而把握整个系统的特征。例如，市场风险可以分解为市场供求、竞争力、价格偏差三类风险。对于市场供求总量的偏差，首先将其分为供方市场和需方市场，然后各自进一步分解为国内和国外。其风险可能来自区域因素、替代品的出现以及经济环境对购买力的影响等；产品市场竞争力风险因素又可细分为品种质量、生产成本以及竞争对手因素等；价格偏差因素可分解为诸多影响国内价格和国际价格的因素，随项目和产品的不同可能有很大的不同。市场风险解析图如图 B.9 所示。

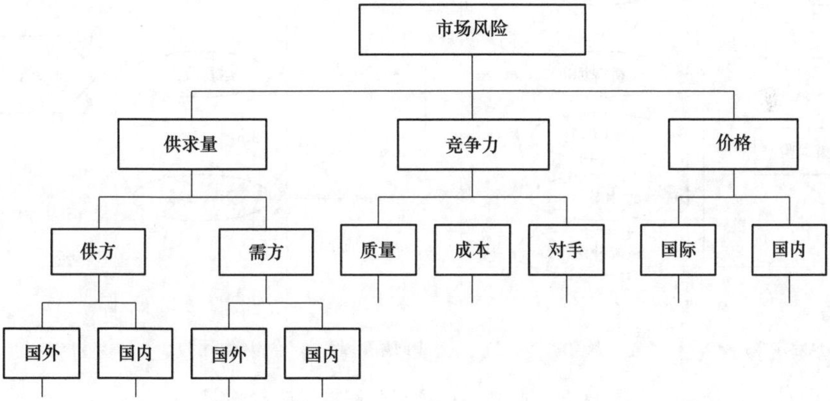

图 B.9 市场风险解析图

解析方法有多种具体途径，基于影响图（influence diagram）的解析方法为风险识别提供了更系统观察风险源对项目目标影响的逻辑过程，使风险分析专业人员能够更好地理解风险过程，全面识别项目风险。图 B.10 描绘了收费桥梁项目的财务风险影响图。从风险源到中间风险因素到关键风险因素，再到财务效益目标。通过解析，可以发现构成项目财务风险的主要风险源包括设备价格、材料价格、劳动力价格、交通量、工程量、收费标准、收费年限、利率、移民搬迁补偿标准等。

B. 3. 2. 2 故障树分析

故障树分析（fault tree analysis，FTA）是指在项目风险分析过程中通过画出逻辑框图，将可能造成项目失败的主要因素逐级分解为若干子因素，再将子因素继续分解为亚子因素，直到最终发现风险源的一种分析方法。

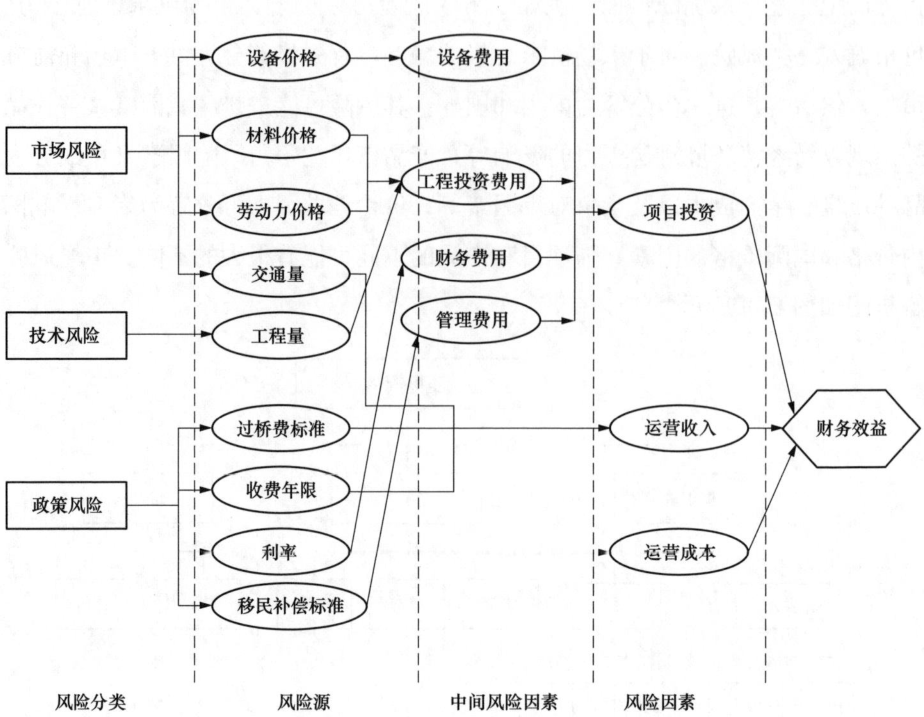

图 B.10 收费桥梁项目的财务风险影响图

故障树于 1961 年在贝尔电话实验室开发出来用于导弹发射的可靠性分析经过几十年的发展，借助计算机技术，分析方法不断完善。故障树是导致主要事件的个别事件的形象表示，它具有极大的实用价值，并广泛应用于众多领域，尤其是工业。它用于系统地分析导致不利后果的主要事件，并可以通过主要事件的概率度量不利后果发生的可能性。

故障树是一种演绎的逻辑分析方法，遵循从结果出发向前追溯原因的轨迹，分析项目风险及其产生原因之间的因果逻辑关系。它将项目损失作为风险分析的目标，在故障树中称为顶事件；继而找出可能导致这一事件的所有因素，在故障树中称为中间事件；再跟踪找出导致中间事件的所有全部原发事件为止。图 B.11 所示为项目投资超支的故障树示例。

故障树分析的基本步骤：①进行系统分析，以充分了解系统。②构造故障树，建立故障逻辑关系；③事件确认，确定重大事件。通过结构定性分析、最小单元分析，对所有故障进行分析，并定性进行排序，寻找共同的故障原因；④定量分析风险概率和风险影响。估计重大事件发生概率，通过概率分析估计重大事件对项目的影响。对于不确定因素，采用重要性分析、敏感性分析、不确定性分析等方法来进行。

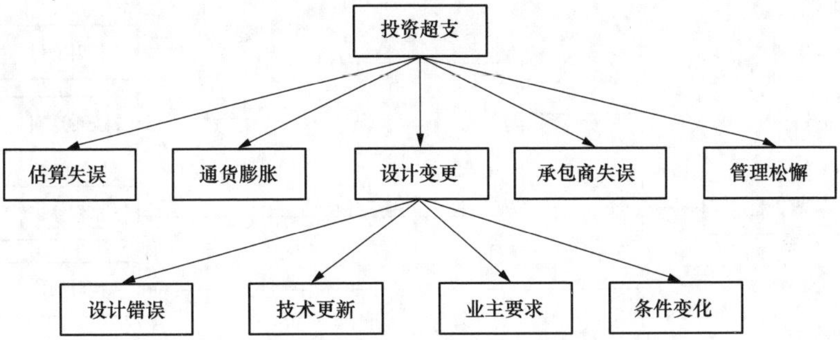

图 B.11 投资超支的故障树示例

故障树具有逻辑性强、系统全面、层次清楚等特点，其分析结果具有系统性和准确性。同时，由于采用固定的分析流程，可以借助计算机程序建立模型，提高了风险分析的效率，对比较复杂的项目的风险分析和评价较为有效。

故障树的缺点也是明显的：它费时费力，投入成本高；不易收集相关资料；要求对系统有很好的理解，如果故障逻辑关系不清，故障路线容易被疏忽或处理不当而产生重大偏差；要求分析人员具有较高的能力，具备建立结构完善的故障树的经验。

B.3.2.3 事件树分析

事件树分析（event tree analysis，EVA）是从一个初始事件追踪可能结果的逻辑模型，它是故障树的反向过程。事件树提供了事件蔓延时间序列的系统分析，从系统预防行动、一般计划功能、操作者干预或是约束条件解束等，到可能的后果范围。后果可能是直接或间接的，初始事件的每一后续事件基于前一事件而发生。每一事件的后果通常是二元的（Yes 或 No，成功或失败），也可能是多元的（如 100%、60%、30%或 0%）。图 B.12 是投资超支事件树示例。

事件树可以提供系统、逻辑和自我证明的方式来描述事件结果，容易被他人检查，其逻辑分析和计算过程相对简单。事件树假设所有事件是独立的，每一事件只与前一事件有关。

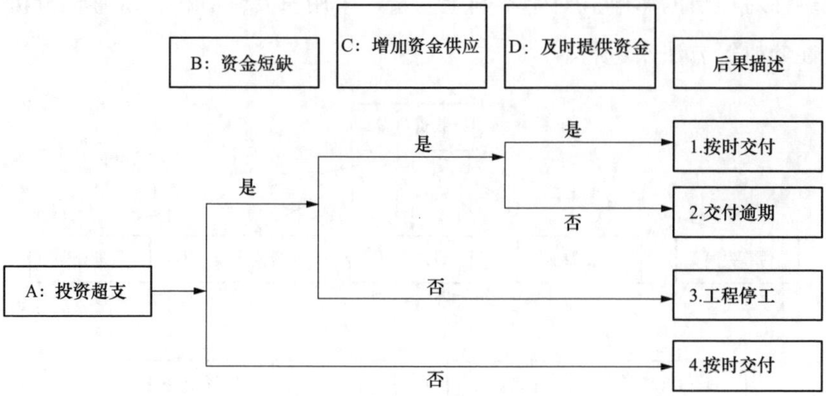

图 B. 12 投资超支事件树示例

事件树分析的步骤：第一，识别初始事件；第二，确定相应行动及可能后果；第三，构造事件树和全部重要后果；第四，对事件后果进行归类；第五，估计事件树分支的概率；最后，对事件后果进行量化分析。

B. 3. 2. 4 风险结构解析

在风险解析法的基础上，2002 年赫尔森（D. Hillson）博士按照美国项目管理学会的工作分解法（work breakdown structure，WBS）原理，研究提出了风险结构解析法（ risk breakdown structure，RBS）。其定义为“一种基于原因或来源对风险进行垂直分类的方法，它可以描述和组织项目的全部风险，每深入一个层次表示项目风险来源描述的进一步详细和明确。”显然，风险结构分解是一种风险来源的递阶层次分解结构，它可以帮助项目分析人员和决策者更好地了解和分析项目潜在的风险，并全面地把握项目的整体风险。

从规范风险识别的角度，美国项目管理学会风险管理研究兴趣小组（PMI Risk SIG）提出了一种通用的风险分解结构框架，如表 B. 13 所示。它适用于任何组织的任何类型和任何性质的项目，如工业制造、公共设施和商业项目等。包括三个层次：第一层，分为管理风险、外部风险和技术风险三类；第二层，管理风险包括来自企业和客户或相关利益者的风险，外部风险包括自然环

表 B.13　　通用的项目风险分解结构

层次0	层次一	层次二	层次三
项目风险	管理风险	企业	历史/经验/文化
			组织稳定性
			财务
			其他
		客户或利益相关方	历史/经验/文化
			合同
			需求稳定性
			其他
	外部风险	自然环境	物质环境
			项目地点
			当地服务
			其他
		文化	政治
			法律/行政管制
			兴趣群体
			其他
		经济	劳动力市场
			劳动条件
			金融市场
			其他
	技术风险	需求	范围不确定
			使用条件
			复杂性
			其他
		性能	技术成熟性
			技术局限性
			其他
		应用	组织经验
			个人能力及组合
			物质资源
			其他

境风险、文化风险和经济风险，技术风险包括需求、性能、能力风险，共 8 种风险；第三层，包括 32 种风险。

表 B. 13 因为通用性，没有考虑具体项目自身的特点，难以真正应用于具体项目的风险分析。在实际工作中，必须根据项目的具体情况重新进行设计。

在某过江通道专题风险分析中，采用风险结构解析，将项目的风险因素划分为设计风险、工程施工风险、运营期风险、环境影响及社会稳定风险、财务可持续性风险五大类型，并通过逐层分解，直到最基本的风险单元，使项目的风险因素构成不断明晰，也使对问题的分析得以尽可能地简化。该项目风险因素结构见图 B. 13。

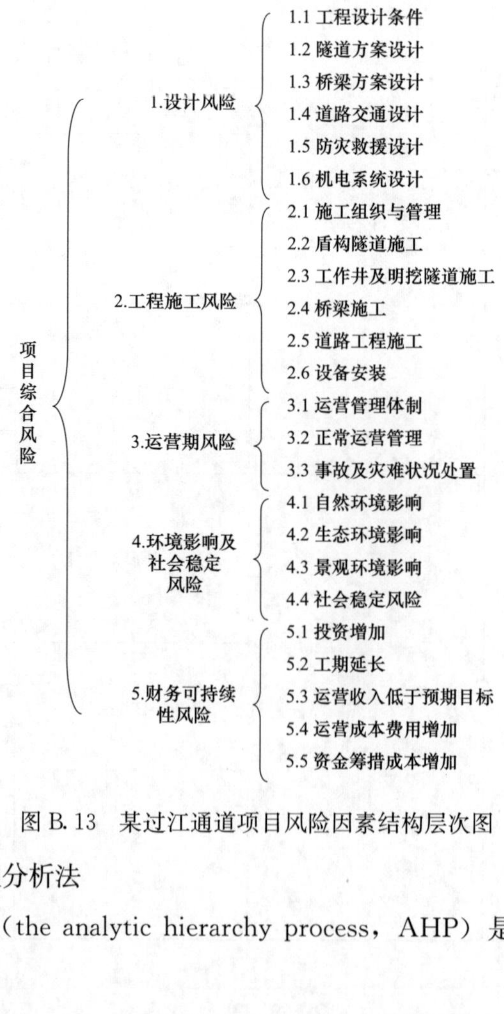

图 B. 13 某过江通道项目风险因素结构层次图

B. 3. 3 层次分析法

层次分析法（the analytic hierarchy process，AHP）是美国著名运筹学

家、匹兹堡大学教授撒惕（T. L. Saaty）于20世纪70年代中期提出的一种定性与定量相结合的多准则决策分析方法。它把一个复杂问题解析为有序的递阶层次结构，通过逐层计算每一层的组合权赋值，并最终求得目标层（最上一层）的综合结果。层次分析法可用于项目整体风险的评价。

层次分析法一般包括四个步骤。

B. 3. 3. 1　建立递阶层次结构

根据投资项目风险因素的构成及其相互关系，按照层次分析法的原理，可以将风险分析结构分为若干层次。第一层为综合评价层，即项目的总目标层；第二层为专项评价层，即项目的各专项风险；第三层为子项评价层；第四层及以下为风险因素层，即各专项或最终的风险因素。各专项风险层次的划分原则，是层层剖析分解到风险因素最基本单元，分解到不可再分解为止。各专项风险分解的层次各不相同，有些只分解到第二层，有些可能需要分解到五层。

如某公共投资项目的风险层次结构如图B. 14所示。

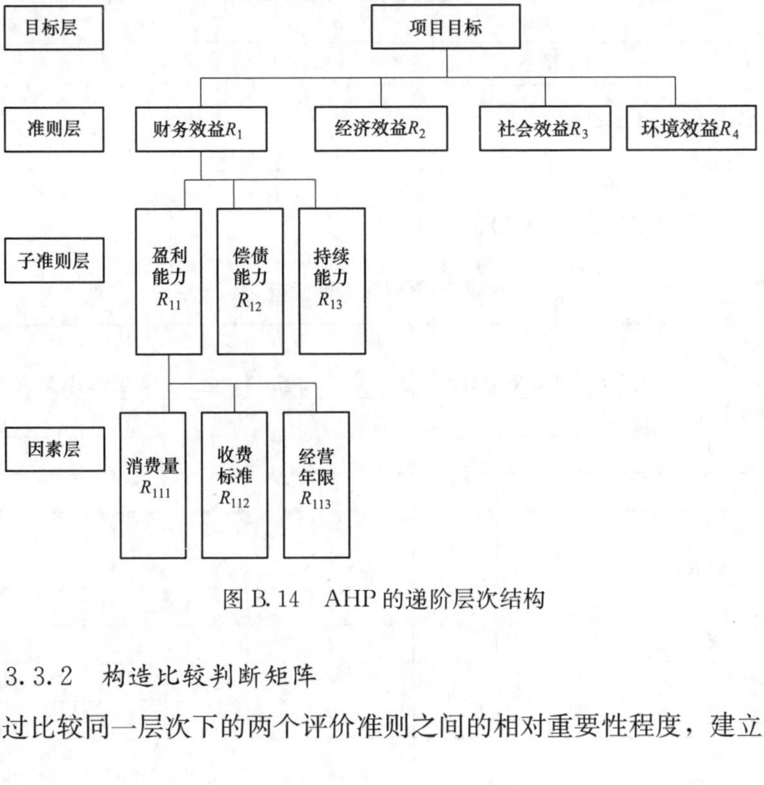

图B. 14　AHP的递阶层次结构

B. 3. 3. 2　构造比较判断矩阵

通过比较同一层次下的两个评价准则之间的相对重要性程度，建立两两比较矩阵。撒惕提出了 9 级标度法，即用 1～9 中的某个数字来表示某准则相对另一准则的重要程度，其含义是：

i 元素和 j 元素同样重要，记为 $a_{ij}=1$；

i 元素比 j 元素稍微重要，记为 $a_{ij}=3$；

i 元素比 j 元素明显重要，记为 $a_{ij}=5$；

i 元素比 j 元素强烈重要，记为 $a_{ij}=7$；

i 元素比 j 元素极端重要，记为 $a_{ij}=9$；

上述相邻判断的中间值为 2、4、6、8。

表 B. 14 给出了一个投资项目的风险因素判断矩阵。通过专家判断，对各风险的重要性程度（对项目总体目标的影响程度）进行两两比较，形成判断矩阵。

表 B. 14　　判断矩阵 A 中的赋值

项目	r_1	r_2	…	r_n
r_1	a_{11}	a_{12}	…	a_{1n}
r_2	a_{21}	a_{22}	…	a_{2n}
…	…	…	…	…
r_n	a_{n1}	a_{n2}	…	a_{nn}

风险因素权重判断矩阵见表 B. 15。

表 B. 15　　风险因素权重判断矩阵

专项风险	设计风险 R_1	施工风险 R_2	工期风险 R_3	环境风险 R_4	社会风险 R_5	交通量风险 R_6	投资风险 R_7	财务风险 R_8	运营风险 R_9
设计风险 R_1									
施工风险 R_2									
工期风险 R_3									
环境风险 R_4									
社会稳定风险 R_5									
交通量风险 R_6									
投资风险 R_7									
财务风险 R_8									
运营风险 R_9									

B.3.3.3 计算比较元素相对权重

对判断矩阵，计算满足下列公式的特征根与特征向量，即

$$AW=\lambda_{max}W$$

式中 λ_{max}——判断矩阵的最大特征根；

$W=(W_1,W_2,\cdots,W_n)$——对应于 λ_{max} 的正规化特征向量，W 的分量 W_i 即是相应指标对上一层某一指标的权值，表明在上一层指标中各种风险因素的相对重要性程度。

在风险的第一层次，$W=(W_1,W_2,\cdots W_i,\cdots,W_n)$；

在风险的第二层次，$W_i=(W_{i1},W_{i2},\cdots,W_{ij},\cdots,W_{im})$；

在风险的第三层次，$W_{ij}=(W_{ij1},W_{ij2},\cdots,W_{ijk},\cdots,W_{ijL})$。

B.3.3.4 比较矩阵一致性检验

在对多因素进行比较的时候，人们往往难以保持比较前后的一致性。如有可能出现A比B重要，B比C重要，C比A重要的不一致情况。因此，要尽可能减少和避免这种情况的发生，必须将不一致程度保持在一个容许的范围内。这就需要对两两比较矩阵进行一致性检验。通过计算一致性指标，即

$$CI=(\lambda_{max}-n)/(n-1)$$

式中 n——判断矩阵的阶数；

λ_{max}——判断矩阵的最大特征根。

计算指标 $CR=CI/RI$，其中 RI 为随机一致性指标，其数值大小见表B.16。

表B.16 随机一致性指标 *RI* 的数值

n	1	2	3	4	5	6	7	8	9	10
RI	0	0	0.58	0.9	1.12	1.24	1.32	1.41	1.45	1.49

当 $CR<0.10$ 时，就认为两两比较矩阵的不一致性在容许范围内，即该成对比较矩阵具有“满意的一致性”。当 $CR>0.10$ 时，就需要进行重新判断，写出新的判断矩阵，直到一致性检验通过为止。

B.3.3.5 各层元素组合权重

$$W_{ijk}=w_iw_{ij}w_{ijk}$$

式中 w_i——第一层次的第 i 个风险 R_i 的权重，反映风险 R_i 对项目整体目标的影响程度，$\sum_{i=1}^{n} w_i = 1$；

w_{ij}——第二层次，风险 R_i 的第 j 个风险 R_{ij} 的权重，反映其对风险 R_i 的影响程度，$\sum_{j=1}^{m} w_{ij} = 1$；

w_{ijk}——第三层次，风险 R_{ij} 的第 k 个风险因素 R_{ijk} 的权重，反映其对风险 R_{ij} 的影响程度，$\sum_{k=1}^{l} w_{ijk} = 1$。

B.3.3.6 项目整体风险程度计算

在投资项目风险分析中，由于项目的整体风险是由影响整个项目的不同子项的风险共同作用而产生的，不同子项的风险又是由其下一层子项共同作用的，最后是追溯到各子项下具体的风险因素。在进行整体风险分析时，将各子项风险对项目的总体目标的影响（组合权重）与各子项的风险概率相乘，并累计求和，即得到整体风险程度 R，即

$$R = \sum_{i,j,k=1}^{n,m,l} w_{ijk} p_{ijk}$$

式中 w_{ijk}——风险 R_{ijk} 的组合权重（即风险 R_{ijk} 发生时对项目总体目标的影响程度）；

p_{ijk}——风险 R_{ijk} 发生的概率。

如果能够得到各子项风险的概率分布，则与各子项的组合权重加权叠加，即得出项目的整体风险概率分布 R。

B.3.4 风险概率分析

概率分析是借助现代计算技术，运用概率论和数理统计原理进行概率分析，求得风险因素取值的概率分布，并计算期望值、方差或标准差和离散系数，表明项目的风险程度。

B.3.4.1 风险概率估计

概率估计方法包括客观估计和主观估计。应用客观概率对项目风险进行的估计称为客观估计，依据主观概率对项目风险进行的估计便是主观估计。在项

目评价中，风险概率估计中较常用正态分布、三角形分布、贝塔分布等概率分布形式，由项目评价人员或专家估计选用。

（1）客观概率估计。客观概率是实际发生的概率，它并不取决于人的主观意志，可以根据历史统计数据或是大量的试验来推定。它有两种方法：一是将一个事件分解为若干子事件，通过计算子事件的概率来获得主要事件的概率；另一方法是通过足够量的试验，统计出事件的概率。由于客观概率是基于同样事件历史观测的数据，它只能用于完全可重复事件，因而并不适用于大部分现实事件。应用客观概率对项目风险进行的估计称为客观估计，它利用同一事件的历史数据，或是类似事件的数据资料，计算出客观概率。该方法的最大缺点是需要足够的信息，但通常是不可得的。

（2）主观概率估计。主观概率是基于个人经验、预感或直觉而估算出来的概率，是一种个人的主观判断，反映了人们对风险现象的一种测度。当有效统计数据不足或是不可能进行试验时，主观概率是唯一选择。基于经验、知识或类似事件比较的专家推断概率便是主观估计。在实践中，许多项目风险是不可预见，并且不能精确计算的，需要进行主观估计。

主观估计有两种方法：直接法和间接法。直接法假设项目决策人员是理性的，并熟悉事件的可能性，通过直接询问其对结果的看法。如某事件出现100次，成功的次数？间接法不是直接询问概率，而是设计一系列问题，从回答中推断出主观概率。如某产品涨价的概率？再问降价的概率？

主观概率估计存在一些明显的不足。由于专家习惯于提出问题，或许那些问题不可能发生。人们通常也有夸大问题严重性的倾向，因此出现问题的主观概率可能高于实际值。风险估计的效果受多种因素的影响：①历史数据不够准确；②个人的偏差和缺乏经验；③分析术语的模棱两可。

为此，通常的改进方法是，不要直接询问某一事件的概率，而是询问其子事件的概率。此外，对同一事件也应通过不同的问题方式，多方面求证，从中检验回答的一致性。有证据表明专家有过分相信自我判断的倾向，建议组成一个专家组而不是依靠个人进行判断，但要注意避免专家之间的相互影响。因此，可以采用德尔菲法。

主观概率的专家估计具体步骤：

1）根据需要调查问题的性质组成专家组。专家组成员由熟悉该风险因素的现状和发展趋势的专家、有经验的工作人员组成。

2）调查某一变量可能出现的状态数或状态范围和各种状态出现的概率或变量发生在状态范围内的概率，由每个专家独立使用书面形式反映出来。

3）整理专家组成员的意见，计算专家意见的期望值和意见分歧情况，反馈给专家组。

4）专家组讨论并分析意见分歧的原因。由专家组成员重新背靠背地独立填写变量可能出现的状态或状态范围和各种状态出现的概率或变量发生在状态范围内的概率，如此重复进行，直至专家意见分歧程度满足要求值为止。这个过程最多经历三个循环，超过三个循环将会引起厌烦，不利于获得专家们的真实意见。

B.3.4.2 概率估计方法

（1）历史数据法。当项目的某些风险因素可以找到比较多的历史数据时，就可以基于已有的数据资料，进行统计分析，从而得出这些风险因素出现的概率。

如某风险因素有 Q_1、Q_2、Q_3、…、Q_m 等 m 个状态，对应的出现次数分别是 n_1、n_2、n_3、…、n_m，则第 i 种状态出现的概率为

$$p(x=Q_i)=n_i/n, i=1,2,3,\cdots,m$$

其中：$n=n_1+n_2+n_3+\cdots+n_m$。

（2）专家估计法。由于项目的一次性和不可重复性，投资建设项目的风险来源和风险特性往往差异很大，许多时候难以找到类似的风险历史数据和资料。这时，项目风险分析人员只有采取主观概率，利用专家估计法来预测风险因素发生的概率和概率分布。在《投资项目可行性研究指南》一书中推荐的风险概率估计方法中，采用基数尺度来估计，见表 B.17。

表 B.17 **投资项目的风险概率估计表**

序号	风险因素名称	风险发生可能性或概率					说明
		非常可能	很可能	可能	不好说	不可能	
1	市场风险						
1.1	市场需求量不足						
1.2	竞争能力弱						
1.3	价格不合理						
1.4	原材料供应不足						
2	技术风险						
2.1	先进性不足						
2.2	可靠性低						
2.3	适用性差						
2.4	经济性差						
3	资源风险						
3.1	资源储量不足						
3.2	开采成本低估						
3.3	水资源供应不足						
4	工程风险						
4.1	工程地质条件差						
4.2	水文地质条件差						
4.3	工程设计存在缺陷						
5	资金风险						
5.1	资金供应不足						
5.2	资金来源中断						
5.3	汇率波动大						
5.4	利率变化大						
6	管理风险						
7	政策风险						
7.1	政治动荡						
7.2	经济形势波动						
7.3	政策调整不利						
8	外部协作条件风险						
8.1	水、电、气供应不足						

续表

序号	风险因素名称	风险发生可能性或概率					说明
		非常可能	很可能	可能	不好说	不可能	
8.2	交通运输条件差						
8.3	其他协作条件差						
9	社会稳定风险						
10	其他风险						

（3）主观与客观估计结合的方法。如果知道某一风险事件服从一定的概率分布，则可以采取专家估计与理论概率相结合的方法来估计概率。

统计学原理表明，大量的自然和社会现象服从正态分布。对于服从正态分布的风险因素，只需要确定风险因素的期望值和标准差，便可以描述风险概率。这时，采用专家调查法估计期望值和标准差。

对于服从三角分布的风险因素，只需要知道最大值、最小值和最可能值，就能整体描述风险概率。如投资项目的建设进度风险，可以用三角分布来描述。其专家意见调查表见表 B.18。

表 B.18　　专家意见调查表

专家	最大值	最可能值	最小值	说明
专家 A				
专家 B				
专家 C				
…				
平均值				

B.3.4.3　风险概率分布

（1）离散型概率分布。当输入变量可能值是有限个数，称这种随机变量为离散型随机变量。如产品市场销售量可能出现低销售量、中等销售量、高销售量三种状态，即认为销售量是离散型随机变量。各种状态的概率取值之和等于1，它适用于变量取值个数不多的输入变量。

（2）连续型概率分布。当输入变量的取值充满一个区间，无法按一定次序一一列举出来时，这种随机变量称连续随机变量。如市场需求量在某一数量范围内，无法按一定次序一一列举，列出区间内 a，b 两个数，则总还有无限多个数 x，$b>x>a$，这时的产品销售量就是一个连续型随机变量，它的概率分布用概率密度和分布函数表示，常用的连续概率分布有：

1）正态分布。其特点是密度函数以均值为中心对称分布，如图 B.15 所示，这是一种最常用的概率分布，其均值为 $\overline{x}$，方差为 σ，用 $N(\overline{x}, \sigma)$ 表示。当 $\overline{x}=0$，$\sigma=1$ 时称这种分布为标准正态分布，用 $N(0, 1)$ 表示，适用于描述一般经济变量的概率分布，如销售量、售价、产品成本等。

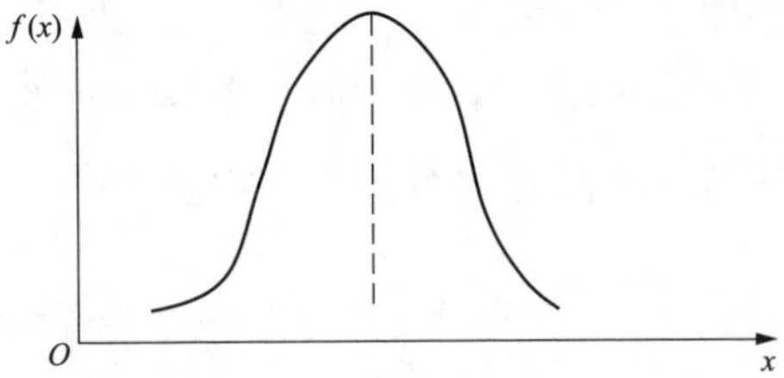

图 B.15　正态分布概率密度图

2）三角形分布。其特点是密度数是由最悲观值、最可能值和最乐观值构成的对称的或不对称的三角形（见图 B.16）。适用描述工期、投资等不对称分布的输入变量，也可用于描述产量、成本等对称分布的输入变量。

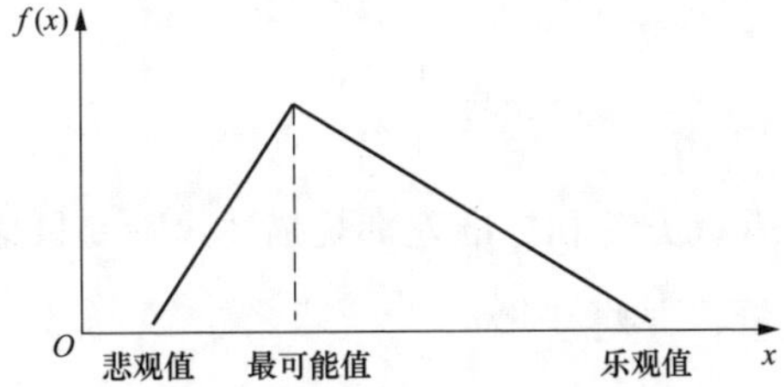

图 B.16　三角形分布概率密度图

3）β 分布。其特点是密度函数为在最大值两边不对称分布（见图 B.17），适用于描述工期等不对称分布的输入变量。

4）经验分布。其密度函数并不适合于某些标准的概率函数，可根据统计资料及主观经验估计的非标准概率分布，适合于描述项目评价中的所有输入变量。

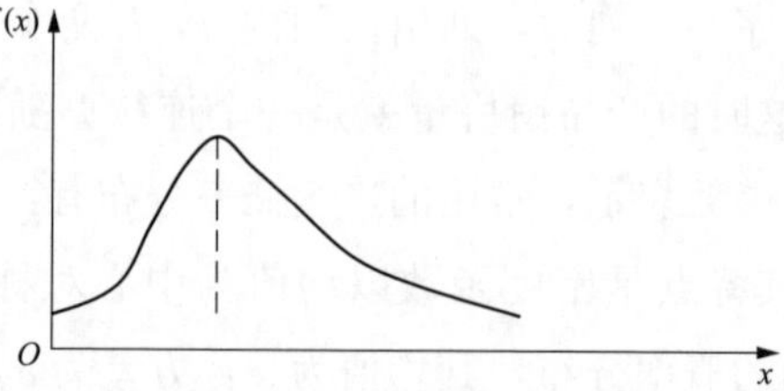

图 B.17 β分布概率密度图

B.3.4.4 风险概率分析指标

描述风险概率分布的指标主要有期望值、方差、标准差、离散系数等。

(1) 期望值。期望值是风险变量的加权平均值。对于离散型风险变量，期望值为

$$\overline{x}=\sum_{i=1}^{n}x_i p_i$$

式中 n——风险变量的状态数；

x_i——风险变量的第 i 种状态下变量的值；

p_i——风险变量的第 i 种状态出现的概率。

对于等概率的离散随机变量，其期望值为

$$\overline{x}=\frac{1}{n}\sum_{i=1}^{n}x_i$$

(2) 方差和标准差。方差和标准差都是描述风险变量偏离期望值程度的绝对指标。对于离散变量，方差 S^2 为

$$S^2=\sum_{i=1}^{n}(x_i-\overline{x})^2 p_i$$

方差的平方根为标准差，计为 S。

对于等概率的离散随机变量，方差为

$$S^2=\frac{1}{n-1}\sum_{i=1}^{n}(x_i-\overline{x})^2$$

当 n 足够大（通常 n 大于 30）时，可以近似为

$$S^2=\frac{1}{n}\sum_{i=1}^{n}(x_i-\overline{x})^2$$

(3) 离散系数。离散系数是描述风险变量偏离期望值的离散程度的相对指标，计为β，则

$$\beta=\frac{S}{\overline{x}}$$

B. 3. 4. 5 概率分析的理论计算法

由于项目评价中效益指标与输入变量（或风险因素）间的数量关系比较复杂，概率分析的理论计算法一般只适用于服从离散分布的输入与输出变量。

(1) 计算方法。假定输入变量之间是相互独立的，可以通过对每个输入变量各种状态取值的不同组合计算项目的内部收益率或净现值等指标。根据每个输入变量状态的组合计算得到的内部收益率或净现值的概率为每个输入变量所处状态的联合概率，即各输入变量所处状态发生概率的乘积。

若输入变量有A，B，C，…，N；

每个输入变量有状态：

A_1，A_2，…，A_{n_1}；

B_1，B_2，…，B_{n_2}；

⋮

N_1, N_2，…，N_n；

各种状态发生的概率为

$$\sum_{i=1}^{n_1}P\{A_i\}=P\{A_1\}+P\{A_2\}+\cdots+P\{A_{n_1}\}=1$$

$$\sum_{i=1}^{n_2}P\{B_i\}=1$$

⋮

$$\sum_{i=1}^{n_n}P\{N_i\}=1$$

则各种状态组合的联合概率为$P(A_1)$，$P(B_1)$，…，$P(N_1)$；$P(A_2)$，$P(B_2)$，…，$P(N_2)$；…；$P(A_{n_1})$，$P(B_{n_1})$，…，$P(N_{n_n})$，共有这种状态

组合和相应的联合概率 $N_1 \times N_2 \times \cdots \times N_n$ 个。

(2) 评价指标。评价指标（净现值或内部收益率）由小到大进行顺序排列，列出相应的联合概率和从小到大的累计概率，并绘制评价指标为横轴，累计概率为纵轴的累计概率曲线。计算评价指标的期望值、方差、标准差和离散系数（$\sigma/\overline{x}$）。

(3) 累计概率。根据评价指标 NPV=0，IRR=i_c或（i_s），由累计概率表计算 $P[\mathrm{NPV}(i_c)<0]$或 $P(\mathrm{IRR}<i_c)$ 的累计概率，同时也可获得

$$P[\mathrm{NPV}(i_c) \geqslant 0] = 1 - P[\mathrm{NPV}(i_c) < 0]$$

$$P(\mathrm{IRR} \geqslant i_c) = 1 - P(\mathrm{IRR} < i_c)$$

当输入变量数和每个变量可取的状态数较多（大于 3 个）时，这时状态组合数过多，一般不适于使用理论分析方法。若各输入变量之间不是独立，而存在相互关联时，也不适于使用这种方法。

B.4 参与式调查工具

B.4.1 社区参与式评估

B.4.1.1 社区基层参与评价

1. 内涵

社区基层参与评价是调查当地人的期望、态度和偏好的一种方法，是在项目设计和实施阶段对当地社会情况和利益相关方的态度进行调查，识别所存在的社会问题，促进当地社会成员参与项目实施的一种重要手段，也是沟通项目规划者、实施者和利益相关方的一种重要方式。

进行社区基层参与评价的基本方法就是开展各类访谈，可以在一般个人、主要知情者和特定群体之间展开。访谈的提纲或形式应根据所调查问题的不同而有所区别。通过这种方式可以发现他们对一般的或敏感性问题的独特见解，还有可能收集一些一般公众访谈得不到的信息。

2. 主要活动

(1) 通过与当地个人或家庭会面、召开小组讨论会或召开社区会议等方式，就与项目相关的问题展开讨论。

（2）使用各种辅助工具，以便让文化层次较低的社区群众参与到项目中去。

（3）对问题、偏好、财富等进行排序。对问题进行排序经常采用问题卡片的形式；偏好排序一般需要绘制一个矩阵图，纵向表示受访者，横向列示各种偏好选项，要求参与者根据自己的评价来确定相应的选项，从而得到一个比较图表，从中判断参与者对不同选项的偏好，以便更好地理解不同群体的偏好倾向；财富排序用于分析社区内不同群体的财富状况并进行排序，用以调查当地人对财富的观点，分析不同人群在社会经济发展中所处的层次，这种排序可以为抽样调查的分层抽样提供依据，也可用于识别贫困家庭。

（4）采用趋势图表、日常活动表等分析有关社会经济活动的特征及其变动趋势。

B.4.1.2 参与式评估

1. 参与式评估的目的

参与式评估（PRA）是调查当地人的期望、态度和偏好的一种重要方法，是在项目设计和实施阶段对当地社会情况和利益相关方的态度进行调查，识别所存在的社会问题，促进当地社会成员参与的一种重要手段，而且也是沟通项目规划者、实施者和利益相关方的重要桥梁和纽带。

2. 半正式访谈

进行PRA的基本方法就是开展半正式访谈。这种访谈可以在一般个人、主要知情者和群体之间展开。访谈的提纲或形式应根据所调查问题的不同而有所不同。通过这种方式可以发现他们对一般的或敏感性问题的独特的见解，还有可能收集一些一般公众访谈得不到的信息。这种访谈要想取得成功，必须要让被访者坚信他所提供的信息将会被认真对待，这取决于他对访谈者的熟悉程度和信任情况。

主要知情者是指在某一话题方面有特殊观点或有专业知识的人群。半正式访谈一般不采用正式调查表的形式，但应准备对访谈者进行提问的问题清单。访谈采用交谈的方式进行，在谈话过程中，访谈人可能会提到他们想讨论的任何话题，但这些提问一般没有事先设定的次序。采用自由式的讨论，主要是想激发被访谈者讲出他们认为和项目相关的任何信息和见解。

3. 参与者图表

参与者图表是指用图表的形式表示有关社区的物理特征、社会经济状况以及被访谈者对一些问题的看法。在PRA方法中，经常使用的图表如下：

(1) 个人图表。用于表示社区中不同群体的不同观点（例如已婚女性对未婚女性，富人对贫困人口）。

(2) 社会图表。用于表示社区中不同的社会经济特征，以及用于表示不同利益相关方的相对财富、资源水平、在社区组织中的身份等。

(3) 历史图表。用于表示时代的变迁，环境变化或人口迁移等情况。

B.4.2 研讨会议类工具

B.4.2.1 居民大会或小组会议

1. 描述

会议是指一群人为了特定的目的而聚在一起进行有组织的交流与讨论。参加会议的人数既可以是几十人甚至上百人之多，同时也可以是10人以下。小组会议指参会人员一般在几个到十几个，而且他（她）们有着共同/相似的兴趣或关心类似的问题，他（她）们可能是妇女小组，也可能是老年小组或牧民等，他（她）们往往由于兴趣相似而能够交流得很投机，讨论得较顺利。

2. 主要用途

(1) 讨论社区中重要问题；

(2) 通过在较多人数会议上向社区中的群众发布有关信息（如专家提出的项目方案），或向他（她）们征询意见，如社区发展中面临的问题等；

(3) 通过小组会议由专家与群众共同平等地分析社区中的问题，寻找可能的解决方案；

(4) 通过多次小组会议和社区群众大会来制定社区发展行动计划，或解决社区发展活动过程中的冲突；

(5) 专家通过召开与群众代表的小型研讨会来确认、修改或否定专家会前对社区发展的认识、建议或项目方案等。

3. 步骤操作

(1) 会议的组织者在会前必须有明确的目标，即通过会议的讨论要达到何种结果，会议组织者要做到心中有数。

（2）会议组织者要与当地社区中的领导，如社区负责人，事先选择一个合适的日期和地点。

（3）由社区负责人等采取各种形式通知全体村民或涉及小组座谈的会议代表。在通知中要明确告知居民会议的目的、时间和地点。绝大多数情况下，居民都会接受或认可会议的事前安排。如果出现相当一部分居民对会议的目的兴趣不大，或存在着会议的时间与他们的生产活动相冲突等，此时则需要外部评估专家、村领导与村民一起重新商讨会议的目标和选择一个更合适的时间。

（4）由外部评估专家做好会议前的一切准备工作。如将提交大会讨论的议题事先写在大号的牛皮纸或白纸上或准备好要分发的材料。事先在外部评估专家内部应有职责分工，1人担当整个大会的主持人，负责会议进程的控制和收集居民的意见；1人或2人专门记录居民的发言；另外1人或2人协助主持人与居民一起讨论，如提出问题或直接参与和居民的讨论。

（5）在会前还要对下述情况作出计划。即社区全体居民大会之后往往需要分成几个小组继续开会，这是因为在小组会议上能更深入地讨论问题，或者是为了提高效率，分专题在小组中先进行分析讨论，然后再提交全体大会确认和修改，这将就是全体与会人员一致的意见或结果。另外一种情况是，社区居民中一类或几类有共同点的群体如妇女、最贫困的几户或10多户居民不愿或不便在全体人员大会上发言，这时也必须将这些人单独组建成小组。

（6）在会议召集时，如果有当地村、乡领导在场，往往由他们先向全体与会人员说明会议的基本情况，包括介绍来宾、会议的性质与目的、对与会人员提出希望与要求。此后由外部评估专家阐明会议的背景、目标、主要内容等。大会的讨论往往都是就专家根据以前的访谈提出的问题或方案征询全体村民的看法和修改意见。

（7）会议结束前，往往由外部评估专家对当天会议的进展、结果进行简单的总结并说明结果在下一步如何使用。

（8）有时在不需要召开全体村民大会而只是邀请熟悉当地社区情况的几位村民代表（一般不超过七八人）来召开专门的研讨会。

4. 注意事项

对外部评估专家而言，无论是召开社区村民大会或居民小组会议，在会前都要制定明确的目标，如分析社区的问题，或收集村民对拟定的项目方案的反馈意见等。在会议的进行过程中就要紧紧围绕这个或这些目标，一旦完成目标后就应考虑结束会议，除非居民还有兴趣讨论其他问题。

B.4.2.2 头脑风暴法（brainstorming）

1. 描述

指在一个很和谐平等的气氛中，在会议主持人的引导下，全体会议代表针对某一问题提出自己尽可能多的想法和意见，这些想法不分先后、不分重要性高低，由主持人向全体人员公布并进行分类。头脑风暴的含义是在很短的时间内，如几分钟，收集与会代表对某一问题的即时的想法。头脑风暴的结果基本能代表当场所有与会人员的意见和思路。其最大的优点是快速地、较全面地反映大家的想法。

2. 主要用途

（1）用于讨论一个社区中存在哪些问题。

（2）用于探索解决一个问题的若干可能的办法。

（3）用于收集会议代表对研讨或培训班的感受、总体评价和建议等。

3. 操作步骤

头脑风暴在具体操作上又可分为两种，即卡片式和发言式，其做法分别如下。

（1）卡片式。

1）由会议主持人首先向全体与会人员解释说明头脑风暴的概念和操作方法。

2）主持人提出用于头脑风暴的具体题目，必要时对此进行适当的解释说明。

3）向与会人员发放书写用卡片、书写笔和书写规则。

4）由所有与会人员对题目进行快速思考，并将思考的结果写在卡片上。

5）主持人向与会人员收集书写好的卡片。

6）由主持人将每一张卡片大声念出，并固定在事先准备好的展示板上。如有些卡片描述不清楚，主持人应请作者解释或对此进行修改，使之简明扼要。

7）主持人与全体与会人员一起对大家的卡片根据内容进行粗略的分类分析，如分成四五大类。

8）主持人引导大家对分类后的结果进行快速审核，看是否需要补充或调整，以得出头脑风暴的结果。

（2）发言式。

1）由会议主持人首先向全体与会人员解释说明头脑风暴的概念和操作方法。

2）主持人提出用于头脑风暴的具体题目，必要时对此进行适当的解释说明。

3）主持人鼓励大家动脑思考、人人参与和自由积极发言。主持人应鼓励大家从多层次、多角度看问题。

4）与会人员发言。

5）由主持人或指定一个会议代表将发言观点以关键词记在卡片、纸或黑板上。

6）对记录的内容进行分类。

7）分析与总结。

4．注意事项

（1）主持人应将用于头脑风暴的题目解释清楚。

（2）主持人将卡片书写规则解释清楚。参会人员以关键词将对题目思考的结果书写在卡片上，做到字体大而清楚。口头表达的基本规则：先举手再发言，原则是自愿，而且是不对其他人表达的意见和想法进行评论。

（3）主持人在收集大家口头表达意见时应对所有与会代表一视同仁、平等看待，保证将每个人的意见反映出来。

（4）主持人要引导会议代表不要出现相互间指责、打断的情况。

B.4.3 半结构访谈

B.4.3.1 特点

当访谈的框架是受控制的时候，在访谈的过程中融入参与式的方法则会使访谈具有更多的对话式的、非正规的、访谈者和被访谈者就某一主题进行轻松交流的特点，这就是半结构访谈。半结构访谈（semi-struetured interview）是一个开放性的框架，谈话式或聊天式和双向交流的过程应始终围绕一个主题，因而它是有重点的。这一工具可被用来传播和收集各种相关信息。事实上，只有部分问题或题目是预先决定的，许多问题其实是在访谈过程中形成的。相互间并无关联的问题会在访谈中被舍弃。提问是根据一个灵活的访问大纲或访问指南而不是来自一个非常正式的问卷。

主要类型有个体访谈（individual interview）、主要知情者访谈（key informant interview）、小组访谈（group interview）等。

B.4.3.2 访谈目的

(1) 从特定人群的样本中获取特定的质量和数量信息。

(2) 获取与特定题目相关的一般信息。

(3) 获取关于特定题目的一定范围和程度的深入理解。

B.4.3.3 主要步骤

(1) 访谈者/访谈组设计一个访谈框架，如一个矩阵表格形式的样本，包括讨论的题目或问题。

(2) 确定样本规模和选样方法。

(3) 访谈者可以在相互之间或/和与几个社区成员进行大量的访谈实习，以更好地熟悉问题，获得关于双向交流技能的反馈。

(4) 在访谈中只记录要点，访谈结束后立即根据记录进行详细描述。

(5) 在每天工作结束时，对访谈所获信息进行分析。这项工作可以在访谈工作团队内进行。

(6) 与社区成员一起对总体分析和工作的结果进行讨论，以使社区成员有机会检查工作团队的理解和分析是否与他们一致，使整个过程更具有参与性。

B.4.4 个体访谈

个体访谈（individual interview）是访谈目标群体中的一个样本以获取代

表性的信息。如果多次个体访谈的对象差异太大，应该尽可能将样本加以区分。“就同样的题目，访谈大量不同的人，可以很快地揭示一定范围的观点、态度和‘策略’。”一般来讲，男性和女性有不同的经历，因而就有不同观点。资源丰富和资源贫乏的人、不同种族和不同信仰的人、不同年龄的人代表着不同的个人经历。应该避免只访谈一种类型的人。

B.4.4.1 个体访谈的特点

作为半结构访谈的一种主要形式，个体访谈具有开放性的、对话式的和双向交流式的等特点。不提前准备详细问卷，但有一个指南式的提纲。

个体访谈的目的是要从选定的访谈对象中获取特定的质量和数量的信息，通过对所获信息的分析，对某一事件或发展活动或投资项目进行理解并提出假设。

个体访谈的主要优点是作为半结构访谈的个体访谈具有参与式方法所具有的共同特点，如它是一个相互学习的过程，同时还具有自身的一些特点和优点：

（1）熟练的沟通和交流技巧会改善访谈者和被访谈者的关系，并建立起相互信任，这有助于访谈者获得关于一些敏感的、隐私的和个人问题的答案和信息。这是个体访谈的主要优点。

（2）双方开放式的、自由的围绕某一特定问题的谈话过程是使双方均能受益的知识和信息量增长的过程，是一个相互交流和学习的过程。这有利于双方对事件或发展活动进行更客观合理的理解和提出假设。

（3）对来自弱势群体中的样本进行平等式的、充分尊重对方的个体访谈有助于树立被访谈者的自信心，排除社区“领导者”或“精英”的影响，增加回答的客观性和代表性。

（4）对许多在小组访谈中不宜讨论的敏感问题来说，它是对小组访谈的一个必要补充。

B.4.4.2 个体访谈的主要步骤

（1）准备调查大纲和必要工具如录音机、纸、笔等。有时候准备一些小礼物会有助于改善气氛。

（2）对大纲进行检查和练习。不仅包括内容，也应包括表述方式。

（3）选定调查对象。

（4）与访谈对象取得联系，共同约定调查时间和地点。

（5）进行实地访谈。

（6）与访谈对象对访谈结果立即进行回顾和检查。这一工作也可以在访谈过程中随时进行。

（7）立即撰写详细的访谈记录。

（8）对所获资料进行分析并提出相应的假设。

B. 4. 4. 3 个体访谈的注意事项

（1）被访谈者的选择与要调查的内容相一致。

（2）要注意了解被访谈者的个人经历和知识背景。这些对回答时常有着决定性的影响。

（3）访谈者应具有相关主题的背景知识和实践经验。

（4）访谈者能理解被访谈者的语言并具有较熟练的交流技巧。

B. 4. 5 主要知情人访谈

B. 4. 5. 1 特点

主要知情人访谈（key informant interview）的目的是获取特定的知识和信息。一般来讲，主要知情人拥有就特定的题目具有特定的知识背景。

B. 4. 5. 2 优点和不足

主要知情人访谈的优点有省时；能灵活适应个体之间的差异、环境的变化和新观点和信息；如果能与主要知情人建立良好的信任关系则能获得深入的内部信息；较便宜的资料收集方法。

其缺点：主要知情人的样本量小导致访谈易受主要知情人的筛选的影响；若主要知情人对访谈者不熟悉或不够信任，则有可能提供不准确甚至有意歪曲的信息；易受访谈者观点的影响，从而可能导致从访谈者观点出发的不精确、歪曲或错误理解和解读。

主要知情人访谈作为个体访谈的一种，其主要步骤与个体访谈一致。

B.4.6 小组访谈

B.4.6.1 小组访谈的特点

小组访谈（group interview）提供了一个机会与一群人访谈来了解社区的基本情况。受访人是被邀请来的，因而存在一个选样过程。当然有时候有些被访谈者只是碰巧在场。如果一次小组访谈的人数超过 20 人，甚至 25 人可能很难驾驭。小组座谈形式本身会导致没有预计到的问题被提出并提供一些额外信息。

小组访谈同样具备开放性的、轻松交谈式的和相互学习过程等半结构访谈的共同特点。它需要准备一个指南式的提纲，但不需要详细的问卷。其目的是通过对特定人群的访谈来了解一事件或投资项目的一般情况。

B.4.6.2 小组访谈的主要步骤

（1）准备调查大纲和必要工具如录音机、纸、笔等。有时候准备一些小礼物会有助于改善访谈气氛。

（2）对大纲进行检查和练习。不仅包括内容，也应包括表述和组织方式。

（3）选定调查对象，使其尽可能具有广泛代表性。

（4）与访谈对象取得联系，共同约定调查时间和地点。由于访谈对象多，应注意找到一个共同的空闲时间。

（5）进行实地访谈。

（6）与访谈对象对访谈结果立即进行回顾和检查。这一工作也可以在访谈过程中随时进行。

（7）如果可能应立即记录下被访谈者的性别、姓名、年龄、受教育程度和职业职务等，以了解被访谈者的背景情况并判断其代表性。

（8）立即撰写详细的访谈记录或报告。

（9）对所获资料进行分析并提出相应的假设。

B.4.6.3 小组访谈注意事项

（1）要小心地选择被访谈者，使其尽可能具有代表性。

（2）要控制好被访谈者的数目。一般以 7～12 人为宜。人太多会不易控制，导致跑题和效率低下，人太少则会缺乏代表性和信息源。

（3）访谈者应善于观察和协调访谈过程，用参与式的方法给参与访谈的人尽可能平等的机会来发言和讨论。

（4）访谈者应具有讨论主题和相关内容的背景知识和实践经验。

（5）访谈者应有熟练的驾驭小组访谈的能力和经验。

B. 4. 7 历史性事件访谈

B. 4. 7. 1 特点

历史性事件访谈（historical profile）是围绕对受访者影响较大的历史性所进行的访谈，在访谈中把所发生过和正在发生的能够对研究对象的状况产生重大影响的历史性事件作为访谈的主题。这种方法的逻辑框架是发生学的理论，即认为能够从历史事件中找到现在状态的存在原因。历史性访谈的优点是能够较快地弄清楚研究对象的历史发展过程，为分析提供重要的背景资料。

B. 4. 7. 2 步骤

历史性事件访谈的步骤分为选择访谈对象、访谈和整理访谈结果。在历史性事件访谈当中，受访的对象是预先选定的知情人，访谈的目的是能够对研究对象目前的存在状态产生深刻的认识。受访者是访谈的主体，而相对于特定受访者来说，“历史性事件”，即那些能够产生或已经产生了深远影响的事件是不同的。如面对农业推广机构来说，政策发展尤其是机构体制改革就是具有决定性影响巨大的事情，可见对于普通农户来讲，甚至不知道机构改革的发生，但是生了一个小孩或死了一头牛成了影响巨大的事情，可见对于不同的访谈主体所谓“历史性事件”的含义是不同的。因此，在特定的研究中，历史性事件访谈进行的形式不同，对于一个机构来说，可能要对一个小组进行访谈，而对于一个农户家庭来讲，只要对家庭主要成员进行访谈就能达到目的。历史性事件访谈的产生往往是一张时间序列的大事记录表。在进行信息归纳过程中，要注意信息所提供的主要线索，尽量使不同时期的影响机理具有可比性。

B. 5 样本规模与数据分析

B. 5. 1 抽样样本的选择

在重大项目的社会稳定风险评估中，社会调查是一项非常重要的工作，其中经常采用的方法就是抽样调查。确定应该对何人进行访谈的过程称为“抽样”。在制定抽样方案之前，应该首先确定数据收集的目的，以及所收集的信息属于何种类型。

B.5.1.1　抽样调查的类型

抽样调查方案的制定应考虑下列因素：①需要什么样的信息？②何人拥有这些信息？③如何才能最有效地获取这些信息？④应该如何对所获取的信息进行分析，从而以最有效的形式来提供信息？

在制定数据收集方案之前，一定要认真地回答前两个问题。因为对信息的要求和信息来源的详细说明决定了抽样、访谈和调查的目的，同时还对许多技术性措施产生决定性影响。如果对信息的要求以及何人能够提供这些信息没有进行清晰的描述，没能透彻地理解这些问题，也就不可能设计出一个合适的抽样或者调查程序，也就不可能制定出一个有价值的访谈大纲或调查问卷方案。

抽样程序主要分为两种类型：随机抽样和非随机抽样。抽样程序类型的选择取决于调查的目的、所需信息的类型以及何人是所需信息的最好来源。非随机抽样在抽样目的和所采用技巧两方面均不同于随机抽样。非随机抽样适用于下列情况：

（1）不需要对项目总体的特征进行详细的描述或评估。

（2）所获取的数据仅为调查研究人员提供信息，而不是根据样本推论总体。

（3）仅是进行初步性的调查。非随机抽样特别适用于以下情况：即调查的目的是获取只有某些社区成员知道的特定信息。总之，与非随机抽样所获取的数据相比，通过随机抽样获取的数据更加可靠。

B.5.1.2　随机抽样

1. 随机抽样的目的

如果希望根据样本的情况来推论总体的情况，就应该使用随机抽样方法。采用随机抽样程序的目的就是使样本对总体具有最大程度的代表性。

在社会稳定风险评估中使用随机抽样的主要目的如下：

（1）对不同群体的特征及其对项目的不同观点进行比较。

（2）通过不同调查对象对调查问题的回答结果，识别样本的统计特征。

（3）根据样本特征对总体特征进行评估。

（4）为不同时期的社会群体特征进行比较提供基础。

2. 随机抽样的程序

如果需要获取对项目总体具有代表性的样本信息，或需要获取项目地区内某些特殊群体（例如少数民族或贫困人口群体）的代表性样本信息，则需要抽选样本，一般包括以下步骤：

（1）界定抽样总体。在随机抽样中，必须首先界定抽样调查的总体，并对界定总体的标准和范围进行详细说明。在这个过程中，一定要确保对总体的正确界定和详细了解，使选定的总体与社会稳定风险评估的目的相适应，而且一定要确保对总体描述的准确性。

（2）确定调查的分析单位。一定要根据调查的目的，认真研究确定分析的单位。单位层次的划分对调查结论有重要的影响。分析单位的选择还应综合考虑成本和时间消耗。在社会稳定风险评估工作中最经常使用的分析单位是个人、家庭、社区和机构。

（3）确定抽样范围。确定一个合理的抽样范围通常是抽样过程中最困难的任务之一。只有抽样范围选择得合理，抽选出的样本才具有代表性和可靠性。

（4）选择抽样方法。抽取样本通常有三种抽样方法：

1）简单随机抽样。亦即从总体中任意抽取一个受访者。

2）整群抽样。包括两个步骤：首先从总体中任意选定若干子群体（例如人口普查区），然后从选定的子群体中随机选择受访者。这种方法常用于面对面的访谈调查。根据地理位置的不同将受访者分群进行调查可以大幅降低成本。

3）分层抽样。把具有不同特征的总体人口依据其具体特征划分为不同的子群体，即层。然后在每层内分别抽选样本。这种方法的重要性在于，确保相当数量的同层内受访者具有共同的特征，如少数民族、性别或职业；确保同一样本中有足够的同质受访者以支持抽样调查所要进行的分析。

B.5.2 样本规模的大小

B.5.2.1 抽样样本建议量

不同的抽样方法对样本的大小通常有不同的要求。样本的大小通常根据抽样方法（简单随机抽样、分层抽样）而决定，但同时还应考虑调查的目的、总体特征、可供支配的时间和资源等。没有任何绝对“正确”的样本规模大小判断标准，应综合考虑各种重要因素，以便选择确定样本规模。抽样样本大小建议值见表 B. 19。

表 B. 19　　抽样样本规模建议值

总体总量（个）	样本建议量（个）	百分比（%）
100	15	15
200	20	10
500	50	10
1000	50	5

来源：联合国粮农组织项目管理手册（亚行 PSA 手册 2001，App. 8. 4，3）。

B. 5. 2. 2　样本规模的统计学分析

从统计学角度看，当总体规模 N 达到一定规模（比如 10 000 以上），样本规模 n 仅由某一置信水平下的 Z 统计量、半置信区间宽度 d、目标总体的比例期望值 p 所决定。在简单随机抽样和系统抽样情况下，样本规模的计算公式为

$$n=\frac{Z^2 p(1-p)}{d^2}$$

采用 95%的置信水平（$Z0.025=1.96$），调查允许误差为 7%。由于在调查之前不能确定总体参数的分布情况，可使用保守的假定 $p=0.5$ 以得到理论上满足条件的最大的样本量［$p=0.5$ 时，$p(1-p)$ 的值最大］，确保调查的精确度和可靠度。

对于公众对项目的基本态度（赞成或反对），可采用统计学中通过简单随机不重复抽样来确定比例型随机变量的样本规模公式，即

$$n=\frac{1.96^2\times 0.5\times(1-0.5)}{0.07^2}=196$$

样本容量与总体规模之间关系密切，但样本容量不随总体规模呈线性增长。在社会学研究中，通常样本数都在 200～500。此外，考虑问卷回收率的问题，可以增加 5%～15%的样本作为补偿。

B.5.3 数据分析

在社会稳定风险评估的过程中，有时需要对所获取的信息进行分析。在评估过程的早期阶段，就应该预见到这种需求。数据分析包括五个基本步骤。

B.5.3.1 明确数据的目的和意义

社会稳定风险评估人员提出的问题最终带回了调查所得到的信息，同时这些问题事实上也决定了应该研究的内容及数据分析的目的。如果社会稳定风险评估人员所提出的主要是描述性问题（如，目前的状况及最近的趋势是什么?），数据分析也应以定性描述为主，并重点关注频率（具有每种特征或表达每种观点的受访者的数量及其所占百分比）等定量指标。如果所提问题是分析性的（如，两个不同的受访群体之间有区别吗？为什么?），数据分析应将主要关注各种关系的对比分析方面。

B.5.3.2 核查数据收集的程序和质量

数据质量会受到各种因素的影响，如选择受访者所采用的抽样程序、收集数据的方法、样本的大小，以及对数据进行分类的方法等。

B.5.3.3 数据准备

在进行数据分析之前，一般需要对所获取的信息资料进行预处理。例如，通过对各类数据进行科学的分类，往往可以大大减少分析的工作量。

B.5.3.4 分析数据

在社会稳定风险评估中，数据分析的主要目的是对项目所在地区的社会经济现状及利益相关方的态度进行分析，得出各种描述性的信息，并对未来发展趋势进行描述。在大多数情况下，数据分析集中在不同群体之间、不同社区之间、不同年份之间的对比分析上，并经常采用百分比分析的表现形式。

B.5.3.5 解释和提交结果

分析过程的最后一个步骤是解释信息，识别样本的类型和特征，描述目前状况及未来影响。所得出的结论必须包括对未来社会稳定风险影响的预测。如果结果是以数据的形式表现出来，还必须同时阐明数据的含义及其局限性，并指明根据这些数据所得出的推论。在提交的调查结果中，还应该说明所采用的调查方法及其局限性，以及所采用的数据。对调查结果的任何误解都会危害社会稳定风险分析和评估作用的发挥，因此在提交调查结果时一定要十分慎重。

B. 5. 4 分析类工具

B. 5. 4. 1 风险评价矩阵

风险评价矩阵，也称概率—影响矩阵（PIM）。它是一个二维矩阵，以风险因素发生的概率为横坐标，以风险因素发生后对项目的影响大小为纵坐标，通过风险变量在矩阵中的位置，区分风险的大小或等级。投资项目风险分析评价推荐采用五级评价。

（1）风险影响。按照风险发生后对项目的影响大小，可以划分为五个影响等级。其说明如下：

1）严重影响：一旦发生风险，将导致整个项目的目标失败，可用字母 S 表示。

2）较大影响：一旦发生风险，将导致整个项目的目标值严重下降，用 H 表示。

3）中等影响：一旦风险发生，对项目的目标造成中度影响，但仍然能够部分达到，用 M 表示。

4）较小影响：一旦风险发生，对于项目对应部分的目标受到影响，但不影响整体目标，用 L 表示。

5）可忽略影响：一旦风险发生，对于项目对应部分的目标影响可忽略，并且不影响整体目标，用 N 表示。

（2）风险概率。按照风险因素发生的可能性，可以将风险概率划分为五个档次。

1）很高：风险发生的概率在 81%～100%，意味风险很有可能发生，用 S 表示。

2）较高：风险发生的概率在 61%～80%，意味发生的可能性较大，用 H 表示。

3）中等：风险发生的概率在 41%～60%，意味可能在项目中预期发生，用 M 表示。

4）较低：风险发生的概率在 21%～40%，意味不可能发生，用 L 表示。

5）很低：风险发生的概率在 0～20%，意味非常不可能发生，用字母 N 表示。

（3）风险等级。发生概率大且对项目影响也大的风险因素位于矩阵的右上角，发生概率小且对项目影响也小的风险因素位于矩阵的左下角。如图 3-5。

根据风险因素对投资项目影响程度的大小，采用风险评价矩阵方法，可将风险程度分为微小风险、较小风险、一般风险、较大风险和重大风险五个等级：

1）微小风险：风险发生的可能性很小，且发生后造成的损失较小，对项目的影响很小。对应图 B.18 的 N 区域。

2）较小风险。风险发生的可能性较小，或者发生后造成的损失较小，不影响项目的可行性。对应图 B.18 的 L 区域。

3）一般风险。风险发生的可能性不大，或者发生后造成的损失不大，一般不影响项目的可行性，但应采取一定的防范措施。对应图 B.18 的 M 区域。

4）较大风险。风险发生的可能性较大，或者发生后造成的损失较大，但造成的损失是项目可以承受的，必须采取一定的防范措施。对应图 B.18 的 H 区域。

5）重大风险。风险发生的可能性大，风险造成的损失大，将使项目由可行转变为不可行，需要采取积极有效的防范措施。对应图 B.18 的 S 区域。

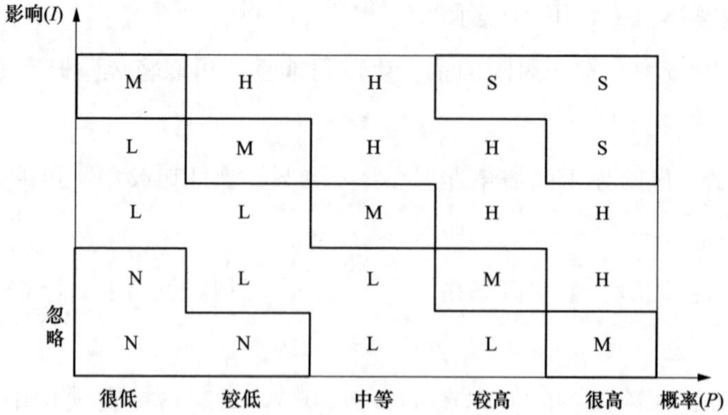

图 B.18 风险概率—影响矩阵

B.5.4.2 SWOT矩阵分析

1. SWOT矩阵分析法概述

优势—劣势—机遇—威胁（strength weakness opportunity threat，SWOT，简称斯沃特）分析是矩阵分析类方法中的一种。其具体方法是以一个四列多行的矩阵表为框架，对发展面临的内部和外部条件，可控和不可控因素进行系统的分析，为制定社区发展（包括机构能力建设）计划，制定行动方案提供分析依据。

2. SWOT的应用

SWOT作为参与式分析的有效工具，实践中可以用于如下领域：

（1）社区参与式评估中的项目研讨会或小组讨论，在主持人的协调帮助下，当地居民对自身发展的优势、限制因素、发展的机遇和外部条件及可能出现的风险因素和制约因素进行系统的讨论，为形成社区发展的行动方案奠定基础。

（2）参与式项目战略规划。在项目的基线调查和可行性研究阶段用于筛选项目内容和确定项目的实施方案。

（3）参与式机构发展规划。机构支持和机构能力建设项目中用来分析机构的人力、设施和管理等方面的优势、弱点、发展机会和潜力及发展中面临的制约和风险因素，进而提出机构发展建议。此外，SWOT也可用于部门，机构的管理现状分析。

（4）实施和评价过程中的现状分析。为项目方案的修订和调整提供依据。

3. SWOT的操作步骤

SWOT可包括如下操作步骤：

（1）确定要分析的问题范畴。本方法可以广泛地应用于推广机构、管理机构、社区饮水设施、社区资源利用现状、产业现状、市场体系、人力资源发展状况、妇女参与状况等与工程建设相关的领域。

（2）准备绘制包含优势、缺陷/劣势、机会/潜力和风险/制约四列内容的矩阵表。

（3）向与会人员介绍讨论会的背景和研讨目的，研讨方法和步骤。解释矩阵表四列内容的含义。

1）优势：机构，团体、农户或个人在发展中拥有的有利条件或资源，运转良好的职能、工作领域和自身引以为自豪的事情。

2）劣势、缺陷：机构、团体农户或个人自身面临不利条件和因素，运作不畅、制约职能发挥的领域。缺陷对发展和高效运作所起到的制约作用。

3）机会：指特定优势、劣势相互作用下发生进步和变革的可能性。

4）风险、制约：指制约机会和潜力向现实转化的现实和潜在阻力因素；在发展实践中，有些风险和制约因素可以避免和消除，有些则不太可能消除，如自然灾害。风险因素分析对设计项目内容和措施有重要的参考价值。

（4）矩阵分析。采用头脑风暴方式收集与分析的题目（应在前期社区调查中已经确定，如改善社区的饮水设施，灌溉条件，发展家庭畜牧业，果园建设等）相关的优势条件。

（5）采用对比分析，寻找与优势条件相对应的劣势和缺陷。

（6）通过优势劣势的对比分析确定发展与变革的潜力和可能性。

（7）针对机会和潜力分析使潜力和可能性变成发展愿景的现实和潜在的外部和客观制约因素和阻力形成矩阵表后，共同检查其完整性，如发现遗漏，可作相应的补充。

工程项目 SWOT 分析案例图见表 B. 20。

4. SWOT 的优点和局限性

（1）SWOT 矩阵分析框架，使分析具有较好的针对性和系统性，将有利、不利、可能潜力和风险制约因素置于同一框架，克服了项目规划方法中问题分析、目标分析、项目方案分析分离的缺点。

（2）本方法有很强的直观表述效果。在同一平面内同时分析与一个领域有关的，逻辑上互相关联的各种因素，使与会人员可以系统思考，对比权衡。

（3）SWOT 是进行机构职能和运作现状分析的有效手段，有很强的针对性和灵活性，可作为企业、事业和项目管理单位日常管理的分析和决策辅助工具。

（4）本方法的缺点是比较费时，对调查人员的专业技能要求较高。

表 B.20　　工程项目SWOT分析案例

项目内容	优势	劣势	机会	风险
果园建设	村民有积极性；不和口粮田争地；部分村民已经有经营经验	缺乏建设资金，贫困户参与有困难	借助扶贫贷款、政府部门的支持	市场波动导致投资不能回收
苗木	本县已有一苗圃	数量不能满足需要；品种落后，不能占领市场	直接引进新品种苗木，县苗圃培育优质苗木	
灌溉设施	水源充足 已修主干渠	引水渠建设工程量大	受益农户投劳	水渠因资金短缺不能维修
技术服务	县果品公司和推广站已有技术人员；具备了初步的服务网络；可利用示范户推广技术	技术人员数量不足	通过项目培训技术人员；建立有偿服务机制	利益机制不清，影响农户和技术人员的合作积极性
市场销售	有较好的外围市场；本县已有批发市场	社区内没有销售组织	支持果树专业户组织销售；与县果品公司签收购合同	市场波动；果农之间的销售竞争

B.5.4.3　对比分析法

1. 有无项目对比

“有项目”和“无项目”对比分析法（comparative research）要调查分析在没有拟建项目的情况下，项目地区的社会状况和发展状况，并预测分析项目建成后对该地区社会状况的影响，通过对比“有项目”情形与“无项目”情形的分析，确定拟建项目所引起的社会变化，即各种效益与影响的性质和程度。“有无项目”对比法需要对真正无项目“情形”进行精心设计分析，并处理好数据采集的组织与安排。

2. 对比方法

重大项目社会稳定风险分析和评估应用的主要方法是对照组比较和现状预期对照比较。对照组比较是将项目区与非项目区的社会发展指标进行对比分析，是社会稳定风险分析和评估常用的方法。以基础设施项目的社会稳定风险分析和评估为例，运用这种方法进行社会稳定风险分析和评估时，评价者将已经建成该基础设施的地区或社区的社会发展指标与尚未建设地区或社区进行对照比较。

现状预期对照比较是通过实地调查收集项目所在地区社会现状的相关指标，同时调查了解当地居民对项目的预期情况，通过现状指标和发展预期的分析比较，可以了解当地居民的需求，分析出拟建项目可能造成的社会影响。

参 考 文 献

[1] 陈琛，施国庆．社会稳定风险评估与治理的理论溯源与转型策略［J］．南京社会科学，2022，422（12）：86-94.

[2] 陈静．建立社会稳定风险评估机制探析［J］．社会保障研究，2010（03）：97-102.

[3] 邓铁军．工程风险管理［M］．北京：人民交通出版社，2004.

[4] 董幼鸿．重大事项社会稳定风险评估制度的实践与完善［J］．中国行政管理，2011（12）：80-83.

[5] 杜静．重大项目社会稳定性风险评估机制的构建［J］．西部经济管理论坛，2018，29（02）：89-96.

[6] 范柏乃，朱华．我国地方政府绩效评价体系的构建和实际测度［J］．政治学研究，2005（1）：84-95.

[7] 范柏乃．政府绩效评估理论与实务［M］．北京：人民出版社，2005.

[8] 郭潇潇．参与式方法的应用与研究［J］．山西经济管理干部学院学报，2016，24（03）：38-41.

[9] 何哲，孙林岩．社会成本框架下可持续发展的新内涵和社会成本核算讨论［J］．软科学，2010，24（04）：1-5，28.

[10] 黄晓雯．职业卫生技术服务机构风险管理工作实施的探讨［J］．山东化工，2018，47（13）：183-185.

[11] 黄晓军，黄馨，崔彩兰，等．社会脆弱性概念、分析框架与评价方法［J］．地理科学进展，2014，33（11）：1512-1525.

[12] 黄海艳．发展项目的公众参与研究［D］．南京：河海大学，2004.

[13] 黄杰，朱正威，吴佳．重大决策社会稳定风险评估法治化建设研究论纲——基于政策文件和地方实践的探讨［J］．中国行政管理，2016（07）：101-106.

[14] 黄海艳，施国庆，孙金华．发展项目的公众参与研究［M］．武汉：长江出版社，2006.

[15] 黄迪，刘海东，王亚男．我国环境影响评价与社会稳定风险评估制度关系的思考［J］．中国环境管理，2018，10（03）：44-47.

[16] 胡宜达，沈才厚．风险管理学基础——数理方法［M］．南京：东南大学出版社，2001.

[17] 郝杰．基于参与式理论和方法的公益性项目社会评价的研究［D］．重庆：重庆大学，2009.

[18] 胡文发，何新华．现代工程项目管理［M］．上海：同济大学出版社，2007.

[19] 胡建一．稳评定量分析方法比较［J］．中国工程咨询，2016（05）：20-24.

[20] 扈剑晖．对重大项目社会稳定性风险评估的探讨［J］．商业经济，2016（7）：95-96.

[21] 金德民．工程项目全寿命期风险管理系统理论及集成研究［D］．天津：天津大学，2004.

[22] 赖舟．公共项目绩效评估初探［D］．厦门：厦门大学，2008.

[23] 李琰君，徐东明，张毅．风险评估的常用术语与基本理论［J］．质量与认证，2017（09）：48-49，52.

[24] 李永超，李睿．论社会稳定风险评估长效机制建设［J］．中共贵州省委党校学报，2012（01）：116-119.

[25] 李永超．健全完善重大事项社会稳定风险评估长效机制的思考［J］．辽宁行政学院学报，2012，14（02）：5-8.

[26] 李一平．防范和处理突发性群体事件的对策思考［J］．中共杭州市委党校学报，2002（03）：51-54.

[27] 李一平．突发性群体事件的成因及防范［J］．中州学刊，2002（05）：170-174.

[28] 李俊斌．论我国行政程序法的立法动因、结构与准则［J］．中国行政管理，2010（03）：26-28.

[29] 李超云，卞炳乾，朱启彬．我国水电项目的社会稳定风险评估方法和经验［J］．水力发电，2015，41（09）：91-94.

[30] 李培林，苏国勋，张旅平，等．和谐社会构建与西方社会学社会建设理论［J］．社会，2005（06）：6-27.

[31] 李玉宝．国际工程项目管理　建筑工程管理与建筑管理类专业适用［M］．北京：中国建筑工业出版社，2006.

[32] 林崇德．心理学大辞典［M］．上海：上海教育出版社，2003.

[33] 刘婷婷．重大水利工程项目社会稳定风险评估研究［D］．郑州：华北水利水电大学，2015.

[34] 刘伟，张开宁，方菁．参与性农村评估在改善生育卫生服务项目中的应用［J］．中国初级卫生保健，2000（09）：59-63.

[35] 刘华．大型工程项目成本风险管理研究［D］．长沙：中南林学院，2005.

[36] 刘海峰．大型工程项目风险评价及管理研究［D］．天津：天津大学，2003.

[37] 陆参．工程建设项目可行性研究实务手册［M］．北京：中国电力出版社，2006.

[38] 牛文元．社会物理学与中国社会稳定预警系统［J］．中国科学院院刊，2001（01）：15-20.

[39] 彭峰．法国公众参与环境保护原则的实施及其对我国的借鉴［J］．环境科学与技术，2009，32（11）：201-205.

[40] 彭润金．健全社会稳定风险评估机制的法律对策［N］．中国社会科学报，2012-01-11（A07）．

[41] 邱菀华．现代项目风险管理方法与实践［M］．北京：科学出版社，2003.

[42] 税宁．水利水电工程社会稳定风险分析［D］．北京：华北电力大学，2015.

[43] 石晓华．利用参与式农村评估方法研究农户的玉米生产行为［D］．杭州：浙江大学，2003.

[44] 石晓军，任志安．项目投资风险分析方法研究：一种基于影响图的解析方法［J］．系统工程理论与实践，2000（3）：46-49，134.

[45] 石振武．道路经济与管理［M］．武汉：华中科技大学出版社，2007.

[46] 王慧军．面向21世纪课程教材农业推广学［M］．北京：中国农业出版社，2002.

[47] 王银梅．社会稳定及预警机制研究［M］．北京：法律出版社，2009.

[48] 王爱学．公共产品政府供给绩效评估理论与实证分析［D］．合肥：中国科学技术大学，2008.

[49] 王高航．公路工程施工项目质量风险管理分析及对策［D］北京：北京工业大学，2010.

[50] 汪玉凯，黎映桃．公共部门绩效评估——从标准、指标和制度视角的分析［J］．中国行政管理，2006（12）：16-18.

[51] 汪大海，张玉磊．重大事项社会稳定风险评估制度的运行框架与政策建议［J］．中国行政管理，2012（12）：35-39.

[52] 吴建南，阎波．谁是“最佳”的价值判断者：区县政府绩效评价机制的利益相关主体分析［J］．管理评论，2006：18（4）：46-53，58.

[53] 吴绍利．工程项目风险识别与评价方法设计［D］．成都：西南交通大学，2007.

[54] 萧浩辉．决策科学辞典［M］．北京：人民出版社，1995.

[55] 杨海霞．加快落实重大项目决策稳评制度——专访全国政协委员中国国际工程咨询公司总经理肖凤桐［J］．中国投资，2013（11）：56-58.

[56] 杨为民，周波．环境与贫困：应对挑战，促进发展［M］．昆明：云南科技出版社，2003.

[57] 于建嵘．群体性事件症结在于官民矛盾［J］．中国报道，2010（01）：50-51.

[58] 岳成浩，薛冰．行政听证的政治逻辑架构——基于商谈理论的视角［J］．中国行政管理，2010（02）：105-109.

[59] 负杰，杨诚虎．公共政策评估：理论与方法［M］．北京：中国社会科学出版社，2006.

[60] 赵宇飞．《中华人民共和国招标投标法实施条例》的应用分析［J］．中国工程咨询，2013（04）：70-73.

[61] 赵绘宇，姜琴琴．美国环境影响评价制度40年纵览及评介［J］．当代法学，2010，24（01）：133-143.

[62] 郑子云，司徒永富．企业风险管理［M］．北京：商务印书馆，2002.

[63] 张先玲．建筑工程技术经济［M］．重庆：重庆大学出版社，2007.

[64] 张玉磊，朱德米．重大决策社会稳定风险评估中的利益相关方参与：行动逻辑与模式构建［J］．上海行政学院学报，2018（5）.

[65] 张光全．社会稳定风险评估机制问题及解决对策［J］．中外企业家，2014（34）：193-194.

[66] 钟俊生，赵洪伟．社会稳定风险评估理论与实务［M］．北京：中国石化出版社，2015.

[67] 钟梅．重大工程项目社会稳定风险评估及其指标体系研究［D］．徐州：中国矿业大学，2016.

[68] 周伏平．企业风险管理［M］．沈阳：辽宁教育出版社，2003.

[69] 周行．优质稻新技术推广的实证研究［D］．北京：中国农业大学，2005.

[70] 周大鸣，秦红增．参与式社会评估［M］．广州：中山大学出版社，2005.

[71] 周文彬．转型时期中国社会稳定风险评估指标体系研究［D］．武汉：华中师范大学，2007.

[72] 周桂荣，惠恩才．现代企业项目管理的十种模式［M］．北京：中国经济出版社，2002．

[73] 周林刚，王阳．公民参与视野下的社会稳定风险评估——以深圳X环境园的社会稳定风险评估为例［J］．北京工业大学学报（社会科学版），2013，13（05）：12-17．

[74] 褚琳琳．基于条件价值评估法农民灌溉水价承受能力研究［D］．南京：河海大学，2007．

[75] 中国国际工程咨询公司．投资项目可行性研究指南［M］．北京：中国电力出版社，2002．

[76] 朱毅．环境影响评价制度若干法律问题的研究［D］．上海：复旦大学，2007．

[77] 朱正威，胡向南，石佳．社会稳定风险评估机制的实践进展、现实问题与完善策略——基于社会稳定风险评估报告的内容分析［J］．南京社会科学，2019（11）：72-80．

[78] 爱德华·弗里曼．战略管理：利益相关者方法［M］．王彦华，梁豪，译．上海：上海译文出版社，2006：37-38．

[79] 安东尼·吉登斯．现代性的后果［M］．田禾，译．南京：译林出版社，2000．

[80] 罗伯特·希斯．危机管理［M］．王成，译．北京：中信出版社，2004．

[81] 马克思，恩格斯．马克思恩格斯全集（第3卷）［M］．北京：人民出版社，1960：31-32．

[82] 维纳N．控制论：或关于在动物和机器中控制和通信的科学［M］．郝季仁，译．北京：科学出版社，2009．

[83] 彼得·罗西，等．项目评估：方法与技术［M］．北京：华夏出版社，2002．

[84] 托马斯·戴伊．理解公共政策［M］．北京：华夏出版社，2004．

[85] 乌尔里希·贝克．风险社会［M］．何博闻，译．南京：译林出版社，2004．

[86] ANDERSON R，DATHINE J. Cross hedging [J]. Journal of Political Economy，1981，89：1182-1196.

[87] BROCH K. Equilibrium in a reinsurance market [J]. Econometrica，1962，30：424-444.

[88] DIAMOND D W. Financial intermediation and delegated monitoring [J]. Review of Economic Studies，1984，51：393-414.

[89] VEDUNG E. Public policy and program evaluation [M]. New Brunswick and London：

Transaction Publishers，1997：117.

[90] SHI G Q，YU F M，WANG C G. Social assessment and resettlement policies and practice in China：contributions by Michael M Cernea to development in China [J]. In M. Koch Weser and S. Guggenheim，eds.，Social Development in the World Bank，Gewerbestrasse：Springer，2021.

[91] GULAKOV I，VANCLAY F，ATRS J. Modifying social impact assessment to enhance the effectiveness of company socialinvestment strategies in contributing to local community developmen [J]. Impact Assessment and Project Appraisal，2020，38（5）：382-396.

[92] DARE M L，SCHIRMER J，VANCLAY F. Community engagement and social licence to operate [J]. Impact Assessment and Project Appraisal，2014，32（3）：188-197.

[93] MODIGLIANI F，MILLER M H. The cost of capital，corporate finance and the theory of investment [J]. American Economic Review，1958，48：261-297.

[94] PRATT J W. Risk aversion in the small and in the large [J]. Econometrica，1963，32：122-136.

[95] NICOS S. Integrated risk management [J]. The Journal of Risk and Insurance，2000，67：63-74.

[96] ROSS C. Social control：a survey of the fundations of order [M]. London：Macmillan，1901.

[97] Association for Project Management（APM）. Project risk analysis and management guide [D]. London：[s. n.]. 1997.

[98] Institution of Civil Engineering. Risk analysis and management for projects（RAMP）[D]. London：[s. n.]. 2014.

[99] Project Management Institute（PMI）. A guide to the project management body of knowledge（PMBOK）[M]. 3rd edition. The United States of America：Project Management Institue，Inc.，2004.

[100] LOUIS Y Pouliquen. Risk analysis [M]. Washington D. C.：Johns Hopkins University Press，1970.

[101] HERTZ D B，THOMAS H. Risk Analysis and Applications [M]. Chichester：John Wiley and Sons，1983.

[102] MORBRAY A H，BLANCHAR R H，WLLIAMS JR C A. Insurance [M]. 4th ed. New York：McGraw-Hill，1995.

[103] CRUM R L，ITZHAK GOLDBERG. Restructuring and managing the enterprise in transition [D]. Washington D. C.：Economic Development Institute of the World Bank，1998.

[104] HILLSON D . Understanding risk exposure with the risk breakdown structure [J]. Risk Management Newsletter，2002，4 (5) .